全国房地产估价师执业资格考试精讲

房地产估价理论与方法考前突破

（2012 年版）

主　编　李少青
副主编　阎秀珍

中国建筑工业出版社

图书在版编目(CIP)数据

房地产估价理论与方法考前突破(2012年版)/李少青主编.
北京：中国建筑工业出版社，2012.6
(全国房地产估价师执业资格考试精讲)
ISBN 978-7-112-14375-7

Ⅰ.①房… Ⅱ.①李… Ⅲ.①房地产价格—估价—中国—资格考试—自学参考资料 Ⅳ.①F299.233.5

中国版本图书馆CIP数据核字(2012)第108994号

本书是2012年房地产估价师执业资格考试《房地产估价理论与方法》课程的应考复习必备参考书。本书是以最新考试大纲和辅导教材为基础编写的，按照教材的章节顺序，每章均分为重要考点、典型答疑、例题分析和练习题，并附有练习题答案。最后提供了3套模拟试题以便考生检测复习效果。

本辅导书题量大，内容丰富，难易程度适中，紧扣教材内容，有助于考生抓住重点、理解难点、记住考点，强化理解记忆，提高考试通过率。

本书供参加2012年房地产估价师执业资格考试的考生复习参考。

* * *

责任编辑：封　毅
责任校对：刘梦然　刘　钰

全国房地产估价师执业资格考试精讲
房地产估价理论与方法考前突破
(2012年版)
主　编　李少青
副主编　阎秀珍

*

中国建筑工业出版社出版、发行(北京西郊百万庄)
各地新华书店、建筑书店经销
北京天成排版公司制版
北京富生印刷厂印刷

*

开本：787×1092毫米　1/16　印张：16½　字数：395千字
2012年6月第一版　2012年6月第一次印刷
定价：**38.00**元
ISBN 978-7-112-14375-7
(22455)

本书编委会

前　言

据统计，《房地产估价理论与方法》的考试通过率大体与《房地产开发经营与管理》持平，下面，笔者结合个人体会，谈几点应试方法和注意事项：

1. 从历年考试情况看，房地产估价师考试命题渐呈点多、面广、量大、灵活的趋势，这就要求应试人员必须全面系统掌握各科知识，要围绕考试大纲但不要局限于考试大纲，全面、系统地复习。

2. 除各门教材独立的知识体系要掌握外，广大应试人员还要有将各科融会贯通、综合运用的意识。例如，《房地产估价理论与方法》中收益法计算公式的原理与《房地产开发经营与管理》中第五章相关内容是相通的，只要找到其中的共同点，就能“知一点而及其余”，触类旁通，从而达到事半功倍，大幅提高学习效率的目的。

3. 根据各科知识体系特点，归纳整理各科目中的重点、难点与热点(简称“三点”)，将其梳理清楚，理出头绪及答题思路。从历年考试来看，教材的第6章～第9章是重点。另外，据不完全统计，在计算题部分，考生失分较多，这也是该门课程的难点所在。

应试人员注意以下几点：

1. 若有时间与条件，最好参加辅导班，以强化训练、系统复习。据笔者经验，参加辅导班最主要的目的是能够强制自己进行系统、全面、有规律地学习，从而形成良好的学习小气候；另外，通过老师的讲解，帮助大家更好地掌握学习重点、难点，厘清易混淆知识点，尤为重要的是，能帮助大家学会一些好的学习方法和技巧，不断提高学习效率。

2. 考试过程中，要善于调节心态，注意答题技巧。不会做的题目，要想着只要及格就可以，切忌把大量时间浪费在一道题目上；答题时要注意一些技巧，比如：选择题可用排除、检验、逻辑推理等方式，单选题不要“空题”；多选题与判断题掌握“宁缺毋滥”的答题原则；计算题要按部就班，列出公式和解题步骤就有分拿，等等。

由于编著者水平有限，书中不足、不当之处，欢迎读者批评指正，错误疏漏之处还望甄别谅解！

目　录

第一章　房地产估价概论

一、重要考点

(一) 房地产估价的含义

1. 专业估价与非专业估价的区别

由专业机构和人员完成；是一种专业意见；具有社会公信力；实行有偿服务；承担法律责任。

2. 房地产估价的范围

房地产估价师以及估价机构除了进行价值评估外，还可以进行估价相关业务和咨询顾问业务。如价值分配业务、价值减损评估业务、价值提升评估业务、相关经济损失评估业务、房地产咨询业务等。

(二) 房地产估价的特点

1. 房地产估价是评估房地产的价值而不是价格

2. 房地产估价是模拟市场定价而不是替代市场定价

估价是为相关当事人决策提供房地产价值的专业意见。房地产价值是由市场力量决定的，是客观的，即房地产估价模拟大多数市场参与者的定价思维和行为，通过科学的分析、测算和判断，把客观存在的房地产价值揭示出来。即估价师利用知识和经验去"发现"或"探测"房地产价值，而不是"发明"或"创造"。

3. 房地产估价是提供价值意见而不是作价格保证

根据提供专业意见的用途和作用不同，分两种性质的估价：一是鉴证性的估价(或称证据性估价、公正性估价)；另一个是咨询性的估价。鉴证性或证据性作用的估价的法律责任一般大于咨询性或参考性作用的估价的法律责任。

《国有土地上房屋征收与补偿条例》第三十四条规定："房地产价格评估机构或者房地产估价师出具虚假或者有重大差错的评估报告的，由发证机关责令限期改正，给予警告，对房地产价格评估机构并处5万元以上20万元以下罚款，对房地产估价师并处1万元以上3万元以下罚款，并记入信用档案；情节严重的，吊销资质证书、注册证书；造成损失的，依法承担赔偿责任；构成犯罪的，依法追究刑事责任。"

4. 房地产估价有误差但误差应在合理的范围内

(1) 由于估价信息不完全和存在许多不确定因素，估价师只会得出近似的评估价值。

(2) 所有的评估价值都有一定程度的误差，即：评估价值＝真实价值＋误差。

(3) 不能用一般物理量测量的误差标准来要求估价的误差标准，应允许估价有较大的误差，但估价的误差又要适度。

(4) 判断估价误差大小，一般不与实际成交价格相比，而是与合格估价师对同一估价对象在同一目的、同一估价时点下的重新估价结果进行比较。

(5) 一般不轻易直接评判评估价值的误差，而是通过检查估价师和估价机构在履行估价程序上有无疏漏，估价依据是否正确、估价方法是否适用等间接地对其估价结果肯定或否定。

目前我国房地产估价的国家标准有 3 个：①《房地产估价规范》；②《房地产抵押估价指导意见》；③《房屋征收评估办法》。

(6) 房地产既是一门科学也是一门艺术。

影响房地产价格的因素众多，其中许多因素对房地产价格的影响难以准确把握和科学量化，因此房地产价值不是简单地套用某些数学公式或数学模型就能够计算出的。世界上许多国家和地区规定，要成为执业的房地产估价师，不仅应具有相当程度的估价知识，而且应具有一定年限以上的估价经验。

(三) 房地产估价的必要性

专业估价存在的基本前提是独一无二、价值量大两个特性。

(四) 房地产抵押的需要

房地产抵押对房地产估价的需要(6 种)：初次抵押估价、再次抵押估价、转抵押估价、续贷抵押估价、抵押期间估价、处置抵押房地产估价。

(五) 房地产征收征用的需要

征收是强制收买，所有权变更，不返还。征用是强制使用，只是使用权的变更，到期返还给使用权人。

产权调换差价＝被征收房屋价值－用于产权调换房屋价值

在房地产征收征用中不仅需要评估房地产价值和租金，有时还需要评估因征收征用房地产造成的家具、家用电器、机器设备、物资等动产的搬迁费、临时安置费和停产停业损失。

(六) 房地产税收的需要

中国目前与房地产有关的税种共 10 个，除了房产税、城镇土地使用税、耕地占用税、契税、土地增值税 5 个专门针对房地产设置的税种，还有营业税、城市维护建设税、企业所得税、个人所得税、印花税 5 个具有普遍调节功能的税种。这些税种中，除城镇土地使用税和耕地占用税因按占地面积实行从量定额征收而不需要房地产估价服务外，其他税种在一定程度上都需要房地产估价服务。

(七) 房地产保险的需要

房地产保险对房地产估价的需要，一是在投保时需要评估保险标的的实际价值，为投保人和保险人约定保险标的的保险价值和保险金额提供参考依据。二是在保险事故发生后需要评估因保险事故发生造成的财产损失，为保险人确定赔偿保险金的数额提供参考依据。

(八) 国有建设用地使用权出让的需要

在招标出让中，为出让人确定招标底价，为投标人需要确定投标报价。

在拍卖出让中，为出让人确定拍卖底价(保留价)，为竞买人确定最高出价(最高应价或最高报价)。

在挂牌出让中，为出让人确定挂牌底价，为竞买人需要确定最高报价。

在协议出让中，为出让人提出、确定协议出让最低价，为土地使用者确定最高出价。

(九) 房地产损害赔偿的需要

1. 修改城乡规划给房地产权利人等的合法权益造成损失的。

2. 因新建建筑物影响了相邻建筑物的日照、采光、通风、视野等，造成相邻房地产价值减损的。

3. 因使他人房地产遭受污染，造成他人房地产价值减损的。

4. 因工程施工不慎使邻近建筑物受损，造成邻近房地产价值减损的。

5. 因工程质量缺陷造成房地产价值减损或者给购房人造成损失的。

6. 因未能履约(如未按合同约定如期供货、供款等)使他人工程停缓建，给他人造成损失的。

7. 因对房地产权利行使不当限制，如错误查封，给房地产权利人造成损失的。

8. 因异议登记不当，造成房地产权利人损害的。

9. 因非法批准征收、使用土地，给当事人造成损失的。

10. 其他房地产损害赔偿。

(十) 其他方面的需要

1. 为出国需要提供财产价值证明的估价。

2. 房地产信托投资基金 REITs 的估价需要。

3. 房地产开发经营过程中需要的估价服务。

4. 建设用地使用权期间届满需要的估价服务。

(十一) 估价当事人

1. 估价当事人

估价对象权利人是指估价对象的所有权人、使用权人、抵押权人等权利人。估价利害关系人是指估价结果的合理与否会直接影响其利益的单位和个人。

估价利害关系人除了估价对象权利人，还有估价对象的潜在投资者、受让人等。估价报告使用人简称报告使用人，是指利用估价报告或者估价结果作出有关判断或者决策的单位和个人。

估价报告使用人可能是估价对象权利人、投资者、受让人、债权人、政府及其有关部门和社会公众等。

委托人委托估价、取得估价报告的目的可能是供自己使用，也可能是提供给特定的第三方使用。

2. 房地产估价机构

目前，中国规定房地产估价机构应当由自然人出资，以有限责任公司或者合伙企业形式设立；法定代表人或者执行合伙事务的合伙人(简称执行合伙人)是注册后从事房地产估价工作 3 年以上的房地产估价师；资质等级由高到低分为一级资质、二级资质、三级资质、暂定期内的三级资质；不同资质等级房地产估价机构的业务范围按照估价目的划分，应当在资质等级许可的业务范围内从事估价业务，但不受地域范围的限制；房地产估价报告应当由房地产估价机构出具。

3. 注册房地产估价师

只能受聘于一个房地产估价机构从事估价业务，不得以个人名义承揽业务，不能以个人名义收费，必须由所在的房地产估价机构接受委托并统一收费。

（十二）估价目的

一个估价项目通常只有一个估价目的。不同的估价目的将影响估价结果，因为估价目的不同，估价时点、估价对象、价值类型以及估价依据等都有可能不同。

如果是为房地产买卖、抵押目的评估有租约限制的房地产价值，就应考虑租赁合同约定的租金(简称合同租金、租约租金)与市场租金差异的影响。但如果是为房屋征收目的而估价，则不考虑房屋租赁因素的影响，应视为无租约限制的房屋来估价。

（十三）估价时点

估价时点根据估价目的来确定，确定估价时点应在先，得出评估价值应在后。

（十四）估价对象

估价对象由委托人和估价目的双重决定。房地产估价对象有土地、房屋、构筑物、在建工程、以房地产为主的整体资产、整体资产中的房地产等。

（十五）价值类型

在一个估价项目中，价值类型不是可以随意确定的，而应根据估价目的来确定。

同一估价对象可以有不同类型的价值，即同一估价对象的价值不是唯一的。

按价值的前提或内涵等实质内容来划分的价值类型，主要有市场价值、投资价值、谨慎价值、快速变现价值、在用价值和残余价值。其中，市场价值是最基本、最常用的价值类型。

（十六）估价依据

在实际估价中，选取估价依据应有针对性，主要是根据估价目的和估价对象来选取。不同的估价目的和估价对象，估价依据有所不同。

（十七）估价假设

估价假设的作用：规避估价风险，保护估价机构和估价师，保护估价报告使用者。

（十八）估价原则

应遵循的估价原则主要有：①独立、客观、公正原则；②合法原则；③估价时点原则；④替代原则；⑤最高最佳利用原则。

其中，独立、客观、公正是对估价的基本要求，它不仅是估价的基本原则，而且是估价的最高行为准则。但是，在评估投资价值、谨慎价值、快速变现价值、在用价值和残余价值时，上述原则不都全部适用，如评估在用价值不适用最高最佳利用原则，而评估谨慎价值还应遵循谨慎原则。

（十九）估价程序

房地产估价的基本程序是：①获取估价业务；②受理估价委托；③制定估价作业方案；④搜集估价所需资料；⑤实地查勘估价对象；⑥求取估价对象价值；⑦撰写估价报告；⑧审核估价报告；⑨交付估价报告；⑩估价资料归档。

（二十）估价方法

我国三种基本估价方法，即市场法(也称为市场比较法、交易实例比较法、比较法)、收益法(也称为收益资本化法、收益还原法)和成本法。此外，还有一些其他估价方法，包括假设开发法(也称为剩余法、预期开发法、开发法)、长期趋势法、路线价法、基准地价修正法(也称为基准地价系数修正法)等。

美国为成本法、市场比较原法、收益法三种；英国为比较法、投资法、剩余法、利润法、承包商法五种。

(二十一) 估价结果

估价师不得有以下行为：迁就客户、未完成估价之前与估价委托人或者利害关系人讨论估价结果、未估价之前就征求估价委托人对估价结果的意见、迎合估价委托人。

(二十二) 估价师职业道德

1. 诚实正直。

2. 应当回避利害关系人或者有利益关系的房地产的估价业务。

3. 不应承接超出自己专业胜任能力的估价业务。对于某项估价业务，如果感到自己的专业知识和经验所限而难以评估出合理的价值的，就不应承接；对于其中部分超出自己专业胜任能力的工作，应当主动聘请具有专业胜任能力的估价师或者有关专家提供专业帮助。

4. 应当勤勉尽责地做好每项估价工作。

5. 应当保守在估价活动中知悉的国家秘密、商业秘密，不得泄露个人隐私，妥善保管委托人提供的资料。

6. 应当维护估价师、估价机构和估价行业的声誉，不得以贬低其他估价师或者其他估价机构、低收费、商业贿赂的方式进行不正当竞争。

7. 不得以估价者的身份在非自己估价的报告上签字、盖章，不得将估价师注册证书借给他人使用或者允许他人使用自己的名义。

8. 应当具有自豪感、责任感，不断努力学习专业知识，积累估价经验，提高专业胜任能力。

二、典型答疑

1. 房地产抵押估价中，委托人可能是非房屋所有权人和建设用地使用权人的贷款人，也可能是以其房地产抵押的借款人，他们都是估价利害关系人，估价报告使用人是贷款人。请问：使用权人的贷款人和报告使用人是贷款人有什么区别吗？

答：一个是要用贷款，一个是房主同意以其房屋为抵押物，给贷款人作抵押，贷款由贷款人使用，担保责任由房主负担。

2. "房地产损害赔偿需要"新增例题中，房地产损害造成的损失金额为什么不把期间的租金收入计算在内呢？

答：期间的税金损失用临时过渡费代表了，已支付。

3. 房地产估价师可以对估价对象房屋内的家具、电器价值进行评估吗？

答：在以房地产为主的整体资产价值估价业务中，可以对估价对象房地产的附属财产的价值(比如问题中所讲的"估价对象房屋内的家具、电器价值")进行估价，出具包括房地产价值和附属财产价值在内的整体资产价值的估价报告，但是不能对估价对象房屋内的家具、电器出具单独的估价报告。

4. 房地产行政主管部门或其他政府部门是否可以设立房地产估价机构？

答：不可以。《房地产估价机构管理办法》第八条明确规定"房地产估价机构应当由自然人出资，以有限责任公司或者合伙企业形式设立。"并规定，"法定代表人或者执行合伙人是注册后从事房地产估价工作 3 年以上的专职注册房地产估价师"。各级房产行政主管部门不得垄断当地估价市场，政府公务员和事业单位工作人员不能作为专职或兼职房地产估价师从事房地产估价工作。

5．请阐述估价委托人、估价对象权利人、估价利害关系人、估价报告使用人之间的异同。

答：估价委托人可能是也可能不是估价对象权利人、估价利害关系人、估价报告使用人。估价对象权利人一般是估价利害关系人，但可能是也可能不是估价委托人、估价报告使用人。在房地产抵押估价中，委托人可能是非房屋所有权人和建设用地使用权人的贷款人，也可能是以其房地产抵押的借款人，他们都是估价利害关系人，估价报告使用人是贷款人。在房屋征收估价中，委托人一般是房屋征收部门，房屋征收部门和被征收人都是估价利害关系人，也是估价报告使用人。在人民法院拍卖房地产估价中，人民法院是估价委托人和报告使用人，但不是估价对象权利人，也不是估价利害关系人。

三、例题分析

（一）单项选择题

1．下列房地产估价相关活动中，属于传统价值评估业务范畴的是（　　）。

A．高层建筑地价分摊

B．房地产投资价值评估

C．因环境污染导致的房地产价值减损评估

D．城市房屋征收中的停业损失评估

答案：B

2．房地产估价从某种意义上讲是（　　）房地产的价值。

A．发明　　B．发现

C．创造　　D．确定

答案：B

解析：房地产估价是估价师运用自己的知识和经验去“发现”或“探测”房地产价值，而不是去“发明”或“创造”房地产价值。

3．不同的房地产估价师对同一估价对象在同一估价目的、同一估价时点下的评估价值通常不完全相同，这主要是因为（　　）。

A．掌握的有关信息不同　　B．作出的估价师声明不同

C．估价对象状况不同　　D．委托人不同

答案：A

4．从科学且可操作性上看，能够用于判断一个评估价值的误差大小或者准确性的是（　　）。

A．估价对象的真实价值　　B．估价对象的重置价格

C．估价对象的实际成交价格　　D．合格估价师的重新估价结果

答案：D

解析：判断一个评估价值的误差大小或准确性，理论上是将该评估价值与真实价值进行比较，实际中是将它与合格的估价师的重新估价结果进行比较。

5．房地产需要专业估价的基本条件是房地产具有（　　）的特性。

A. 独一无二和供给有限　　　　B. 独一无二和价值量大
C. 流动性差和价值量大　　　　D. 不可移动和用途多样

答案：B

6. 下列经济活动中，不需要进行房地产估价的是（　　）。

A. 了解某宗房地产的出租人权益价值
B. 了解某企业包括房地产及特许经营权等在内的企业价值
C. 了解某地区地震后房地产价值的变化
D. 了解某宗房地产的应纳城镇土地使用税额

答案：D

解析：耕地占用税和城镇土地使用税因按面积和税额标准征收不需要房地产估价提供服务。

7. 李某购买的商品房交付后，经检测室内空气质量不符合国家标准。预计李某治理空气污染的费用为5000元，并延迟入住3个月。当地类似商品房的月有效毛租金为3000元，运营费用占有效毛租金的15%。若月报酬率为0.5%，则室内空气质量不符合国家标准给李某造成的损失为（　　）元。

A. 5000　　　　B. 12574
C. 12650　　　　D. 13911

答案：B

解析：$5000+3000\times85\%/0.5\%[1-1/(1+0.5)^3]=12574$(元)。

8. 一个估价项目中的估价目的，本质上是由（　　）决定的。

A. 估价机构　　　　B. 估价师
C. 估价报告使用者　　　　D. 估价委托人的估价需要

答案：D

9. 一个估价项目中的价值类型，本质上是由（　　）决定的。

A. 估价委托人　　　　B. 估价师
C. 估价目的　　　　D. 估价对象

答案：C

10. 房地产需要专业估价的基本条件是房地产具有（　　）的特性。

A. 独一无二和供给有限　　　　B. 独一无二和价值量大
C. 流动性差和价值量大　　　　D. 不可移动和用途多样

答案：B

解析：当一种资产同时具有独一无二和价值量大两个特性，才真正需要专业估价。

11. 在英国和其他英联邦国家，法院一般（　　）来判断房地产评估价值的误差范围。

A. 使用估价对象房地产的实际成交价格
B. 使用政府公布的房地产交易指导价格
C. 使用近一年内房地产的平均成交价格
D. 依赖于专家证人测算的估价对象房地产的价值

答案：D

解析：在英国和其他英联邦国家，法院一般不使用市场的实际成交价格来判断评估价值的误差范围，而依赖于专家证人来确定估价对象房地产的价值。

12. 某市于2005年对市中心一平房区进行拆迁改造，该市2000年出台的城市房屋拆迁补偿指导价格在该区为4000元/m^2，并且一直没有变动；2005年该区同类建筑物的重置成本达到2000元/m^2，房地产市场交易价格为6000元/m^2；重新规划后，开发商开发的该区商品房售价预计为9000元/m^2；则最合理的拆迁补偿价格应以（　　）元/m^2为基础进行修正。

A. 4000　　B. 5000

C. 6000　　D. 9000

答案：C

13. 房地产估价的技术性原则是为了使不同的估价人员对房地产估价的基本前提具有认识上的一致性，对同一估价对象在（　　）下的估价结果具有近似性。

A. 同一估价原则、同一估价时点　　B. 同一估价目的、同一估价方法

C. 同一估价目的、同一估价时点　　D. 同一估价原则、同一估价目的

答案：C

解析：不同的估价目的会有不同的估价结果，比如同一宗房地产，分别以转让和租赁为估价目的评估出的估价结果一定是转让价值大于租赁价值，而不同估价时点下的同一宗房地产市场价值，其现在的房地产价值与十年前的房地产市场价值是不等的，所以这道题的正确答案是C。

14. 在房地产投保火灾险时评估的保险价值是指（　　）。

A. 土地的价值　　B. 建筑物的价值

C. 建筑物与土地的价值　　D. 建筑物的拍卖价值

答案：B

解析：土地不会被火烧毁，而建筑物则不然，所以评估的保险价值当然是指建筑物的价值。

15. 评估征收房地产造成的停产停业损失，属于（　　）业务。

A. 传统价值评估　　B. 价值分配

C. 相关经济损失评估　　D. 价值减损评估

答案：C

解析：房地产征用征收导致停业停产损失，并不直接导致房地产本身受损，而是属于由于房地产停产停业顺带带来的相关的经济损失。

16. 下面所列不存在估价利害关系人的是（　　）。

A. 房地产抵押估价

B. 房地产征收补偿估价

C. 房地产转让估价

D. 人民法院拍卖、变卖被查封的房地产估价

答案：D

解析：房地产抵押估价，借款人与贷款人是估价利害关系人；房地产征收补偿估价，征收人与被征收人是估价利害关系人；房地产转让估价，出售人与课税机关是估价利害关系人；人民法院拍卖、变卖被查封的房地产估价，人民法院既是委托人也是估价报告使用

者，不存在估价利害关系。所以应选 D。

（二）多项选择题

1. 与非专业估价相比，专业估价的特点有（ ）。

A. 是一种专业意见　　B. 估计价格或价值

C. 承担法律责任　　D. 估价作业日期长

E. 实行有偿服务

答案：ACE

2. 关于房地产估价本质的说法，正确的有（ ）。

A. 房地产估价是评估房地产的价值而不是价格

B. 房地产估价是替相关当事人为房地产定价

C. 房地产估价是为委托人提供价格保证

D. 房地产估价会有误差，但误差应在合理范围内

E. 房地产估价既是一门科学也是一门艺术

答案：ADE

解析：这道题考察的是房地产估价本质的 5 点认识，B 项错在房地产估价是模拟市场定价而不是替代相关当事人为房地产定价；C 项错在房地产估价是提供价值意见而不是作价格保证。

3. 下列经济活动中，需要评估房地产抵押价值的是（ ）。

A. 增加抵押贷款

B. 抵押期间对抵押房地产进行动态监测

C. 抵押贷款到期后需继续以该房地产抵押贷款

D. 处置抵押房地产

E. 租赁抵押房地产

答案：ABC

解析：D 选项，处置抵押房地产估价评估的是房地产的市场价值，房地产抵押价值是非市场价值，与题意不符；E 选项，租赁抵押房地产是评估房地产的租赁价格，也不是房地产抵押价值的范畴。

4. 某餐厅资产可分为土地、建筑物、装饰装修、动产和特许经营权。当该餐厅不适宜在现在位置继续经营下去而转让时，为确定转让价格提供参考的估价对象范围一般包括（ ）。

A. 土地　　B. 建筑物

C. 装饰装修　　D. 动产

E. 特许经营权

答案：ABC

5. 下列关于房地产估价人员应遵守的职业道德的表述中，正确的有（ ）。

A. 应做到诚实正直，公正执业

B. 为了提高业务水平，可以接受超过自己专业能力的估价项目

C. 未经委托人的书面许可，不得将委托人的文件资料擅自公开

D. 应执行政府规定的收费标准，只能适当收取额外的费用

E. 不得以估价者的身份在非自己估价的估价报告上签字、盖章

答案：ACE

6. 在房地产估价中，如果估价目的不同，则（　）。

A. 估价的依据有可能不同　　B. 估价的方法有可能不同

C. 估价对象的范围有可能不同　　D. 不影响估价结果的公正性

E. 不影响估价报告的用途

答案：ABC

解析：不同的估价目的将影响估价结果。因为估价目的的不同，估价的依据可能不同，应评估的价值类型可能不同，估价时点的选取可能不同，估价中应考虑的因素可能不同，甚至估价对象的范围和选用的估价方法也可能不同。

7. 关于房地产估价本质的说法，正确的有（　）。

A. 房地产估价是评估房地产的价值而不是价格

B. 房地产估价是替相关当事人为房地产定价

C. 房地产估价是为委托人提供价格保证

D. 房地产估价会有误差，但误差应在合理范围内

E. 房地产估价既是一门科学也是一门艺术

答案：ADE

解析：这道题考查的是房地产估价本质的5点认识，B项错在房地产估价是模拟市场定价而不是替代相关当事人为房地产定价；C项错在房地产估价是提供价值意见而不是作价格保证。

（三）判断题

1. 房地产价格是客观存在的，是不以个人意志为转移的，因此，房地产估价实际上是房地产专业估价人员对房地产市场价格形成进行市场模拟的过程，所要揭示的是房地产的理论价格。（　）

答案：×

解析：不是揭示的是房地产的理论价格，而是把客观存在的房地产价值揭示出来。

2. 在挂牌出让土地使用权方式中，评估机构仅为出让人确定土地使用权的最高价。（　）

答案：×

解析：评估机构既可以为出让人确定挂牌底价，也可以为竞买人需要确定最高报价。

3. 在任何时候，估价委托人既是估价报告使用者，又是估价利害相关人。（　）

答案：×

4. 任何一个估价项目都有估价目的。（　）

答案：√

5. 接受估价委托后，受托估价机构不得转让、变相转让受托的估价业务，并应明确至少一名合适的估价人员负责该估价项目。（　）

答案：×

解析：正确的说法是“接受估价委托后，受托估价机构不得转让、变相转让受托的估价业务，并应明确至少一名合适的专职注册房地产估价师负责该估价项目。”

6. 同一宗房地产在相同估价目的下所得到的评估价值应当相同。(　　)

答案：×

解析：估价目的相同，估价时点不同，所得出的结果也不相同。

7. 某注册房地产估价师拟购买A市C区的一套多层住房，该估价师根据自己对该套住房实物、权益、区位等的勘查、分析，运用适当方法对该套住房进行了估价，并最终以接近于该估价值的价格成交。该估价师对该住房的估价是专业房地产估价。(　　)

答案：×

解析：专业房地产估价是一种行业行为，是由专业人员与专业机构完成。

8. 以协议方式出让土地使用权的情况下，肯定不需要估价。(　　)

答案：×

解析：土地使用权无论哪种出让方式，都需要进行估价，因为土地是不完全市场，需要进行专业估价来确定价格，以协议方式出让土地使用权，需要对协议出让最低价进行估价，为出让人提供参考论据。

四、练习题

(一) 单项选择题

1. 估价时点通常用什么表示(　　)。

A. 时、分、秒　　B. 公历年、月、日

C. 阴历年、月、日　　D. 进行估价时的时间

2. 中国房地产估价师与房地产经纪人学会简称为(　　)。

A. CIREAA　　B. CAIRE

C. CIREA　　D. CEIRA

3. 中国目前的契税是在土地、房屋权属转移的时候，向(　　)征收的一种税收。

A. 权利人　　B. 使用人

C. 承收人　　D. 农民

4. 专业估价与非专业估价的本质区别不包括(　　)。

A. 由专业机构和人员完成　　B. 是一种专业意见

C. 目的是评估市场价值　　D. 具有社会公信力

5. 如果是为了房屋征收目的而估价，则不考虑房屋租赁因素的影响，应(　　)。

A. 视为无租约限制的房地产来估价

B. 视为有租约限制的房地产来估价

C. 考虑房屋租赁者的意见

D. 视其租约租金与市场租金的差异大小而定

6. 房地产估价的最高行为准则是(　　)。

A. 估价时点原则　　B. 合法原则

C. 独立、客观、公正　　D. 谨慎原则

7. 1999年2月12日建设部会同原国家质量技术监督局联合发布了(　　)，其内容包括：总则、术语、估价原则、估价程序、估价方法、估价报告、职业道德等。

A.《中华人民共和国国家房地产估价标准规范》

B.《中华人民共和国国家标准房地产估价规范》

C.《中华人民共和国国家房地产估价规范标准》

D.《城市房屋拆迁估价指导意见》

8. 2003 年 11 月 4 日，中国房地产估价师学会与香港(　　)签署了内地房地产估价师与香港测量师资格互认协议书。

A. 不动产协会　　B. 估价师协会

C. 物业协会　　D. 测量师学会

9. 将房地产称为物业的国家或地区是(　　)。

A. 法国　　B. 意大利

C. 日本　　D. 中国香港

10. 从(　　)年开始房地产估价师执业资格实行全国统一考试制度。

A. 1994　　B. 1995

C. 2001　　D. 2003

11. 房地产估价机构的法定代表人是注册后从事房地产估价工作(　　)年以上的房地产估价师。

A. 0　　B. 1

C. 2　　D. 3

12. 从科学且具有可操作性上看，能够用于判断一个评估价值的误差大小或者准确性的是(　　)。

A. 估价对象的真实价格　　B. 估价对象的实际成交价格

C. 估价对象的重置价格　　D. 合格估价师的重新估价结果

13. 商品住宅可同时采用市场法、收益法和(　　)估计，以相互验证，但不互相替代。

A. 成本法　　B. 假设开发法

C. 长期趋势法　　D. 路线价法

14. 估价程序是指完成一个估价项目所需要做的各项工作按照它们之间的内在联系排列出的先后次序。房地产估价的基本程序包括以下几个方面，排序正确的是(　　)。

(1) 获取估价业务；

(2) 受理估价委托；

(3) 搜集估价所需资料；

(4) 制定估价作业方案；

(5) 实地查勘估价对象；

(6) 求取估价对象价值；

(7) 审核估价报告；

(8) 估价资料归档；

(9) 撰写估价报告；

(10) 交付估价报告；

A. (1)(2)(3)(4)(5)(6)(7)(8)(9)(10)

B. (1)(3)(2)(5)(4)(7)(6)(8)(9)(10)

C. (2)(1)(3)(4)(5)(6)(8)(7)(9)(10)

D. (1)(2)(4)(3)(5)(6)(9)(7)(10)(8)

15. 估价报告书中说明的(　　)限定了其用途。

A. 估价原则　　B. 估价方法

C. 估价目的　　D. 估价对象状况

16. 下列(　　)不是估价委托人的义务。

A. 根据自己的需要提出估价结果

B. 向估价机构如实提供其知悉的估价所必要的资料

C. 协助估价师搜集估价所必要的资料

D. 对所提供的资料的真实性、合法性和完整性负责

17. 下列(　　)不是估价假设的作用。

A. 规避估价风险　　B. 保护估价报告使用者

C. 保护估价机构和估价师　　D. 保护估价机构的管理者

18. 在建工程一般不适用于(　　)估价。

A. 成本法　　B. 市场法

C. 收益法　　D. 假设开发法

19. 在保险事故发生后，房地产保险需要评估(　　)，以为确定赔偿金额提供参考依据。

A. 市场价格　　B. 保险价值

C. 商品价值　　D. 所遭受的财产损失

(二) 多项选择题

1. 下列(　　)属于房地产估价师职业道德范畴。

A. 专业胜任能力　　B. 公平竞争

C. 社会责任　　D. 诚实守信

E. 知难而进

2. 单独评估建筑物价值的情况有哪几种(　　)。

A. 在房地产投保火灾险时评估其保险价值

B. 在房地产火灾发生后评估其损失

C. 评估期房价格

D. 计算建筑物折旧

E. 因征收需要的拆除的违规建筑

3. 目前，国家针对房地产估价行业实施的市场准入机制包括(　　)。

A. 对房地产估价师执业资格进行注册

B. 对房地产估价机构资质进行核准

C. 对房地产估价师执业资格进行审批

D. 对房地产估价师执业资格进行认定

E. 对房地产估价员执业资格进行审批

4. 房地产由于具有(　　)等特性，是一种良好的提供债务履行担保的物品。

A. 保值增值
B. 价值量大
C. 不可移动
D. 寿命长久
E. 独一无二

5. 下列叙述正确的是(　　)。
A. 估价是科学与艺术的有机结合
B. 理论、方法、经验对估价同等重要
C. 估价就是猜测、估计价格
D. 估价不同于定价，而是将客观存在的房地产价格表达出来
E. 房地产价值是由市场力量决定的，是客观存在的

6. 房地产需要专业估价的理由有(　　)。
A. 房地产具有独一无二性
B. 政府部门要求估价
C. 房地产的价值量较大
D. 估价人员要求估价
E. 房地产不可移动性

7. 估价当事人包括(　　)。
A. 房地产估价人员
B. 估价师协会
C. 房地产估价机构
D. 估价委托人
E. 房地产经纪人

8. 在下列哪种情况下，评估的是房地产的抵押价值(　　)。
A. 处置抵押房地产估价
B. 初次抵押估价
C. 续贷抵押估价
D. 对投保的房地产进行估价
E. 转抵押估价

9. 房地产估价的三大基本方法是(　　)。
A. 市场法
B. 成本法
C. 收益法
D. 假设开发法
E. 基准地价法

10. 下列(　　)属于非市场价值。
A. 快速变现价值
B. 谨慎价值
C. 清算价值
D. 投资价值
E. 协议方式出让价格

11. 关于估价基本估价方法，美国体系分为(　　)等。
A. 比较法
B. 投资法
C. 剩余法
D. 成本法
E. 收益法

12. 在房地产估价中，如果估价目的不同，则(　　)。
A. 估价的依据有可能不同
B. 估价的方法有可能不同
C. 估价对象的范围有可能不同
D. 不影响估价结果的公正性
E. 不影响估价报告的用途

13. 下列哪些情况需要进行房地产评估(　　)。
A. 产权注销
B. 企业破产清算

C. 房地产抵押　　　　　　　　　D. 确定定期公布的基准地价

E. 房地产征收

14. 下列说法正确的是（　　）。

A. 房地产价格是客观存在的

B. 房地产价格是专业估价人员的价值判断结果

C. 房地产价格由市场力量决定

D. 由市场参与者集体的价值判断所形成

E. 估价师是运用自己的知识和经验去“发现”或“探测”房地产价值

（三）判断题

1. 房地产估价是评估房地产的价值而不是价格。（　　）

2. 估价基本事项包括估价目的、估价时点、估价对象、估价方法和价值类型（　　）

3. 在房地产征收征用中不仅需要评估房地产价值和租金，有时还需要评估因征收征用房地产造成的家具、家用电器等动产的评估。（　　）

4. 政府可以在房地产业主死亡或消失而无继承人或亲属的情况下，无偿收回房地产。（　　）

5. 咨询性估价应独立、客观、公正，应为委托人争取最大的合法权益。（　　）

6. 再次抵押的房地产，该财产的价值大于所担保债权的余额部分，可以再次抵押，但不得超出其余部分。（　　）

7. 在协议出让中，出让人需要确定协议出让最高价，土地使用者需要确定自己的最低价。（　　）

8. 专业估价人员就是指专门从事房地产估价的人员。（　　）

9. 估价目的限制了估价报告的用途。（　　）

10. 评估在用价值时应遵循最高最佳利用原则。（　　）

11. 特殊厂房一般不适用市场法估价，但适用成本法估价。（　　）

12. 评估抵押价值时还应遵循谨慎价值。（　　）

13. 凡是房地产估价机构出具的由房地产估价人员签名的估价报告均具有法律效力。（　　）

14. 任何一个估价项目都有估价目的。（　　）

15. 房地产估价师不得将资格证书借给他人使用，但可以以估价者的身份在非自己所作的估价报告上签字、盖章。（　　）

16. 在评估一宗房地产的价值时，理论上可以同时采用多种估价方法进行估价的，应同时采用多种估价方法进行估价，不得随意排除可以采用的估价方法。（　　）

17. 在任何时候，估价委托人既是估价报告使用者，又是估价利害关系人。（　　）

【参考答案】

（一）单项选择题

1. B　2. C　3. C　4. C　5. A　6. C　7. B　8. D　9. D　10. B　11. D　12. D　13. A　14. D　15. C　16. A　17. D　18. B　19. D

（二）多项选择题

1. ABCD 2. ABD 3. AC 4. ABC 5. ABDE 6. AC 7. ACD 8. BCE 9. ABC 10. ABCD 11. ADE 12. ABCD 13. BCDE 14. ACDE

（三）判断题

1. √ 2. × 3. × 4. √ 5. × 6. √ 7. × 8. × 9. √ 10. × 11. √ 12. √ 13. × 14. √ 15. × 16. √ 17. ×

第二章　房地产及其描述

一、重要考点

1. 房地产指土地与建筑物等土地定着物，是实物、权益和区位三者的结合体。

2. 实物、权益、区位的含义及对价值的影响(见表 2-1)。

表 2-1

<table>
<tr><th>序号</th><th colspan="3">含义</th><th>对价值的影响</th></tr>
<tr><td rowspan="3">1</td><td rowspan="3">实物</td><td>有形的实体</td><td rowspan="3">房地产的实物是指房地产中看得见、摸得着的部分</td><td rowspan="6">在不同类型的资产中，实物和权益对价值的影响是不同的：
① 一般的有形资产主要是实物的价值，即主要是实物的好坏决定着价值的高低
② 一般的无形资产主要是权益的价值，通常不具有实物形态，有的虽然依附在某种实物上，但该实物本身的好坏对其价值影响不大，甚至可以忽略不计
③ 房地产的实物和权益在价值决定中都很重要。两宗实物状况相同的房地产，如果权益状况不同，价值就可能有很大的不同；反之，两宗权益状况相同的房地产，如果实物状况不同，价值也可能有很大的不同</td></tr>
<tr><td>该实体的质量</td></tr>
<tr><td>该实体组合完成的功能</td></tr>
<tr><td rowspan="3">2</td><td rowspan="3">权益</td><td>权利</td><td rowspan="3">房地产权益是指房地产中无形、不可触摸的部分。房地产权益以房地产权利为基础的</td></tr>
<tr><td>利益</td></tr>
<tr><td>收益</td></tr>
<tr><td rowspan="4">3</td><td rowspan="4">区位</td><td>位置</td><td rowspan="4">房地产的区位是指一宗房地产与其他房地产或者事物在空间方位和距离上的关系</td><td rowspan="4">区位对价值的决定作用几乎是房地产所独有的。两宗实物和权益状况相同的房地产，如果它们的位置、交通、环境景观、外部配套设施等区位状况不同，价值可能有很大的不同</td></tr>
<tr><td>交通</td></tr>
<tr><td>环境景观</td></tr>
<tr><td>外部配套设施</td></tr>
</table>

3. 房地产权利的分类

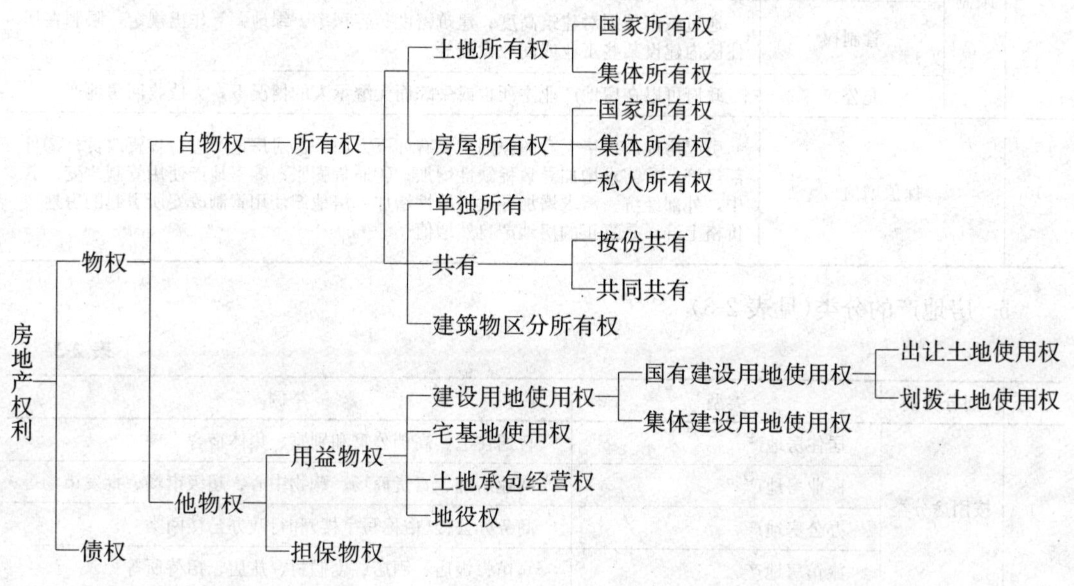

4. 房地产的特性(见表 2-2)

表 2-2

序号	名称		备注
1	不可移动(位置固定性)		形成了每宗房地产独有的自然地理位置和社会经济位置，使得不同房地产之间有区位优劣之分。其自然地理位置固定不变，其社会经济位置在经过一段时间之后可能会发生变化。任何一宗房地产只能就地开发、利用或消费，并要受制于其所在的空间环境。房地产市场是一个地区性市场(城市房地产一般是以一个城市为一个市场)，其供求状况、价格水平及价格走势等都是地区性的，在不同地区之间可能不同，甚至是反向的
2	独一无二(独特性、异质性、非同质性、个别性)		房地产的独一无二性，使得房地产市场上难以出现相同房地产的大量供给，房地产之间不能完全替代。有独一无二特性，但是一些房地产之间仍然有一定程度的替代性，从而彼此有一定程度的竞争性，在价格上相互之间也有一定程度的牵制
3	寿命长久		由于寿命长久，房地产可以给其占用者带来持续不断的利益。土地使用权是有期限的除外
4	供给有限		房地产具有供给有限特性，本质上不在于土地的总量不能增加。房地产具有供给有限特性，主要是因为是房地产的不可移动特性造成的房地产供给不能集中于一处
5	价值量大		房地产单位价值高，总体价值大
6	用途多样(用途的竞争、转换及并存的可能性)		现实中不能随意决定房地产的用途，要符合城市规划等的规定
7	相互影响		外部性也称为外部效应、外部影响，一宗房地产的价值不仅与其自身的状况直接相关，而且与其周围房地产的状况密切相关，受其邻近房地产利用的影响
8	难以变现(变现能力弱、流动性差、弱流动性)		影响变现的因素：通用性、独立使用性、价值的大小、房地产的可分割转让性、开发程度、区位、该类房地产的市场状况
9	易受限制	征税权	政府为了增加财政收入等，可以对房地产征税或提高房地产税收，只要这些税收是公平征收的
		征收权	政府为了公共利益的需要，如修公路、建学校等，可以强制取得单位和个人的房地产，但要对被征收单位和个人给予合理的补偿
		管制权	通过城市规划对建筑高度、建筑密度、容积率、绿地率等作出规定，限制在居住区内建设某些工业或商业设施等
		充公权	政府可以在房地产业主死亡或失踪而无继承人的情况下，无偿收回房地产
10	保值增值		引起房地产价格上升的原因主要有如下方面：①对房地产进行投资改良；②外部经济；③需求增加导致稀缺性增加；④通货膨胀；⑤房地产使用管制改变。其中，外部经济、需求增加导致稀缺性增加、房地产使用管制改变所引起的房地产价格上升，是真正的房地产自然增值

5. 房地产的分类(见表 2-3)

表 2-3

序号	划分类别	类型	举例
1	按用途分类	居住房地产	普通住宅、高档公寓和别墅、集体宿舍
		商业房地产	商业店铺、百货商场、购物中心、超级市场、批发市场等
		办公房地产	商务办公楼(俗称写字楼)和行政办公楼两类
		旅馆房地产	宾馆、饭店、酒店、度假村、旅店、招待所等

续表

序号	划分类别	类型	举例
1	按用途分类	餐饮房地产	酒楼、美食城、餐馆、快餐店等
		工业房地产	生产厂房、辅助生产厂房、动力用厂房、储存用房屋、运输用房屋、其他(如水泵房、污水处理站等)
		体育和娱乐房地产	如：体育馆、体育场、保龄球馆、高尔夫球场、滑雪场、影剧院、游乐场、娱乐城、康乐中心等
		农业房地产	农地、农场、林场、牧场、果园、种子库、拖拉机站、饲养牲畜用房等
		特殊用途房地产	车站、机场、码头、医院、学校、教堂、寺庙、墓地等
		综合用途房地产	具有两种以上(含两种)用途的房地产
2	按开发程度分类	生地	不具有城市基础设施的土地，例如荒地、农地
		毛地	具有一定的城市基础设施，但尚未完成房屋征收补偿安置的土地
		熟地	具有较完善的城市基础设施且场地平整，能直接在其上建造建筑物的土地。熟地按照基础设施完备程度又可以分为“三通一平”、“五通一平”、“七通一平”
		在建工程	建筑物已开始建造但尚未建成、不具备使用条件的房地产。在建工程还可以按照形象进度、投资完成额、完成工程量进行分类
		现房	已建造完成、可直接使用的建筑物及其占用范围内的土地。现房按照新旧程度，又可以分为新房和旧房。其中，新建的商品房按照装饰装修状况，又可以分为毛坯房、粗装修房和精装修房
3	按是否产生收益分类	收益性房地产	住宅(特别是其中的公寓)、写字楼、旅馆、商店、餐馆、游乐场、影剧院、停车场、加油站、标准厂房(用于出租的)、仓库(用于出租的)、农地等
		非收益性房地产	未开发的土地、行政办公楼、教堂、寺庙等
4	按经营使用方式分类	销售的房地产	商店、餐馆、公寓、写字楼
		出租的房地产	商店、餐馆、公寓、写字楼
		营业的房地产	宾馆、影剧院
		自用的房地产	行政办公楼、学校、特殊厂房
5	按实物形态分类	土地	可以分为无建筑物的土地和有建筑物的土地。无建筑物的土地通常被称为空地。有建筑物的土地又可以分为建筑物已建造完成的土地和建筑物尚未建造完成的土地
		建筑物	可以分为已建造完成的建筑物和尚未建造完成的建筑物
		土地与建筑物的综合体	可以分为土地与已建造完成的建筑物的综合体和土地与尚未建造完成的建筑物的综合体。最典型的一种土地与已建造完成的建筑物的综合体是现房。土地与尚未建造完成的建筑物的综合体通常被称为在建工程
		未来状况下的房地产	最典型的一种是期房。期房是指目前尚未建造完成而以将来建造完成后的建筑物及其占用范围内的土地为标的的房地产

续表

序号	划分类别	类型	举例
5	按实物形态分类	已经灭失的房地产	
		房地产的局部	不是整幢房屋，而是其中的一层、一套
		现在状况下的房地产与过去状况下的房地产的差异部分	建筑物的装修装饰部分
		以房地产为主的整体资产或者包含其他资产的房地产	正在运营、使用的宾馆、餐馆、商场、影剧院、游乐场、高尔夫球场、加油站、码头等
		整体资产中的房地产	
6	按权益状况分类	“干净”的房屋所有权和出让土地使用权的房地产	这里“干净”的意思是指房地产开发建设过程中的立项、规划、用地审批、施工许可、竣工验收等手续齐全、产权明确且未出租或者未设立抵押权、典权、地役权或其他任何形式的他项权利，下同
		“干净”的房屋所有权和划拨土地使用权的房地产	
		“干净”的房屋所有权和集体土地的房地产	可分为按份共有的房地产和共同共有的房地产。法律规定，转让共有的房地产时，需经其他共有人书面同意
		共有的房地产	
		部分产权的房地产	按房改标准价购买的公有住房属于这种产权。这种产权的住房可以继承和出售，但出售时原产权单位有优先购买权，售房的收入在扣除有关税费后，按个人和单位所占的产权比例进行分配。现在提倡原按房改标准价购买的公有住房补足到房改成本价转为全部产权
		有租约限制的房地产	已出租的房地产
		设立了地役权的房地产	该房地产为他人提供了有限的使用权，如允许他人通行
		设立了抵押权的房地产	已抵押的房地产。抵押人在通知抵押权人并告知受让人的情况下，可以将已抵押的房地产转让给他人。抵押人将已抵押的房地产转让给他人的，不影响抵押权，受让人处于抵押人的地位
		设立了典权的房地产	即已典当的房地产。出典人可以将出典的房地产转让给他人。出典人将出典的房地产转让给他人的，不影响典权，受让人处于出典人的地位
		有拖欠建设工程价款的房地产	
		已依法公告列入征收、征用范围的房地产	
7	按权益状况分类	临时用地或临时建筑的房地产	
		手续不全的房地产	
		产权不明或者权属有争议的房地产	
		被依法查封、采取财产保全措施或者以其他形式限制的房地产	

续表

序号	划分类别	类型	举例
7	按权益状况分类	违法占地或者违法、违章建筑的房地产	
		房地产的租赁权	即承租人权益
		房地产的抵押权	
		地役权	指的是需役地
		房地产的空间利用权	有地下空间利用权和地上空间利用权
		房地产中的无形资产	例如，包含特许经营权的加油站，根据估价目的，有时需要评估其包含无形资产在内的价值，有时需要评估不包含无形资产的价值，或者将其中的无形资产价值从房地产价值中分离出来

6. 房地产状况描述

(1) 土地实物状况描述

四至、面积、形状、地形地势、地基、土壤、开发程度等。

(2) 建筑物实物状况描述

建筑规模、层数和层高、外观、建筑结构、设施设备、装饰装修、日照采光通风等、层高和室内净高、空间布局、竣工日期、维护情况和完损状况等。

(3) 权益状况描述

1) 土地权益状况包括土地所有权、土地使用权、土地使用管制、土地利用现状、出租或占用情况、其他权利设立情况等。

2) 建筑物权益状况包括房屋所有权、出租或占用情况、其他权利设立情况、其他特殊情况说明等。

(4) 区位状况描述

1) 位置描述包括坐落、方位、距离、临街状况、朝向、楼层等。

2) 交通描述包括道路状况、出入可利用的交通工具、交通管制情况、停车方便程度、交通收费情况等。

3) 外部配套设施包括外部基础设施、外部公共服务设施等。

4) 周围环境和景观包括自然环境、人文环境、景观。

二、典型答疑

1. 商业、旅游、娱乐用地为40年，综合或者其他用地为50年。一层是门市2～6层是住宅用地，年限如何考虑？是按综合用地考虑还是分开？如果是分开考虑。那么什么样的是综合用地和其他用地？

答：可以按综合用途考虑，也可以分开考虑，综合用地或其他用地，如职业培训用地等。

综合用地的概念是指不同用途的土地(如商业、工业、住宅等)所构成的土地。其他用地指规划范围内除居住区用地以外的各种用地，包括非直接为本区居民配建的道路用地、其他单位用地、保留的自然村或不可建设用地。

2. 某宗土地50年使用权的价格为1000万元，其地上建筑物目前的市价为500万元，现探测其地下有铁矿资源，价值高达500万元，则该房地产的价格为(　　)。

A. 1000万元　　B. 1500万元

C. 2000万元　　D. 1500万元至2000万元之间

答案：B

问：为什么房地产价格中不包含铁矿价值？

答：地下埋藏之矿产资源属于国家所有不附属于土地，所以房地产价格不应包括地下矿产资源的价格。

3. 某房地产商以2000万元购置一幢写字楼，当时年通货膨胀率为2%，1年后该写字楼售出时，房地产商收回资金2200万元，则该写字楼增值了(　　)万元。

A. 40　　B. 100

C. 160　　D. 200

答案：C

问：此题答案为什么不是200万元呢？

答：由于通货膨胀引起的房地产价格上升，不是真正的房地产增值，而是房地产保值，2000×(1+2%)=2040(万元)，这里多出的40万元不是真正的增值，而是保值，所以实际增值=2200−2040=160(万元)。

4. 请问土地使用权是指地表部分吗？

答：《物权法》规定，“建设用地使用权可以在土地的地表、地上或者地下分别设立。”也就是说，在设定一块建设用地使用权范围时除了土地面积外，还会确定该土地面积内的地下深度和地上高度，在此范围内的空间都属于权利人。

5. 我理解房地产权益是各种权利的总和，权利越多房地产价值越高吗？

答：房地产权益并不是各种权利在数学意义上的简单加总，比如，在所有权上增加了抵押权以后，因为抵押价值是在所有权完整价值基础上扣除一些费用后的谨慎价值，所以所有权增加了抵押权后，其价值要低于没有抵押权时的所有权下的价值。

6. 某已抵押房地产因债权实现需要强制处分而由法院委托估价，则估价结果通常是该房地产完整权利下的价值。为什么？

答：多数估价是评估估价对象在现实法定权益下的价值，不得随意设定估价对象的权益状况来估价。但在某些特殊情况下，根据估价目的的要求，应当以设定的估价对象的权益状况来估价。如法院委托的强制处分房地产估价，被强制处分房地产可能正是由于抵押、产权人欠债、欠税或者不法取得(如受贿)等而被强制拍卖、变卖的，其现实权利是不完整的，但这类估价通常是评估被强制处分房地产在完整权利下的价值。因为对于受让人来说，通过法院强制处分将取得的是完整权利。如果不是通过法院强制处分取得，而是直接从产权人那里取得，则评估的应当是现实权益下的价值。

7. 在房地产他项权利表述中有这样一段话：这里所讲的“干净”是指房屋所有权和建设用地使用权为单独所有，没有出租，未设立地役权、抵押权或其他任何形式的他项权利。请问：他项权利是针对房地产的所有权以外的各项权利还是指他物权？

答：房屋他项权利是指由于房屋的所有权衍生出来的租赁权、抵押权、继承权等权利。

8. 关于房地产的特性，教材上讲，“房地产具有供给有限特性，主要是因为房地产的不可移动特性造成了房地产供给不能集中一处。这是房地产供给与一般物品供给的最主要区别”。这里“最主要区别”是指房地产的供给有限特性，还是不可移动特性？

答：指的是房地产的供给与一般供给的最主要区别，即房地产供给有限。

三、例题分析

(一) 单项选择题

1. 引起真正的房地产自然增值的原因是(　　)。

A. 装修改造　　B. 需求增加

C. 通货膨胀　　D. 改进物业管理

答案：B

解析：改进物业管理属于房地产拥有者自己对房地产进行投资改良，不是房地产的自然增值。

2. 房地产具有供给有限特性，本质上由于(　　)。

A. 土地总量有限　　B. 规划限制

C. 房地产不可移动　　D. 价值量大

答案：C

解析：房地产具有供给有限特性，本质上不在于土地总量有限和面积不能增加，主要是由于房地产的不可移动特性造成的房地产供给不能集中于一处。

3. 某宗土地面积为 $2000m^2$，城市规划规定的限制指标为：容积率 3，建筑密度 30%。在单位建筑面积所获得的利润相同的条件下，下列建设方案中最可行的是(　　)。

A. 建筑物地面一层建筑面积为 $800m^2$，总建筑面积为 $5000m^2$

B. 建筑物地面一层建筑面积为 $1400m^2$，总建筑面积为 $5000m^2$

C. 建筑物地面一层建筑面积为 $600m^2$，总建筑面积为 $5500m^2$

D. 建筑物地面一层建筑面积为 $600m^2$，总建筑面积为 $2500m^2$

答案：C

解析：建筑密度＝建筑基底总面积/建筑用地面积，建筑基底总面积＝30%×2000＝$600m^2$，容积率＝总建筑面积/建筑用地面积，总建筑面积＝3×2000＝$6000m^2$，所以选出最可行的方案 C，在符合建筑密度和容积率的要求前提下最经济的方案。

4. 在符合城市规划和建筑结构安全的条件下，住宅所有权人寻找他人出资，合作加盖房屋并进行分成，属于动用(　　)的行为。

A. 宅基地所有权　　B. 空间利用权

C. 地役权　　D. 建筑物相邻关系

答案：B

5. “五通一平”一般是指某区域或某地块具备了道路、(　　)等设施或条件以及场地平整。

A. 给水、排水、电力、通信　　B. 给水、排水、燃气、热力

C. 排水、电力、通信、燃气　　D. 排水、电力、通信、热力

答案：A

解析：三通一平：路通、水通、电通和场地平整；五通一平：具有道路、供水、排水、供电、通信等基础设施和场地平整；七通一平：道路、供水、排水、供电、通信、燃气、热力和场地平整。

6. 某宗土地的面积为 1000m^2，其上建筑物的建筑面积为 5000m^2，建筑物的基底面积为 700m^2，建筑物层数为 8 层。则该宗土地的容积率为(　　)。

A. 8.0　　B. 5.6

C. 5.0　　D. 0.7

答案：C

解析：容积率＝总建筑面积/建筑用地面积＝5000/1000＝5.0

7. 某宗土地的规划容积率为 3，可兴建 6000m^2 的商住楼，经评估总地价为 180 万元，该宗土地的单价为(　　)元/m^2。

A. 100　　B. 300

C. 600　　D. 900

答案：D

解析：容积率＝总建筑面积/建筑用地面积，建筑用地面积 6000/3＝2000m^2，土地单价＝180/2000＝0.09(万元)

8. 区位是指地球上(　　)空间方位和距离上的关系。

A. 某一事物　　B. 某房地产

C. 某一事物与其他事物　　D. 各种事物

答案：C

解析：房地产区位是指一宗房地产与其他房地产或者事物在空间方位和距离上的关系，包括位置、交通、周围环境和景观。

9. 建筑物的所有权可以分为独有、共有和(　　)三种。

A. 区分共有　　B. 区分所有

C. 公有　　D. 私有

答案：B

解析：房地产所有权有独有、共有和建造物区分所有权。

(二) 多项选择题

1. 房地产的独一无二特性导致了(　　)。

A. 难以出现相同房地产的大量供给

B. 房地产市场不能实现完全竞争

C. 房地产交易难以采取样品交易的方式

D. 房地产价格千差万别并容易受交易者个别因素的影响

E. 房地产价值量大

答案：ABCD

解析：房地产的独一无二特性，使得房地产市场上难以出现相同房地产的大量供给，房地产之间不能完全替代，房地产市场不是完全竞争的市场，房地产价格千差万别并容易受交易者的个别因素的影响。此外，房地产交易难以采取样品交易的方式。

2. 房地产具有保值增值特性，真正的房地产自然增值是由于(　　)引起的。

A. 装饰装修改造　　　　　　　　　B. 通货膨胀

C. 需求增加导致稀缺性增加　　　　D. 改进物业管理

E. 周围环境改善

答案：CE

解析：需求增加导致稀缺性增加和外部经济所引起的房地产价格上升，是真正的房地产自然增值。而外部经济包括交通条件或周围环境改善等。

3. 从权益的角度来看，现实中的房地产估价对象包括(　　)等。

A. 有建筑物的土地，包括建筑物尚未建成的土地

B. “干净”的房屋所有权和划拨土地使用权的房地产

C. 有租约限制的房地产

D. 未来状况下的房地产

E. 共有的房地产

答案：BCE

解析：从估价对象来看可分为实物角度和权益角度进行概括，这是非常重要的考点必须掌握。

4. 建筑物区分所有权包括(　　)等。

A. 按份共有所有权　　　　　　　　B. 专有部分所有权

C. 共同关系成员权　　　　　　　　D. 共用部分持份权

E. 长期使用和租赁

答案：BCD

解析：考察建筑物区分所有权的概念，其由专有部分所有权、共同关系成员权、共用部分持份权构成。

(三) 判断题

1. 房地产权利包括物权和债权两大类，其中物权又包括自物权和他物权两类。自物权即所有权；他物权包括用益物权和担保物权，而用益物权又包括土地使用权和地役权等。(　　)

答案：√

2. 房地产所有权可分为独有、共有和建筑物区分所有。其中，建筑物区分所有权人对建筑物内的住宅、商业用房等专有部分享有所有权，对走廊、楼梯、外墙等共有部分享有共有的权利。(　　)

答案：√

解析：这是对房地产权益概念的考察，其中建造物区分所有权是个重要的概念，也是个反复考的内容。

3. 因为房地产具有独一无二性，所以房地产不具备完全替代性。(　　)

答案：√

解析：房地产具有供给有限特性，本质上不在于土地总量有限和面积不能增加，主要是由于房地产的不可移动特性造成的房地产供给不能集中于一处。

4. 地役权是指土地所有人或使用人不允许他人在自己土地通行的权利。(　　)

答案：×

解析：地役权是指土地所有权人或土地使用权人为使用自己土地的便利而使用他人土地的权利。最典型的地役权是在他人土地上通行的权利。

5. 评估土地价格时，不应包括建筑物地上部分的价值，但应包含其地下部分的价值。(　　)

答案：×

解析：土地价格应既包括建筑物地上部分的价值，又包括其地下部分的价值。

6. 两宗实物状况相同的房地产，如果权益不同，价值可能有很大不同；而如果权益相同，则价值不可能有很大不同。(　　)

答案：×

解析：如果两宗房地产的区位差别很大，则价值也有可能有很大不同。

7. 通货膨胀所引起的房地产价格上升意味着房地产增值。(　　)

答案：×

解析：通货膨胀所引起的房地产价格上升，不是真正的房地产增值，而是房地产保值。

四、练习题

(一) 单项选择题

1. 下列权益当中哪一个属于自物权(　　)。

A. 所有权　　B. 使用权

C. 地役权　　D. 典权

2. 出租或营业型房地产最适宜采用哪种估价方法进行评估(　　)。

A. 成本法　　B. 长期趋势法

C. 收益法　　D. 假设开发法

3. 对于房地产估价来说，土地是指(　　)。

A. 田地、地面

B. 地球上陆地的表层，包括水域在内

C. 自然资源

D. 地球的陆地表面及其上下一定范围内的空间

4. 在实物形态上，土地与建筑物合成一体时根据需要也可只评估其中建筑物的价格，如(　　)。

A. 出让土地使用权上的房地产抵押估价

B. 商品房售价

C. 划拨土地使用权上的房屋征收作补偿

D. 房屋火灾保险

5. 下列哪种房地产不是按用途来划分的类型(　　)。

A. 综合房地产　　B. 出租房地产

C. 办公房地产　　D. 娱乐房地产

6. 在房地产估价中，一般将建筑物视为(　　)。

A. 不包括构筑物　　B. 不包括房屋

C. 只包括构筑物　　D. 包括房屋和构筑物

7.《物权法》规定，(　　)可以在土地的地表、地上或者地下分别设立。所以也可称其为空间利用权或空间权。

A. 宅基地使用权　　B. 土地承包经营权

C. 建设用地使用权　　D. 土地租赁权

8. 宾馆属于(　　)。

A. 商业房地产　　B. 娱乐房地产

C. 旅馆房地产　　D. 综合房地产

9. 在实际估价中，判定在建工程的标准是(　　)。

A. 是否完成竣工验收　　B. 是否完成内外装修

C. 是否已完成结构封顶　　D. 是否已安装了门窗

10. 在房地产估价中，将农地视为(　　)。

A. 生地　　B. 毛地

C. 熟地　　D. 房屋火灾保险

11. 在符合城市规划和建筑结构安全的条件下，住宅所有权人寻找他人出资，合作加盖房屋并进行分成，属于动用(　　)的行为。

A. 宅基地所有权　　B. 空间利用权

C. 地役权　　D. 建筑物相邻关系

12. 现实中土地的使用、支配权要受到多方面的制约，其中公共服务设施属于(　　)方面的制约。

A. 建筑技术　　B. 土地权利设置

C. 相邻关系　　D. 土地使用管制

13. 下列选项中，(　　)不是引起房地产价格上升的原因。

A. 内部经营管理　　B. 通货膨胀

C. 外部经济　　D. 需求增加导致稀缺性增加

14. 房地产的(　　)特性，是房地产有别于其他财产的主要之处。

A. 不可移动　　B. 供给有限

C. 价值量大　　D. 用途多样

15. (　　)是指权利人对特定的物享有直接支配和排他的权利。

A. 物权　　B. 债权

C. 租赁权　　D. 所有权

(二) 多项选择题

1. 房地产的三种存在形态有(　　)。

A. 土地　　B. 建筑物

C. 地上定着物　　D. 房地

E. 地上构筑物

2. 房地产的实物通常是指房地产中看得见、摸得着的部分，具体包括(　　)。

A. 有形的实体　　B. 土地的形状

C. 组合完成的功能　　D. 立体空间

E. 实体的质量

3. 权益是房地产中无形的部分，包括(　　)。

A. 权利　　B. 权力

C. 利益　　D. 质量

E. 好处

4. 下列属于实物影响房地产价值的情况有(　　)。

A. 土地的形状　　B. 建筑物外观

C. 建筑物的坐落位置　　D. 建筑物的结构

E. 建筑规模

5. 下列哪种土地使用权的出让最高年限为 50 年(　　)。

A. 工业用地　　B. 居住用地

C. 卫生用地　　D. 教育用地

E. 娱乐用地

6. 单独评估建筑物价值的情况有(　　)。

A. 在房地产投保火灾险时评估其保险价值

B. 在房地产火灾发生后评估其损失

C. 评估期房价格

D. 计算建筑物折旧

E. 在建工程

7. 套内建筑面积包括(　　)。

A. 套内房屋使用面积　　B. 套内墙体面积

C. 套内阳台建筑面积　　D. 分摊的共有建筑面积

E. 套内建筑净面积

8. 以下(　　)因素会减弱房地产变现能力。

A. 通用性差　　B. 房地产市场繁荣

C. 价值大　　D. 独立使用性好

E. 房地产的分割转让性

9. "五通一平"一般是指某区域或某地块具备了道路、(　　)等设施或条件以及场地平整。

A. 给水　　B. 排水

C. 电力　　D. 通信

E. 热力

10. 下面(　　)属于中高层住宅。

A. 7 层　　B. 10 层

C. 5 层　　D. 9 层

E. 10 层

11. 下列(　　)是按承重构件划分的建筑物结构类型。

A. 钢结构　　B. 钢筋混凝土结构

C. 塑料结构　　D. 砖木结构

E. 砖混结构

12. 下列叙述正确的是(　　)。

A. 权益是房地产中无形的、不可触摸的部分，是指房地产的权利和收益

B. 房地产的区位是指房地产的空间位置

C. 通行权为最典型的地役权

D. 实物、权益、区位三者对房地产价值影响都很大

E. 中国土地所有权只有国家和集体所有权两种

13. 政府对房地产的限制通过(　　)实现。

A. 管制权　　B. 征收权

C. 征税权　　D. 充公权

E. 经营权

14. 由于房地产(　　)，所以房地产流动性较差。

A. 价值量大　　B. 不可移动

C. 独一无二性　　D. 易受限制性

E. 相互影响

15. 房地产按其开发程度来划分，主要分为(　　)。

A. 生地　　B. 熟地

C. 在建工程　　D. 建筑物

E. 农地

16. 下列属于多层住宅的是(　　)。

A. 4 层　　B. 3 层

C. 10 层　　D. 6 层

E. 11 层

17. 房地产按其经营使用方式来划分，正确的是(　　)。

A. 销售　　B. 娱乐

C. 营业　　D. 商业

E. 教育

18. 下列选项中属于构筑物的是(　　)。

A. 办公楼　　B. 地下室

C. 道路　　D. 水坝

E. 隧道

19. 以下房地产中按权益状况分类的有(　　)。

A. 临时用地　　B. 商业房地产

C. 自用房地产　　D. 抵押房地产

E. 地役权

20. 下列属于房地产真正自然增值的有(　　)。

A. 通货膨胀引起的房地产价格上升

B. 需求增加导致稀缺性增加引起的房地产价格上升

C. 外部经济引起的房地产价格上升

D. 对其本身进行的投资改良引起的房地产价格上升

E. 房地产使用管制改变引起的房地产价格上升

21. 土地利用所受的限制除了投资者自身能力限制外，还包括(　　)。

A. 房地产相邻关系的限制

B. 土地权利设置以及行使的限制

C. 土地使用管制

D. 政府管制

E. 地方管制

(三) 判断题

1. 对于房地产估价来说，土地是指地球的表面一定范围内的空间。(　　)

2. 地上定着物是指固定在土地上，与土地不能分离的建筑物。(　　)

3. 在地上建造的庭院、花园、假山、围墙等属于构筑物。(　　)

4. 房地产典权、相邻关系等也属于房地产权益的范畴。(　　)

5. 权益包括权利、利益和收益。(　　)

6. 比较两宗权益状况相同的房地产价值大小，取决于这两宗房地产实物状况的好坏。(　　)

7. 对于供用地而言，地役权的存在会增加土地的价值。(　　)

8. 房屋征收属于土地征收性质。(　　)

9. 绿地率、交通出入口方位、停车泊位、建筑后退红线距离不属于土地使用管制的内容。(　　)

10. 房地产市场不存在全国性市场，更不存在全球性市场，而是一个地区性市场。(　　)

11. 从经济角度来看，土地利用选择的一般顺序是：商业、办公、居住、工业、森林、耕地、牧场、牧地、不毛荒地。(　　)

12. 政府为了社会公共利益的需要，如修公路、建学校等，可以强行取得单位和个人的房地产。(　　)

13. 政府可以在房地产业主死亡或消失而无继承人或亲属的情况下，无偿收回房地产。(　　)

14. 通货膨胀所引起的房地产价格上升，体现了房地产具有增值的功能。(　　)

15. 在我国，土地全部是公有的。(　　)

16. 典当是出典人将自己的房地产典当给他人，以获得相当于卖价的资金(典价)，而房地产所有权归典权人。(　　)

17. 根据目前是否正在直接产生经济收益，可划分为收益性房地产与非收益性房地产。(　　)

18. 具体一宗有土地使用年限的房地产的价格，从长远来看是趋于下降的。(　　)

19. 房地产的保值增值性是从房地产价格变化的总体趋势来说的，是波浪式上升的。(　　)

20. 两处一模一样的建筑物，其价格也必然相同。(　　)

21. 房地产的不可移动性，决定了任何一宗房地产只能就地开发、利用或消费。 (　　)

22. 烟囱、水塔、水井、道路、桥梁、隧道、水坝都属于建筑物的范畴。 (　　)

23. 单纯的土地或单纯的建筑物也称作房地产。 (　　)

24. 房地产供给有限性的本质，主要不在于土地总量有限和面积不能增加。相对于人类的需要来讲，土地的数量目前还是丰富的，关键在于独一无二特性造成的房地产供给不能集中于一处。 (　　)

25. 两宗实物状况相同的房地产，如果权益不同，价值可能有很大不同；而如果权益相同，则价值不可能有很大不同。 (　　)

【参考答案】

(一) 单项选择题

1. A　2. C　3. D　4. D　5. B　6. D　7. C　8. C　9. A　10. A　11. B　12. D　13. A　14. A　15. A

(二) 多项选择题

1. ABD　2. ACE　3. ACE　4. ABDE　5. ACD　6. ABD　7. ABC　8. ACE　9. ABCD　10. AD　11. ABDE　12. BCDE　13. ACD　14. ABC　15. ABC　16. AD　17. ACD　18. CDE　19. ADE　20. BCE　21. ABC

(三) 判断题

1. ×　2. ×　3. ×　4. √　5. √　6. ×　7. ×　8. √　9. ×　10. √　11. ×　12. √　13. √　14. ×　15. √　16. ×　17. ×　18. √　19. √　20. ×　21. √　22. √　23. √　24. ×　25. ×

第三章　房地产价格和价值

一、重要考点

1. 房地产价格形成的条件

房地产价格的形成条件是有用性，稀缺性，有效需求(意愿＋购买能力)

2. 房地产价格的特征

(1) 房地产价格与区位关系密切；

(2) 实质上是房地产权益的价格；

(3) 房地产价格同时有买卖价格(有交换代价的价格，也称源泉价格)和租赁价格(使用代价的租金，也称为服务价格)；

(4) 容易受交易者的个别情况的影响；

(5) 形成的时间较长。

3. 房地产供求与价格

(1) 决定房地产需求的5个因素

1) 该房地产的价格水平(一般是负相关，但是有例外—炫耀物品和吉芬物品)；

2) 消费者的收入水平(正常商品正相关，低档商品负相关，举例：如出行交通工具选择，出租车和公共汽车)；

3) 消费者的偏好；

4) 相关物品的价格水平；

5) 消费者对未来的预期：对未来收入的预期，对房地产价格走势的预期。

(2) 房地产供给

1) 潜在供给量＝存量－灭失量－转换为其他种类房地产量＋其他种类房地产转换为该种房地产量＋新竣工量

2) 决定房地产供给量的因素

①该房地产价格水平；②该房地产的成本水平(负相关)；③该房地产的开发技术水平(正相关)；④房地产开发企业和拥有者对未来的预期。

(3) 房地产供求状况的四种类型

①全国房地产总的供求状况；②本地区房地产总的供求状况；③全国同类房地产的供求状况；④本地区同类房地产的供求状况。房地产的不可移动性和变更用途的困难，使得决定房地产价格的，主要是本地区同类房地产的供求状况。

4. 房地产价格和价值的种类

(1) 价值、使用价值和交换价值

关系：使用价值是交换价值的前提，没有使用价值就一定没有交换价值。没有交换价值不一定没有使用价值，如空气。房地产既有使用价值也有交换价值。

(2) 成交价格、市场价格、理论价格和评估价值

1) 最低卖价、最高买价、成交价之间的关系是当最高买价高于或等于最低卖价，才有成交可能。三者关系：最高买价≥成交价≥最低卖价。买方市场，供大于求，相对过剩，买方主动。成交价偏向最低卖价。卖方市场，求大于供，相对短缺，卖方主动。成交价偏向最高买价。

2) 按土地出让方式划分的成交价格：招标成交价——可实现高地价；拍卖成交价——最能抬高地价；挂牌成交价——可实现高地价；协议成交价——一般会降低地价；一般情况下，协议地价最低，其次是招标地价，最高的是拍卖地价。

3) 成交价格、市场价格与理论价格的关系

成交价格围绕着市场价格上下波动，市场价格又围绕着理论价格上下波动；正常交易的成交价接近市场价格；正常市场的市场价格接近理论价格；科学准确的估价，评估价值接近市场价格或理论价格。

4) 评估价值

市场法测算的价值趋向于比准价格、成本法则为积算价格、收益法则为收益价格；收益法的收益价格倾向于最高买价，趋向于理论价格；成本法的积算价格倾向于最低卖价；市场法的比准价格倾向于成交价格，趋向于市场价格；正常成熟市场下，三种价格应该基本一致；房地产泡沫情况下，比准价格高于收益价格。反过来，比准价格大大高于收益价格和积算价格，则存在泡沫。市场不景气情况下，积算价格高于比准价格或收益价格。反过来，也成立。同一宗房地产，不同的估价师的评估价值可能有差异，但是应在合理的误差范围内。

(3) 市场价值、投资价值、谨慎价值、快速变现价值、在用价值和残余价值

1) 市场价值形成条件：适当的营销、懂行、审慎、无被迫、公平交易；隐含前提：市场参与者集体的观念和行为，包括不存在买家因特殊因素加价；既不过于乐观也不过于保守；最高最佳利用；继续利用。

2) 投资价值指某个特定的投资者基于个人的需要或意愿，对该房地产所评估出的价值。投资价值与市场价值的区别在于：市场价值来源于大多数市场参与者的共同价值判断，是客观的、非个人的。市场具有唯一性。资价值是对特定的投资者而言，建立在主观的、个人因素基础上。投资价值因人而异。投资价值因人而异的原因在于，不同的投资者在各方面的情况不同，都会影响其对房地产未来收益能力的预期。投资实现的条件，投资者评估的投资价值大于或等于该房地产的市场价格。政府国有土地招、拍、挂，开发商委托房地产估价机构评估其能承受的最高购买价格，是投资价值评估。

投资价值的评估方法与评估市场价值的方法相同，主要区别在参数的取值，详见表 3-1。

表 3-1

	市场价值	投资价值
折现率	社会一般报酬率	特定投资者要求的最低报酬率
净收益	税前净收益(不扣除所得税)	税后净收益(扣除所得税)
未来净收益的估计	客观	可能乐观也可能悲观

3) 谨慎价值通常低于市场价值。

4）快速变现值通常低于市场价值。

5）在用价值指在现状使用下的价值。现状使用包括目前的用途、规模、档次、集约度，它可能是最高最佳利用，也可能不是。当现状使用就是最高最佳利用时，在用价值等于市场价值。当现状使用不是最高最佳利用时，在用价值小于市场价值。合法利用下，市场价值－在用价值≥将现状改变为最高最佳利用的必要支出和应得利润。

6）残余价值是指在非继续使用条件下的价值，一般低于市场价值。残余价值和残值的区别：残余价值大于等于残值。资产寿命结束时，残余价值等于残值。

（4）买卖价格、租赁价格、抵押价值、保险价值、计税价值和征收价值

需要注意区分租赁价格和租赁权价格两个不同的概念；

这几个价值中最重要的是抵押价值：是在抵押期间的各个时点，债务人不履行到期债务或者发生当事人约定的实现抵押权的情形时，抵押房地产拍卖、变卖最可能所得的价款，扣除法定优先受偿款后的余额。法定优先受偿款是假定实现抵押权时，法律规定优先于本次抵押贷款受偿的款额。包括：已抵押担保的债权数额、发包人拖欠承包人的建设工程价款以及其他法定优先受偿款，但不包括诉讼费用、拍卖费用、估价费用、营业税等拍卖、变卖的费用和税金。其计算公式为：

抵押贷款额度＝抵押价值×贷款成数

抵押价值＝未设立法定优先受偿权利下的价值－法定优先受偿款＝未设立法定优先受偿权利下的价值－拖欠建设工程价款－已抵押担保的债权数额－其他法定优先受偿款

再次抵押价值＝未设立法定优先受偿权利下的价值－拖欠建设工程价款－已抵押贷款余额/社会一般贷款成数－其他法定优先受偿款

（5）无租约限制价值、出租人权益价值、承租人权益价值

承租人权益价值，也叫租赁权价值，是按照租赁合同租金和市场租金的差额求取的价值。它们之间的关系为：无租约限制价值＝出租人权益价值＋承租人权益价值

（6）历史成本、重置成本、可变现净值、现值、公允价值和账面价值

公允价值、市场价值与账面价值或原始价值可能有关，也可能无关。原始价值高于账面价值，房地产估价是评估房地产的公允价值、市场价值。

（7）总价格、单位价格和楼面地价（见表 3-2）

表 3-2

序号	名称	含义	计算公式
1	建筑密度（建筑覆盖率）	一定地块内所有建筑物的基底总面积占建筑用地面积的比率	建筑密度（建筑覆盖率）$=\frac{\text{建筑基地面积}}{\text{建筑用地面积}}\times 100\%$
2	容积率	反映和衡量地块开发强度的一项重要指标。一定地块内总建筑面积与建筑用地面积的比值	容积率$=\frac{\text{总建筑面积}}{\text{建筑用地面积}}$ 在一定地块内，如果建筑物的各层建筑面积均相同时： 总建筑面积＝建筑用地面积×建筑密度×建筑层数 容积率＝建筑密度×建筑层数
3	楼面地价	楼面地价是按照土地上的建筑物面积均摊的土地价格。楼面地价比土地单价更能反映土地价格水平的高低	楼面地价$=\frac{\text{土地总价}}{\text{总建筑面积}}$或楼面地价$=\frac{\text{土地单价}}{\text{空积率}}$

(8) 实际价格和名义价格

例如，一套建筑面积 $100m^2$、单价 3000 元/m^2、总价 30 万元的住房，假定年折现率为 5%。在实际交易中的付款方式有下列几种，详见表 3-3。

表 3-3

序号	付款方式	实际单价、实际总价	名义价格
1	在成交日期时一次付清	名义价格和实际价格相同，单价均为 3000 元/m^2，总价均为 30 万元	名义价格和实际价格相同，单价均为 3000 元/m^2，总价均为 30 万元
2	如果在成交日期时一次付清，则给予折扣，如优惠 5%	实际单价为 3000（1－5%）＝2850(元/m^2)，实际总价为 28.5 万元	名义单价为 3000 元/m^2，名义总价为 30 万元
3	从成交日期时起分期付清（如分三期支付，首期于成交日期支付 10 万元；第二期于第一年年中一次性支付 10 万元；第三期于第一年年末一次性支付 10 万元）	实际总价为 $10+10/(1+5\%)^{0.5}+10/(1+5\%)=29.28$（万元）实际单价为 2928 元/$m^2$	名义单价为 3000 元/m^2，名义总价为 30 万元
4	约定在未来某个日期一次付清，如约定一年一次性后付清	$30\div(1+5\%)=28.57$（万元），实际单价为 2857 元/m^2	名义单价为 3000 元/m^2，名义总价为 30 万元
5	以抵押贷款方式支付，如首期支付 9 万元，余款在未来 15 年内以抵押贷款方式按月等额支付，折现率为 8%	名义价格和实际价格相同，单价均为 3000 元/m^2，总价均为 30 万元	名义价格和实际价格相同，单价均为 3000 元/m^2，总价均为 30 万元

(9) 现货价格、期货价格及现房价格和期房价格

期房价格通常低于现房价格，其计算公式为：期房价格＝现房价格－预计从期房达到现房期间现房出租的净收益的折现值－风险补偿

(10) 起价、标价、成交价和均价

详见表 3-4。

表 3-4

种类	内容	备注
起价	销售商品房的最低价格最差的楼层、朝向、户型的价格	
标价	也称报价、表格价，是商品房出售者在其价目表上标注的不同楼层、朝向、户型的价格	
成交价	买卖双方的实际交易价格，商品房买卖合同中写明的价格	
均价	所销售商品房的平均价格 标价的平均价成交价的平均价	成交价的平均价格可以反映商品房的总体价格水平

(11) 评估价、保留价、起拍价、应价和成交价——拍卖活动中的一组价格

拍卖标的有保留价的，竞买人的最高应价未达到保留价时，应价不发生效力；保留价通常是有关当事人参照评估价或者市价确定；第一次拍卖的保留价＝评估价＝市场价值(2011 版教材变动知识点)；在增价拍卖中，起拍价通常低于保留价，也可以等于保留价。

二、典型答疑

1. 在什么情况下求得的价值为投资价值，举例说明一下？

答：某个特定开发商进行某块土地拍卖价值估算时的价值即为投资价值，投资价值是站在特定投资者角度，用其要求的数据或自身数据进行估价时的价值；评估价值则是用客观正常数据，站在大多数投资者立场上进行估价的价值。

2. 法定优先受偿款与处分抵押房地产所得金额的概念有什么不同？

答：法定优先受偿款与《城市房地产抵押管理办法》第四十七条处分抵押房地产所得金额的分配款不是一个概念。一是法定优先受偿款中的“已抵押担保的债权数额、发包人拖欠承包人的建设工程价款”就不是处分抵押房地产所得金额的分配款。二是“诉讼费用、拍卖费用、估价费用、营业税等拍卖、变卖的费用和税金”不属于法定优先受偿款。处分抵押房地产所得金额的分配款中的支付处分抵押房地产的费用和扣除抵押房地产应缴纳的税款并不是法定优先受偿款。

3. 某房地产抵押价值1000万元，贷款成数为0.7，实际该房地产只贷了210万元，当该房地产再次抵押时，评估价值假如还为1000万元，那么再次抵押价值如何计算？

答：再次抵押价值＝抵押价值－已抵押贷款额度/贷款成数，再次抵押价值＝1000－210/70％＝700(万元)，而不是：1000－(700－210)÷70％＝300(万元)。

4. 请问农村的宅基地为什么没有基准地价？

答：基准地价是政府定期公布的一定区域范围内的建设用地使用权的价格，而农村的宅基地与建设用地属于不同种类的土地，该类土地只有占用和使用权，没收益权，所以没有基准地价。

5. 教材中说“出租人负担的费用，根据真正的房租构成因素(地租，房屋折旧费，维修费，管理费，投资利息，保险费，房地产税，租赁费用，租赁税费和利润)，一般为其中的维修费，管理费，保险费，房地产税，租赁费用，租赁税费，”这几项可不可以说成是成本租金的构成内容？如果是的话，和教材中的成本租金构成是否形成了冲突？

答：不是成本租金的内容，是最可能的构成因素。

6. 什么情况下实际价格和名义价格一样？

答：在不同的付款方式下，名义价格是在成交日期时讲明的价格，而实际价格是在成交日期一次性付清时的价格或将不是在成交日期一次性付清的价格折现到成交日期的价格，其中，如果在成交日期一次性付清，此价格即是名义价格同时也是实际价格。

7. 关于实际价格和名义价格的问题：一套建筑面积100元/m^2，每平方米建筑面积3000元的住房，总价为30万元，其在实际交易中的付款方式——“以抵押方式支付，首付5万元，余款在10年内以抵押贷款方式支付”，这种情况以抵押贷款方式买房要还贷款利息，实际花费要高，为什么实际单价是3000元/m^2？

答：这个问题应当这样理解：多年前的3000元与现在的3000元是不等值的，现在的3000元与多年后的3000元也是不等值的。银行把资金贷给你，同时会损失将这部分资金投资到其他地方的利益，这部分损失就要从你的贷款利息中支付。同理，你分期付款买房，在交了首付款后，开发商将房子提前给了你，为此开发商损失了将其余房款投资其他方面的利益，而这部分利益你却可以得到，比如，你可以将除去首付款外的其余资金继续存在银行吃利息。现在回到这个问题上，在交了首付款10万元后，虽然余款在10年内以抵押贷款方式支付，存在贷款利息，但是在将这些含有利息的余款折现到首付日，实际房价还是3000元。所以说表面上看以抵押贷款方式买房要还贷款利息会造成实际花费要高，而实际上并非如此。

8.“从全社会整体的角度来看，土地的供给弹性还是比较大的”，这句话为什么不对？

答：从全社会整体的角度来看，土地资源是有限的，价格的任何变化都不会导致供给量的变化，也就是说，站在全社会整体的角度来看，土地供给是没有弹性的。

9.“一般情况下，分割后的各个独立部分的价值之和一般小于分割前的整体价值”，这是为什么？

答：对同一宗房地产来说，其价格是由土地价格与建筑物价格分别组成的。即，房地价格＝土地价格＋建筑物价格。也就是教材所说的“在房地产价值分配的情况下，各部分的价值之和等于整体价值。”如果对一宗房地产进行分割使用(房、地同时分割)，这时分割后的各块价格也包括房价与地价在内，符合前面所述的“房地价格＝土地价格＋建筑物价格”理论。一般情况下，相邻小块土地合并后使用可利用价值提高，各部分分割使用的建筑物合并后内部空间可以自由布局，功能更加完善，价值也会增加，所以从这个角度来说，“在房地产分割的情况下，分割后的各个独立部分的价值之和一般小于分割前的整体价值”。

10. 为什么说市场调节价是与政府对价格管制或干预的程度有关的价格？

答：教材将市场调节价与政府指导价和政府定价放在一起是为了对比说明政府对价格管制或干预的程度，并非是说市场调节价是受政府管制或干预。

11.“需求增加，则价格上升，供给增加，则价格下降”难道这句话不对吗？

答：“需求增加，则价格上升，供给增加，则价格下降”是在一定条件下才成立的，房地产价格受供求两方面的影响，在供给一定的情况下，需求增加，则价格上升；在需求一定的情况下，供给增加，则价格下降。

三、例题分析

(一) 单项选择题

1. 下列关于价值类型的表述中，错误的是(　　)。

A. 在用价值为市场价值

B. 投资价值属于非市场价值

C. 市场价值的前提之一是继续使用

D. 同一估价对象可能有不同类型的价值

答案：A

解析：市场价值隐含条件中有一条是继续利用(对于企业而言即为持续经营)。

2. 房地产现房价格为4000元，预计从期房达到现房的两年时间内现房出租的租金收入为每年300元/m^2(年末收取)，出租运营费用为每年50元/m^2。假设折现率为5%，风险补偿为200元/m^2，则该房地产的期房价格为(　　)元/m^2。

A. 3300　　B. 3324

C. 3335　　D. 3573

答案：C

解析：该房地产的期房价格＝4000－(300－50)/(1＋5%)(300－50)/(1＋5%)^2－200＝3335(元/m^2)。

3. 一套建筑面积为100m^2，单价为2000元/m^{2}的住宅，首期付款5万元，余款在未来10年内以抵押贷款方式按月等额支付，贷款年利率为5.31%，则该套住宅的(　　)。

A. 实际单价为2000元/m^2，实际总价为30.16万元

B. 实际单价为1950元/m^2，实际总价为20万元

C. 实际单价为2000元/m^2，实际总价为20万元

D. 实际单价为2200元/m^2，实际总价为30.16万元

答案：C

4. 房地产价格是由房地产的(　　)三者相互结合而产生的。

A. 有用性、稀缺性、有效需求　　B. 供给、需求、利用状况

C. 权利、租金、利率　　D. 价值、使用价值、供求

答案：A

解析：房地产价格的形成条件为三个：有用性、稀缺性、有效需求，大家注意的是有效需求的概念，要和一般的需求、需要等概念区分开来。

5. 房地产估价中的价值，一般是指(　　)。

A. 使用价值　　B. 交换价值

C. 投资价值　　D. 账面价值

答案：B

解析：房地产估价中的价值，一般是指交换价值。

6. 甲土地的楼面地价2000元/m^2，建筑容积率为5，乙土地的楼面地价1500元/m^2，建筑容积率为7，若两块土地的面积等其他条件相同，其总价相比有(　　)。

A. 甲等于乙　　B. 甲大于乙

C. 甲小于乙　　D. 难以判断

答案：C

解析：土地单价＝楼面地价×容积率，甲地单价＝2000×5＝10000(元)，乙地单价＝1500×7＝10500(元)，据此判断甲小于乙。

7. 在评估投资价值时，折现率是(　　)。

A. 社会一般的收益率　　B. 收益法中的资本化率

C. 投资者要求的满意收益率　　D. 投资者要求的最低收益率

答案：D

解析：评估市场价值所采用的折现率是社会一般报酬率；而评估投资价值所采用的折现率应是某个特定的投资者所要求的最低报酬率。特别需要注意的是此最低报酬率可能高于也可能低于与该房地产的风险程度相对应的社会一般报酬率。

8. 某宗土地上有一幢8层高、各层建筑面积相同的住宅楼，建筑密度为50%，假设该住宅楼的总价为2000万元，平均单价为5000元/m^2，楼面地价为1200元/m^2，则该宗土地的总价为(　　)万元。

A. 96　　B. 192

C. 240　　D. 480

答案：D

解析：该住宅楼的建筑面积＝20000000÷5000＝4000(m^2)，当建筑物的各层建筑面积相等时，总建筑面积＝土地总面积×建筑密度×建筑层数，求得土地总面积＝1000(m^2)，容积率＝建筑密度×建筑层数＝50%×8＝4，土地单价＝楼面地价×容积率＝1200×4＝4800(元/m^2)，则土地总价＝4800×1000＝480(万元)。

(二) 多项选择题

1. 房地产的供给量是由许多因素决定的，除了随机因素，经常起作用的因素主要有(　　)。

A. 该种房地产的价格水平　　B. 消费者的预期

C. 该种房地产的开发成本　　D. 该种房地产的开发技术水平

E. 房地产开发商对未来的预期

答案：ACDE

解析：解答本题需将决定房地产供给量的因素与决定房地产需求量的因素区分清楚，并且要掌握各种因素变化分别对供给量和需求量产生不同的影响。

决定房地产需求量的因素：该种房地产的价格水平、消费者的收入水平、消费者的偏好、相关物品的价格水平、消费者对未来的预期。

决定房地产供给量的因素：该种房地产的价格水平、该种房地产的开发成本、该种房地产的开发技术水平、房地产开发商对未来的预期。

2. 有一家开发公司拟参加国有土地使用权拍卖会，现委托房地产估价人员对该土地的最高竞买价进行评估，所得出的评估价值是(　　)。

A. 交换价值　　B. 公开市场价值

C. 投资价值　　D. 理论价格

E. 标定地价

答案：AC

解析：房地产估价中的价值，一般是指交换价值；政府国有土地招、拍、挂，开发商委托房地产估价机构评估其能承受的最高购买价格，是投资价值评估。

3. 下列情形中会导致房地产当前需求增加的有(　　)。

A. 消费者的收入增加　　B. 作为替代品的房地产的价格上升

C. 作为互补品的房地产的价格上升　　D. 消费者预期其未来的收入增加

E. 消费者预期未来的房地产价格上升

答案：ABDE

解析：决定房地产需求量的因素：该种房地产的价格水平、消费者的收入水平、消费者的偏好、相关物品的价格水平、消费者对未来的预期。其中 ABDE 项会导致房地产当前需求增加。大家需区分替代品与互补品对房地产需求的不同影响。

4. 下列关于房地产抵押价值评估的表述中，正确的有(　　)。

A. 法律法规规定不得抵押的房地产，没有抵押价值

B. 再次抵押的房地产的抵押价值为该房地产的价值扣除已担保债权后的余额

C. 房地产的价值扣除预计处分该房地产的各种费用、税金后的余额才是抵押价值

D. 不能单独处分、使用的房地产不宜作为抵押物，应当没有抵押价值

答案：ABC

解析：不能单独处分、使用的房地产也有其抵押价值。

5. 在实际交易中，只有当买者所愿意支付的最高价格(　　)卖者所愿意接受的最低价格时，交易才会成功。

A. 高于　　B. 等于

C. 低于　　D. 不高于

E. 不等于

答案：AB

解析：如果当买者所愿意支付的最高价格低于、不高于、不等于卖者所愿意接受的最低价格时交易不会成功。

6. 某宗房地产是采用抵押贷款方式购买的，购买总价为50万元，首付款为房价的30%，余款在未来10年内以抵押贷款方式按月等额支付。银行贷款年利率为5.58%。则下列说法中正确的有(　　)。

A. 该房地产的实际价格等于名义价格

B. 该房地产的名义价格为50万元

C. 该房地产的实际价格高于50万元

D. 该房地产的实际价格为50万元

E. 该房地产不存在名义价格

答案：ABD

解析：在上述情况下，名义价格和实际价格相同。

(三) 判断题

1. 当用成本法求得的价值大大高于用市场法或收益法求得的价值时，说明房地产市场不景气。(　　)

答案：√

解析：收益法求得的价值倾向于最高买价，成本法求得的价值倾向于最低卖价，市场法求得的价值倾向于成交价格，故当用成本法求得的价值大大高于用市场法或收益法求得的价值时，说明房地产市场不景气。

2. 在评估投资价值时，采用的折现率是某个特定投资者所要求的，它应高于与该房地产风险程度相对应的社会一般报酬率。(　　)

答案：×

解析：评估市场价值所采用的折现率是社会一般报酬率；而评估投资价值所采用的折现率应是某个特定的投资者所要求的最低报酬率。特别需要注意的是此最低报酬率可能高于也可能低于与该房地产的风险程度相对应的社会一般报酬率。

3. 就使用价值与交换价值相对而言，房地产估价所评估的是房地产的交换价值。(　　)

答案：√

解析：人们在经济活动中一般简称的价值，在房地产估价中通常所讲的价值都是指交换价值。

4. 在某一时点，投资价值是唯一的，而市场价值因投资者的不同而不同。（　）

答案：×

解析：在某一时点，市场价值是唯一的，而投资价值因投资者的不同而不同。

5. 对于正常商品来说，当消费者的收入水平提高时，就会增加对商品的需求。（　）

答案：√

解析：由于消费者对商品的需求是有支付能力的需要，因此需求水平的高低直接取决于消费者的收入水平。

6. 投资者评估的房地产的投资价值，或者说消费者对房地产的评价，小于或等于该房地产的市场价格，是其投资行为或交易能够实现的基本条件。（　）

答案：×

解析：投资者评估的房地产的投资价值，或者说购买者对房地产的评价，大于或等于该房地产的市场价格，是其投资行为或交易能够实现的基本条件。当投资价值大于市场价格时，说明值得投资购买；反之，说明不值得投资购买。

7. 某人购房在成交日期首付款10万元，又以抵押贷款方式支付20万元，按月等额偿还贷款本息，此时的总价30万元只为名义价格。（　）

答案：×

解析：名义价格和实际价格相等，均为30万元。

8. 使用价值很大的东西必定具有很高的交换价值，使用价值较小的东西必定具有较小的交换价值。（　）

答案：×

解析：人们在经济活动中的价值指的是交换价值；在房地产估价中一般所说的价值，也是指交换价值。使用价值是交换价值的前提，没有使用价值肯定就没有交换价值。但是反过来不一定成立，即没有交换价值不一定没有使用价值，如空气。作为商品的房地产，既有使用价值也有交换价值。

9. 需要不等于需求，需要是指有购买能力支持的需求，需求只是一种要求或欲望。（　）

答案：×

解析：有效需求简称需求，是指有支付能力支持的需要——不但愿意购买而且有能力购买。分清需要与需求是非常重要的。需要不等于需求，需要只是一种要求或欲望，需求是有支付能力支持的需要。

10. 互补品之间，对一种房地产的消费多了，对另一种房地产的消费就会多起来。（　）

答案：√

解析：某种房地产的互补品，是指与它相互配合的其他房地产，如住宅与其配套的商业、娱乐房地产。互补品之间，对一种房地产的消费多了，对另一种房地产的消费也会多起来。

11. 需求和供给呈同方向变化时，均衡交易量有可能不变。（　）

答案：×

解析：需求和供给呈同方向变化时，均衡交易量有增有减。而在需求和供给呈反方向变化时，均衡交易量有可能不变，即在“供给增加＝需求减少”和“供给减少＝需求增加时”，均衡交易量没有变化。

12. 从整体来看，土地的供给弹性较大。(　　)

答案：×

解析：由于土地供给有限性，所以土地供给弹性整体上看是较小的。

13. 现实估价中所需评估的房地产价值不一定是市场价值。(　　)

答案：√

解析：如投资价值。

14. 同地段的期房价格有可能比现房价格高。(　　)

答案：√

解析：当现房在功能、结构等方面已落后时，可能会引起消费者对同地段期房(具有人们所期望的功能、结构等)需求增加。

四、练习题

(一) 单项选择题

1. 基准地价是指在城镇规划区范围内，对现状利用条件下不同级别或不同均质地域的土地，按商业、居住、工业等用途，分别评估确定的某一估价期日法定最高年期土地使用权区域的(　　)。

A. 最低价格　　B. 最高价格

C. 平均价格　　D. 成交价格

2. 房地产交换代价的价格，在经济学上称为(　　)。

A. 交换价格　　B. 交换价值

C. 源泉价格　　D. 市场价格

3. 最能说明土地价格水平高低的价格是(　　)。

A. 土地单价　　B. 基准地价

C. 楼面地价　　D. 标定地价

4. 有一宗房地产，土地面积1000m^2，其价格为1500元/m^2，建筑面积5000m^2，其重置价格为1200元/m^2。该房地产价格为1250元/m^2，则该建筑物的单价为(　　)元/m^2。

A. 950　　B. 1000

C. 1200　　D. 1250

5. 甲土地的楼面地价为2000元/m^2，建筑容积率为5，乙土地的楼面地价为1500元/m^2，建筑容积率为7，若两宗地的土地面积等其他条件相同，其总价相比有(　　)。

A. 甲等于乙　　B. 甲大于乙

C. 甲小于乙　　D. 难以判断

6. 下列房地产中，存在替代关系的是(　　)。

A. 经济适用住房与高级别墅　　B. 住宅与其配套的商业房地产

C. 宾馆与写字楼　　D. 大城市郊区的住宅与高速公路收费

7. 某宗房地产的总价值为100万元，其中土地价值30万元，通过抵押获得贷款60万元，若投火灾保险，则其投保价值应为(　　)万元。

A. 100　　B. 70

C. 60　　D. 40

8. 房屋征收应当采用(　　)。

A. 投资价值　　B. 谨慎价值

C. 市场价值　　D. 快速变现值

9. 甲土地的楼面地价 2000 元/m^2，建筑容积率为 5，乙土地的楼面地价 1500 元/m^2。建筑容积率为 7，若两块土地的面积等其他条件相同，其总价相比有(　　)。

A. 甲等于　　B. 甲大于乙

C. 甲小于　　D. 难以判断

10. 预计某地区某类房地产的需求不变，但开发成本趋升，供给量趋增，则预计其价格会(　　)。

A. 上升　　B. 下降

C. 不变　　D. 升降难定

11. 房地产估价中的价值，一般是指(　　)。

A. 使用价值　　B. 交换价值

C. 投资价值　　D. 账面价值

12. 某宗土地的规划容积率为 3，可兴建 6000m^2 的商住楼，经评估总地价为 180 万元，该宗土地的单价为(　　)元/m^2。

A. 100　　B. 300

C. 600　　D. 900

13. 评估房地产投保火灾险时的保险价值，通常包括(　　)。

A. 重置成本＋土地使用权价值

B. 重置成本＋土地使用权价值＋重置期间的经济损失

C. 有可能遭受火灾损毁的建筑物价值＋可能的连带损失

D. 建筑安装工程费＋建造期间的经济损失

14. 对新建的经济适用住房出售价格实行(　　)。

A. 政府指导价　　B. 政府定价

C. 市场调节价　　D. 最低限价

15. 房地产的供给增加，需求不变，其价格会(　　)。

A. 上升　　B. 下降

C. 维持不变　　D. 升降难定

16. 某种房地产的(　　)，是指与它相互配合的其他房地产，如住宅与其配套的商业、娱乐房地产。

A. 替代品　　B. 互补品

C. 附属品　　D. 配套品

17. 买者和卖者的数目都必须相当多才不至于使买者或卖者的个别因素影响价格，其形成的价格才可能是(　　)。

A. 评估价格　　B. 正常成交价格

C. 市场价格　　D. 交换价格

18.（　　）是市场价格运行的必然趋势。

A. 均衡　　B. 供求

C. 平稳　　D. 竞争

19. 房地产的（　　）是指房地产能满足人们的某种需要或欲望，俗话说“有用”，经济学上称为使用价值或效用。

A. 有用性　　B. 稀缺性

C. 有效需求　　D. 其他

20. 房地产价格是由房地产的（　　）和需求这两种相反的力量共同作用的结果。

A. 供求　　B. 价格

C. 供给　　D. 市场

21. 炫耀性物品是用以显示人们的身份和社会地位的物品，由于这种物品只有在高价位时才能起到炫耀的作用，所以，其需求与价格（　　）。

A. 成反方向变化　　B. 成无规律变化

C. 成同方向变化　　D. 其他

22. 商品房供大于求时，是（　　）掌握着主动权的市场。

A. 卖方　　B. 买方

C. 开发商　　D. 政府

23. 消费者对商品的需求产生于消费者的需要或欲望，而消费者对不同商品的欲望又有强弱缓急之分，从而形成消费者的（　　）。

A. 收入水平　　B. 偏好

C. 对未来的期望　　D. 其他

24. 当房地产的市场需求量与市场供给量相等时的价格，也就是房地产的市场需求曲线与市场供给曲线相交时的价格，称为（　　）。

A. 房地产的需求价格　　B. 房地产的供给价格

C. 房地产的均衡价格　　D. 房地产的市场价格

25. 总的来讲，房地产价格与房地产的需求，供给分别是（　　）。

A. 正相关和负相关　　B. 正相关和正相关

C. 负相关和正相关　　D. 负相关和负相关

26. 如果需求和供给同时发生变化，均衡价格和均衡交易量也会发生变化。需求和供给的同时变化，有（　　）等情况，因而存在多种变化组合，它们对均衡价格和均衡交易量的影响不同。

A. 同方向变化和反方向变化

B. 同方向变化和变化幅度不同

C. 变化幅度不同和反方向变化

D. 同方向变化、反方向变化和变化幅度不同

27.（　　）的平均价格一般可以反映所销售商品房的总体价格水平。

A. 成交价　　B. 均价

C. 标价　　D. 起价

28. 拍卖保留价由人民法院参照（　　）确定。

A. 应价　　　　　　　　　　　　　　B. 评估价
C. 成交价　　　　　　　　　　　　　D. 起拍价

29. 某一房地产的(　　)是该房地产对于某个特定投资者的经济价值，是投资者基于个人需要或意愿，对房地产所估计的价值或作出的评价。

A. 使用价值　　　　　　　　　　　　B. 交换价值
C. 市场价值　　　　　　　　　　　　D. 投资价值

30. 在通常情况下，采取(　　)方式出让的地价最低。

A. 协议　　　　　　　　　　　　　　B. 招标
C. 拍卖　　　　　　　　　　　　　　D. 挂牌

31. (　　)是指某种房地产在市场上的平均水平价格。它是剔除了各种偶然和不正常因素后的价格，是该种房地产大量成交价格的抽象结果。

A. 市场价格　　　　　　　　　　　　B. 投资价格
C. 使用价格　　　　　　　　　　　　D. 交换价格

32. 政府举行土地使用权拍卖出让，有意购买者可以委托房地产估价人员为其评估能够承受的最高购买价格，这也是一种(　　)。

A. 市场价值评估　　　　　　　　　　B. 投资价值评估
C. 原始价值评估　　　　　　　　　　D. 账面价值评估

33. (　　)是随着时间的推移而减少的。

A. 原始价值　　　　　　　　　　　　B. 账面价值
C. 市场价值　　　　　　　　　　　　D. 投资价值

34. (　　)是在真实需求与真实供给相等条件下形成的价格。在经济学里有许多词来表达它，如价值、内在价值、自然价值、自然价格、真实价值等。并且这种价格并不是静止不变的。

A. 原始价格　　　　　　　　　　　　B. 理论价格
C. 成交价格　　　　　　　　　　　　D. 市场价格

35. 一般来说，(　　)围绕着市场价格而上下波动，市场价格又围绕着理论价格而上下波动。

A. 成交价格　　　　　　　　　　　　B. 市场价格
C. 投资价格　　　　　　　　　　　　D. 理论价格

36. 从理论上讲，在为交易服务的估价中，一个良好的评估价值等于(　　)。

A. 账面价格和市场价格　　　　　　　B. 理论价格和成交价格
C. 原始价格和投资价格　　　　　　　D. 正常成交价格和市场价格

37. (　　)是指由经营者自主制定，通过市场竞争形成的价格。对于实际市场调节价的房地产，由于经营者可以自主确定价格，所以，估价应依据市场供求状况进行。

A. 市场调节价　　　　　　　　　　　B. 政府指导价
C. 标定地价　　　　　　　　　　　　D. 政府定价

38. 一般物品的价格是(　　)的货币表现。

A. 劳动　　　　　　　　　　　　　　B. 劳动价值
C. 利息　　　　　　　　　　　　　　D. 地租

39. 在卖方市场下，成交价格会偏向(　　)。

A. 最低卖价　　B. 最高买价

C. 最低买价　　D. 最高卖价

40. 楼面地价又称单位建筑面积地价，楼面地价与土地总价的关系为(　　)。

A. 楼面地价＝土地总价÷总建筑面积

B. 楼面地价＝土地总价×总建筑面积

C. 楼面地价＝土地总价÷土地单价

D. 楼面地价＝土地单价＋建筑物单价

41. 一项资产的原始价值减去已提折旧后的余额，这种价值称为(　　)。

A. 账面价值　　B. 投资价值

C. 市场价值　　D. 使用价值

(二) 多项选择题

1. 在实际交易中，只有当买者所愿意支付的最高价格(　　)卖者所愿意接受的最低价格时，交易才会成功。

A. 高于　　B. 等于

C. 低于　　D. 不高于

E. 不等于

2. 正常成交价格形成条件的是(　　)。

A. 供求平衡　　B. 交易对象本身具备市场性

C. 买者和卖者都具有完全信息　　D. 适当的期间完成交易

E. 公开市场

3. 房地产估价所评估的是房地产的(　　)。

A. 市场价格　　B. 账面价值

C. 市场价值　　D. 使用价值

E. 谨慎价值

4. 房地产价格的形成条件是(　　)。

A. 有用性　　B. 稀缺性

C. 需求性　　D. 有效需求

E. 珍贵性

5. 某种房地产的需求量是由许多因素决定的，除了随机因素，经常起作用的因素有(　　)。

A. 房地产开发商对未来的预期

B. 消费者的偏好

C. 相关物品的价格水平

D. 消费者的收入水平

E. 消费者对未来的预期

6. 形成有效需求的两个条件是(　　)。

A. 供大于求　　B. 消费者愿意购买

C. 求大于供　　D. 消费者有能力购买

E. 市场均衡

7. 形成供给的两个条件是(　　)。

A. 房地产开发商或拥有者愿意供给　B. 房地产开发商或拥有者有能力供给

C. 消费者愿意购买　D. 消费者有能力购买

E. 市场均衡

8. 房地产的供求状况分为(　　)。

A. 全国房地产总的供求状况　B. 本地区房地产的供求状况

C. 全国各类房地产的供求状况　D. 本地区本类房地产的供求状况

E. 本地区的房地产供需均衡情况

9. 地价与一般商品价格的主要不同之处有(　　)。

A. 偿付形式不同　B. 折旧不同

C. 价格差异不同　D. 供求变化不同

E. 价值量不同

10. 房地产价格与一般物价相同之处在于(　　)。

A. 用货币表示　B. 受供求关系影响

C. 按质论价　D. 生产成本相同

E. 受供求因素影响

11. 同一房地产对于不同投资者之所以会有不同的投资价值，是因为(　　)不同。

A. 开发成本　B. 经营费用

C. 纳税状况　D. 对未来的信心

E. 评估方法

12. 下列说法正确的是(　　)。

A. 就使用价值与交换价值相对而言，房地产估价所评估的是房地产的交换价值

B. 就使用价值与交换价值相对而言，房地产估价所评估的是房地产的使用价值

C. 就投资价值与市场价值相对而言，房地产估价所评估的是房地产的市场价值

D. 就投资价值与市场价值相对而言，房地产估价所评估的是房地产的投资价值

E. 市场价值等于投资价值

13. 楼面地价是(　　)之比。

A. 土地总价与土地总面积　B. 土地总价与建筑总面积

C. 土地单价与建筑容积率　D. 土地单价与建筑覆盖率

E. 土地单价与建筑层数

14. 房地产价格的特性主要有(　　)。

A. 房地产价格实质是房地产实物的价格

B. 房地产价格既有交换代价的价格，也有使用代价的租金

C. 房地产价格是在长期考虑下形成的

D. 房地产价格在一般情况下是个别形成，容易受交易者的个别因素的影响

E. 房地产价格受建筑技术的影响很大

15. 最低报酬率(　　)与该房地产的风险程度相对应的社会一般的报酬率。

A. 一定高于　B. 一定低于

C. 可能高于　　D. 可能低于
E. 一定等于

16. 成交价格简称成交价，是交易双方实际达成交易的价格。它是一个已完成的事实，这种价格通常随着(　　)的不同而不同。

A. 交易者的收入　　B. 交易者的偏好
C. 交易者对市场了解程度　　D. 讨价还价能力
E. 交易双方之间的关系

17. (　　)是一组与政府对价格管制或干预的程度有关的价格。

A. 市场调节价　　B. 政府指导价
C. 政府定价　　D. 评估价格
E. 基准低价

18. (　　)是一组按照房地产的存在形态来划分的价格。

A. 土地价格　　B. 标定地价
C. 建筑物价格　　D. 房地价格
E. 楼面地价

19. 成本租金构成中有(　　)因素。

A. 折旧费　　B. 维修费
C. 管理费　　D. 保险费
E. 投资利息

20. 账面价值是指一项资产的历史成本减去已计提折旧后的余额。它又可称为(　　)。

A. 历史成本　　B. 账面净值
C. 折余价值　　D. 实际价值
E. 原始购置成本

21. 在商品房交易中，常见的最低价格有(　　)。

A. 商品房销售中的起价
B. 拍卖活动中的保留价或起拍价
C. 拍卖中减价拍卖方式由拍卖师首先喊出的起拍价
D. 招标活动中，开发建设方案最为合理的中标价
E. 采用收益法确定的参考价格

(三) 判断题

1. 使用价值表现为一定数量的货币或其他商品。(　　)

2. 在房地产估价中一般所说的价值，是指交换价值。(　　)

3. 投资者评估的房地产的投资价值，小于或等于该房地产的市场价格，是其投资行为或交易能够实现的基本条件。(　　)

4. 市场价格和理论价格相比，理论价格是短期均衡价格，市场价格是长期均衡价格。(　　)

5. 市场价格、政府指导价和政府定价是一组与政府对价格管制或干预的程度有关的价格。(　　)

6. 基准地价、标定地价和房屋重置价格都是一种评估价值。（　　）

7. 城市基准地价是指在城镇规划区范围内，对现状利用条件下不同级别或不同均质地域的土地按照商业、居住、工业等用途，分别评估确定的某一估价期日上土地使用权期限区域平均价格。（　　）

8. 标定地价是该类土地在该区域的标准指导价。（　　）

9. 房屋重置价格是某一基准日期，不同区域、不同用途、不同建筑结构、不同档次或等级的房屋，建造它所需的一切费用、税金及应得的利润。（　　）

10. 楼面地价是一种特殊的土地单价。（　　）

11. 土地单价往往比楼面地价更能反映土地价格水平的高低。（　　）

12. 当房地产抵押价值小于未偿还的贷款余额时，抵押权人用要求抵押人提供与不足的价值相当的担保或者提前清偿债务。（　　）

13. 名义价格是指表面上的价格，实际价格就是无论在何种情况下实际成交的价格。（　　）

14. 期房价格通常高于现房价格。（　　）

15. 有效需求简称需求，是指有支付能力支持的需要——不但愿意购买而且有能力购买。（　　）

16. 房地产需求是指消费者在某一特定时间内，对某种房地产所愿意而且能够购买的数量。（　　）

17. 一般来说，某种房地产的价格上升，对其需求就会减少；价格下降，对其需求就会增加。（　　）

18. 炫耀性物品是用以显示人们的身份和社会地位的物品。（　　）

19. 炫耀性物品的价格上升，其需求就会减少。（　　）

20. 吉芬物品是指某种生活必需品，在某种特定条件下，消费者对这种商品的需求与其价格成同方向变化。（　　）

21. 对于低档商品来说，当消费者的收入水平提高时，反倒会减少对商品的需求。（　　）

22. 经济适用住房与别墅之间存在着一定的替代关系。（　　）

23. 替代品之间，一种房地产的价格上升，对另一种房地产的需求就增加。（　　）

24. 住宅与其配套的商业、娱乐房地产是一种互补的关系。（　　）

25. 互补品之间，对一种房地产的消费多了，对另一种房地产的消费就会减少。（　　）

26. 一般来说，某种房地产的价格越高，开发商愿意开发的数量就会越多；相反，开发商愿意开发的数量就会越少。（　　）

27. 房地产价格与房地产的需求负相关，与房地产的供给正相关：供给一定，需求增加，则价格上升，需求减少，则价格下降；需求一定，供给增加，则价格下降，供给减少，则价格上升。（　　）

28. 地价本质上是“劳动价值”的货币表现。（　　）

29. 房地产价格实质上是房地产权益的价格。（　　）

30. 土地的自然供给是完全无弹性的。（　　）

31. 房地产价格由供求关系决定，与需求正相关，与供给负相关。 （ ）

32. 当人们预期某种房地产的价格会在下一时期上升时，就会增加对该种房地产的现期需求。 （ ）

33. 在一定时期内，对于开发周期较短的房地产，供给弹性一般相应较高。 （ ）

34. 房地产与其他一般物品的价格一样，均会有生产成本因素。 （ ）

35. 房地产价格是由房地产的有用性、稀缺性和有效需求三者相互结合而产生的。在现实中，不同房地产的价格之所以有高低，同一房地产的价格之所以有变动，归总起来也是由于这三者的程度不同及其变化引起的。 （ ）

36. 形成供给的条件是开发商或拥有者愿意供给。 （ ）

37. 总的来讲，房地产价格与房地产的需求正相关，与房地产的供给负相关。供给一定，需求增加，则价格上升，需求减少，则价格下降；需求一定，供给增加，则价格下降，供给减少，则价格上升。 （ ）

38. 土地由于具有不可毁灭性，不能再生产，所以无折旧，在中国也不例外。（ ）

39. 由于土地具有不可移动性，所以基本上是一宗土地一个价格，而且不同的土地之间价格差异较大，有的寸土寸金，有的可能一文不值。 （ ）

40. 残余价值是指在非继续利用下的价值，一般低于等于市场价值。 （ ）

【参考答案】

（一）单项选择题

1. C *2. C 3. C *4. A *5. C *6. C *7. B 8. C *9. C 10. B *11. B *12. D 13. C *14. A 15. B 16. B 17. B 18. A 19. A 20. C 21. C 22. B 23. B 24. C 25. B 26. D 27. A 28. B 29. D 30. A 31. A 32. B 33. B 34. B 35. A 36. D 37. A 38. B 39. B 40. A 41. A

解析：

2. 源泉价格是交换代价的价格在经济学上的叫法。

4. (1250×5000－1000×1500)/5000＝950 元/m^2。

5. 甲土地的单价＝2000×5＝10000 元/m^2，乙土地的单价＝1500×7＝10500 元/m^2，若两宗地的土地面积等其他条件相同，则可以判断甲小于乙。

6. 目前，一些单位长期租用宾馆办公。

7. 100－30＝70 万元

9. 根据楼面地价＝土地单价/容积率，分别求出甲、乙土地的单价，进行比较即可。

11. 房地产估价中的价值一般指的是交换价值。

12. 根据楼面地价＝土地总价/总建筑面积，楼面地价＝土地单价/容积率两个公式可得出所求。

14. 经营者在政府指导价规定的幅度内制定价格。

（二）多项选择题

1. AB *2. BCDE 3. AC 4. ABD 5. BCDE 6. BD 7. AB 8. ABD 9. BCD 10. ABCE 11. ABCD 12. AC 13. BC 14. ABD 15. CD 16. BCDE 17. ABC 18. ACD 19. ABCE 20. BC 21. AB

解析：

2. 正常成交价格的形成条件有如下 7 个：①公开市场。②交易对象本身具备市场性。③众多的买者和卖者。④买者和卖者都不受任何压力，完全出于自愿。⑤买者和卖者都具有完全信息。⑥理性的经济行为。⑦适当的期间完成交易。

(三) 判断题

1. × 2. √ 3. × 4. × 5. × 6. √ 7. × 8. √ 9. × 10. √ 11. × 12. √ 13. × 14. × 15. √ 16. × 17. √ 18. √ 19. × 20. √ 21. √ 22. × 23. √ 24. √ 25. √ 26. √ 27. × 28. × 29. √ 30. √ 31. √ 32. √ 33. √ 34. × 35. √ 36. × 37. × 38. × 39. × 40. ×

第四章　房地产价格影响因素

一、重要考点

1. 房地产价格影响因素

影响因素对价格的影响：
- ① 不同的影响因素或者变化，引起房地产价格变动的方向是不尽相同的
- ② 不同的影响因素或者其变化，引起房地产价格变动的程度是不尽相同的
- ③ 不同的影响的变化与房地产价格变动之间的关系是不尽相同的
- ④ 有些影响因素对房地产价格的影响与时间有关，有些与时间无关
- ⑤ 某些影响因素对房地产价格的影响可以用数学公式或者数学模型来量化，但许多因素对房地产价格的影响难以用数学公式或者数学模型来量化

2. 房地产价格影响因素的分类

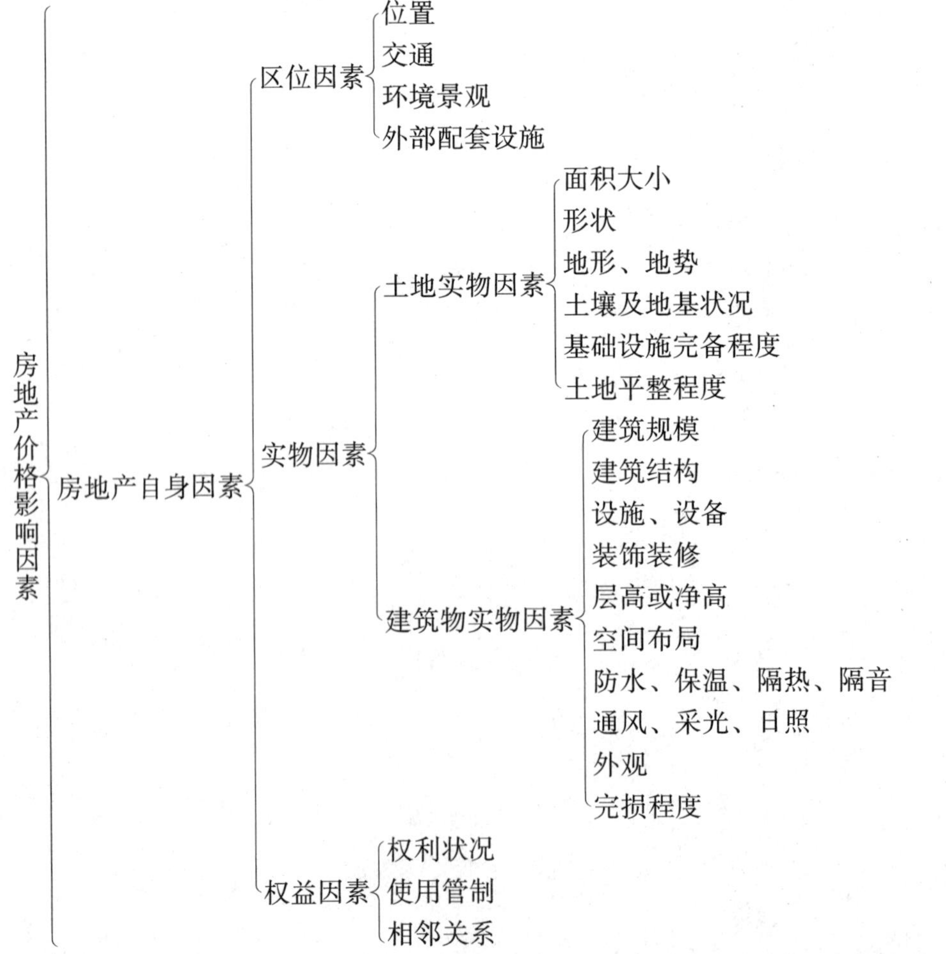

- 房地产价格影响因素
  - 房地产外部因素
    - 人口因素
      - 人口数量
      - 人口素质
      - 人口结构
    - 制度政策
      - 房地产制度政策
      - 税收政策
      - 金融政策
      - 特殊政策
      - 有关规划和计划
    - 经济因素
      - 经济发展状况
      - 居民收入水平
      - 物价
      - 利率
      - 汇率
    - 社会因素
      - 政治安定状况
      - 社会治安状况
      - 城市化
      - 房地产投机
    - 国际因素
      - 世界经济状况
      - 国际竞争状况
      - 政治对立状况
      - 军事冲突状况
    - 其他因素

3. 房地产区位因素(见表 4-1)

表 4-1

<table>
<tr><th>序号</th><th colspan="3">因素</th><th>对价格的影响</th></tr>
<tr><td rowspan="7">1</td><td rowspan="7">位置</td><td colspan="2">方位</td><td>一般来说，位于上风、上游、“高贵”地区的房地产价格，高于位于下风、下游、“贫贱”地区的房地产价格；其次，如果不考虑周围情况，其价格高的通常依次为西北角、东北角、西南角、东南角</td></tr>
<tr><td rowspan="4">与相关场所的距离</td><td>空间直线距离</td><td rowspan="4">经济距离是更加科学但较复杂的一种距离，它是把交通时间、交通费用统一用货币来衡量，以反映距离</td></tr>
<tr><td>交通路线距离</td></tr>
<tr><td>交通时间距离</td></tr>
<tr><td>经济距离</td></tr>
<tr><td colspan="2">朝向</td><td>对于住宅而言，朝向是很重要的位置因素</td></tr>
<tr><td colspan="2">楼层</td><td>对于某一层商业用房而言，楼层是极其重要的位置因素</td></tr>
<tr><td>2</td><td colspan="3">交通条件</td><td>从时间上看，开辟新的交通路线，对房地产价格的影响主要在立项之后、建成之前，建成之后对房地产的升值作用会停止；从空间上看，离站点越远所受的影响越小
对于某些类型的房地产来讲，实行某种交通管制也许会降低该类房地产的价值，但对于另一些类型的房地产来讲，实行交通管制则可能会提高该类房地产的价值</td></tr>
</table>

续表

序号	因素		对价格的影响
3	周围环境和景观	大气环境	有无难闻气味、有害物质和粉尘等，对房地产价格有很大影响
		声觉环境	对于住宅、旅馆、办公、学校、科研等房地产来说，噪声大的地方，房地产的价格较低；噪声小，安静的地方，房地产的价格较高
		水文环境	地下水、沟渠、河流、江湖、海洋等的污染程度如何，对其附近的房地产价格有很大的影响
		视觉环境	房地产周围安放的东西是否杂乱，建筑物之间是否协调，公园、绿化等形成的景观是否赏心悦目，都会对房地产价格有影响
		卫生环境	清洁卫生状况，对房地产价格也有影响；环境景观状况的高低、大小对房地产价格也有影响
4	外部配套设施		对于房地产开发用地，外部基础设施完备状况是特别重要的。对于已建成的房屋特别是住宅，外部公共服务设施完备状况是特别重要的

4. 房地产实物因素(见表 4-2)

表 4-2

序号	因素		对价格的影响
1	土地实物因素	土地面积	一般地说，面积过小而不利于利用的土地、土地面积过大，土地单价可能较低
		土地	形状不规则的土地一般不能有效利用，相对于形状规则的土地，其价格一般要低
		地形、地势	一般地说，平坦的土地价格较高；高低不平的土地，价格较低；在其他条件相同时，地势高的房地产的价格要高于地势低的房地产的价格
		土壤	房屋所在土地的土壤如果受到污染，房价会降低。对于农地而言，土地肥沃，地价就高，相反，地价就低
		地基	对于建设用地来说，一般情况下，地质坚实，承载力较大，有利于建筑使用，地价就高；反之，地价就低
		土地开发程度	“七通一平”土地的价格，要高于“五通一平”土地的价格；“五通一平”土地的价格要高于“三通一平”土地的价格
2	建筑物实物因素	建筑规模	规模过小或过大，都会降低其价值
		建筑结构	不同结构的建筑物的造价一般不同，通常也会反映到其价值上来
		设施设备	设施、设备齐全、完好的，价值就高，反之价值则低
		装饰装修	一般来说，同类房地产，精装修的价格要高于粗装修的价格，粗装修的价格要高于毛坯房的价格
		层高和室内净高	层高或净高过低或过高的建筑物价值一般较低
		空间布局	对于住宅，平面设计中功能分区是否合理、使用是否方便是其决定其价值高低的重要因素之一
		日照、采光、通风、保温、隔热、隔声	一般地说，受到周围建筑物或者其他物体遮挡的房地产价格，要低于无遮挡情况下的类似房地产的价格
		外观	凡是建筑物外观新颖、优美。可给人以舒适的感觉，则价格就高；反之，单调、呆板，甚至令人压抑、厌恶，特别是在外形方面会让人产生不会的联想，则价格就低
		维护情况和完损状况	建筑物完好的，价值就高，反之价值就低

5. 房地产权益因素(见表 4-3)

表 4-3

序号	因素	影响
1	房地产权益及其行使的限制	拥有的房地产权利何种权利以及权利的完整性，价值会有很大差异
2	使用管制	有意义的使用管制主要是农用地转为建设用地，以及城市规划对土地用途、容积率、建筑高度、建筑密度、绿地率等的规定
3	相邻关系	相邻关系是对房地产所有权、使用权的一种限制，相邻关系的存在对房地产价格有一定的影响

6. 人口因素(见表 4-4)

表 4-4

序号	人口因素	对价格的影响
1	人口数量	人口数量增加时，对房地产的需求就会增加，房地产价格也就会上涨；而当人口数量减少时，对房地产的需求就会减少，房地产价格也就会下落
2	人口素质	如果一个地区中居民的素质低、构成复杂、社会秩序欠佳，人们多不愿意在此居住，则该地区的房地产价格必然低落
3	人口结构	一般说来，随着家庭人口规模小型化，即家庭平均人口数的下降，家庭数量增多，所需的住房总量将增加，房地产价格有上涨的趋势

7. 制度政策因素(见表 4-5)

表 4-5

序号	因素	对价格的影响
1	房地产制度政策	一般情况下，土地使用年限越长，土地及房地产价格越高，反之会越低。高价格政策促进房地产价格上涨，低价格政策造成房地产价格下落
2	税收政策	一般说来，增加房地产开发环节的税收，会增加房地产的开发建设成本，从而会推动房地产价格上升；相反，减少房地产开发环节的税收，会使房地产价格下降 一般说来，增加卖方的税收，会使房地产价格上升；反之，减少卖方的税收，会使房地产价格下降。增加买方的税收，会使房地产价格下降；反之，减免契税，从而会使房地产价格上升
3	金融政策	严格控制房地产开发贷款，会使房地产价格上升；采取提高贷款利率、提高最低购房首付款比例等会降低房地产价格
4	有关特殊政策	实行特殊的政策、特殊的体制机制、特殊的对外开放措施、国家给予必要的支持等，往往会提高这些地区的房地产价格
5	有关规划和计划	影响因素包括国民经济和社会发展规划、城乡规划、土地相关规划和计划

8. 经济因素对价格的影响(见表 4-6)

表 4-6

序号	因素	对价格的影响
1	经济发展	经济发展，预示着投资、生产活动活跃，对厂房、写字楼、商场、住宅和各种娱乐设施等的需求增加，由此会引起房地产价格上涨，尤其是引起地价上涨

续表

序号	因素	对价格的影响
2	居民收入水平	居民收入的真正增加，意味着人们的生活水平随之提高，其居住与活动所需要的空间会扩大从而会增加对房地产的需求，导致房地产价格上涨。低收入居民的收入增加，对房地产价格的影响估计不大。中等收入居民的收入增加，会促使居住房地产价格上涨。高收入居民的收入增加，其增加的收入用于储蓄或其他投资，对房地产价格的影响就不大。如他们利用剩余的收入从事房地产投资或投机，则会引起房地产价格上涨
3	物价	物价的普遍波动表明货币购买力的变动，房地产价格也随之变动。不论一般物价总水平是否变动，其中某些物价的变动也可能会引起房地产价格的变动，如建筑材料价格、建筑人工费的上涨，会增加房地产的开发成本，从而可能推动房地产价格上涨。从较长时期来看，房地产价格的上涨率要高于一般物价的上涨率和国民收入的增长率
4	利率	房地产机构与利率负相关：利率上升，房地产价格会下降；利率下降，房地产价格会上升
5	汇率	当预期某国的货币会升值时，就会吸引国外资金购买该国房地产，从而会导致其房地产价格上涨，相反，会导致其房地产价格下降

9. 社会因素对价格的影响(见表 4-7)

表 4-7

序号	因素	对价格的影响
1	政治安定状况	一般地说，政治不安定则意味着社会可能动荡，影响人们投资、置业的信心，从而会造成房地产价格低落
2	社会治安状况	房地产所处地区如果经常发生犯罪案件，则意味着人们的生命财产缺乏保障，因此会造成该地区的房地产价格低落
3	城市化	一般地说，城市化意味着人口向城镇地区集中，造成对城镇房地产的需求不断增加，从而会带动城镇房地产价格上涨
4	房地产投机	一般地说，房地产投机对房地产价格的影响可能出现 3 种情况：①引起房地产价格上涨；②引起房地产价格下跌；③起着稳定房地产价格的作用

10. 国际因素对价格的影响(见表 4-8)

表 4-8

序号	因素	对价格的影响
1	世界经济状况	如果世界经济状况发展良好，一般有利于房地产价格上涨
2	国际竞争状况	当国与国之间为吸引外来投资而展开的竞争激烈时，为吸引投资者通常会采取低地价政策，从而会使房地产价格低落；但如果在其他方面采取优惠政策，吸引了大量外来投资者进入，则对房地产的需求或增加，从而会导致房地产价格上涨
3	政治对立状况	如果国与国之间发生政治对立，则不免会出现经济封锁、冻结贷款、终止往来等，这些一般会导致房地产价格下跌
4	军事冲突状况	一旦发生战争，则战争地区的房地产的价格会陡然下落，而那些受到战争威胁或者影响的地区，房地产价格也会有所下降

二、典型答疑

1. 房地产自身因素与外部因素哪一个对房地产价格影响更大一些？

答：影响房地产价格的因素非常复杂，对其分析有定量分析和定性分析，且以定性分析(经验)为主，房地产自身因素总的来说是从实物、权益和区位三个方面来分析判断，而外部因素主要是从整个外部形势(政治、经济、社会等多方面对房地产市场产生的影响)来分析判断，所以无论是房地产自身因素还是外部因素都不可能单独左右房地产价格，而是各种因素的综合作用。

2. 使住宅房地产价格明显上升的是(　　)。

A. 中等收入者收入提高　　B. 高收入者收入增加

C. 低收入者收入增加　　D. 居民收入提高

答：这道题的正确答案是A。如果居民收入的增加，是衣食都较困难的低收入者的收入增加，虽然其边际消费倾向较大，但其增加的收入大部分甚至全部会首先用于衣食等基本生活的改善，这对房地产价格的影响估计不大。如果居民收入的增加，是中等收入者的收入增加，因其边际消费倾向较大，且衣食等基本生活已有了较好的基础，其所增加的收入大部分甚至全部此时依消费顺序会用于提高居住水平，这自然会增加对居住房地产的需求，从而会促使居住房地产价格上涨。

3. “在某一地带修建铁路，必然带来噪声污染等问题，势必降低此地带的房地产价格。”这种说法正确吗？

答：房地产位置优劣的判定标准因不同的用途而有所差异，修建铁路对居住性质房地产来说是减价因素，但对于工业性质房地产来说却是增值因素。

4. 影响房地产价格的因素太多、太复杂了，究竟应当从哪方面来把握？

答：应分类把握这些影响房地产价格的因素。教材上将影响房地产价格的所有因素归为九大类别，每一个类别又包括不同的因素，考生应从大到小、由粗到细，在理解的基础上记住这些因素影响的方向和程度。究竟哪种因素发挥主要作用，这要视具体情况而定。

5. 能举个例子来说明人口素质对房地产价格的影响吗？

答：如回迁小区的房价普遍不高的情况。回迁小区普遍存在“脏乱差”现象，究其原因，住户大都是居住于旧城区的居民或城中村的村民，收入不高，对公共卫生、周围环境不太重视，生活质量不太讲究，导致房价偏降。

6. 在下列情形中，通常会引起房地产价格降低的有(　　)。

A. 农用地改为非农建设用地　　B. 在写字楼旁新建大型游乐场

C. 住宅区内道路禁止货车通行　　D. 常常遭受洪水威胁

答：正确答案是BD。在写字楼旁新建大型游乐场使办公环境受到影响，会降低该类房地产价格，常常遭受洪水威胁更会使房地产贬值。

7. 土地的承载力大是不是意味着地价就高？

答：要看具体的对象，如果是农地，土地的承载力再大也无益，因为农地价值取决于肥力。

8. “人口数量增长，房地产价格会上涨”这句话对吗，人口增长不是有双方面的影响吗？

答：房地产价格与人口数量的关系非常密切，当人口数量增加时，对房地产的需求就会增加，房地产价格就会上涨。人口密度对房地产价格有双方面的影响：一方面，人口密度高会使求大于供，刺激商业、服务业等的发展，另一方面，人口密度高会导致生活环境恶化，从而有可能降低房地产价格。

9.“高价格政策就是政府对房地产价格放任不管”是什么意思？

答：高价格政策是指政府对房地产价格放任不管，或有意通过某些措施来抬高房地产价格。“政府对房地产价格放任不管”意味着商家可以任意抬高价格，但高到多少最终还是由市场说了算。

10. 交通管制对房地产价格的影响是什么？

答：对房地产价格有影响的交通管制主要有：严禁某类车辆通行，实行单行道、步行街等，这些因素对房地产价格的影响方向因房地产类型的不同而异，对于住宅区内的道路实行交通管制，增强了在小区居住的居民的安全感，可以提高房地产价格，而对于商业区内的房地产实行交通管制，则有可能会降低房地产的价格，比如，不允许在商场门前停靠车辆，将会减少顾客的光顾，影响收益，从而会降低该房地产的价值。

11. 城市规划对房地产价格都有哪方面的影响？

答：城市规划是对房地产用途、建筑高度、容积率等的规定，将会影响到房地产的价格。比如，将城市郊区的农用地改为城市建设用地时，其地价会成倍上涨。而降低建筑高度和容积率，则会降低地价。

12. 房地产制度与房地产价格政策哪一个对房地产价格的影响最大？

答：房地产制度主要是指与房地产有关的制度，如土地使用制度、住房制度等，房地产价格政策则是政府对房地产价格所采取的干预方式和措施，如制定最高限价，征收房地产交易税等，相比而言，房地产制度对房地产价格的影响最大，因为它能以更大的约束力，从根本上影响房地产的分配方式。

13. 城市化对房地产价格的影响是正面的还是负面的？

答：城市化意味着人口向城市地区集中，造成对城市房地产的需求不断增加，从而会带动城市房地产价格上涨。

14. 物价与房地产价格是种什么样的关系？

答：房地产价格是物价的一种，但与一般物价相比，房地产价格又具有独立的特性。一般来说，物价上涨，房地产价格也会随之上涨。

15. 经济发展会促进房地产价格上升吗？

答：经济发展预示着投资、生产活动活跃，对厂房、写字楼、商店等的需求会增加，从而会带动房地产价格上升。

16. 如何从房地产价格影响因素看待现在的房地产价格泡沫？

答：当前一二线城市，特别是北京、上海等大城市房价达到了较高的水平，从房地产自身因素来说，高地价是房地产价格居高不下的主因，从外部因素来说，房地产投机(炒房现象)是主因。

三、例题分析

(一) 单项选择题

1. 影响房地产价格的环境因素不包括(　　)。

A. 大气环境　　　　　　　　　　B. 声觉环境
C. 卫生环境　　　　　　　　　　D. 治安环境

答案：D

解析：影响房地产价格的环境因素包括：大气环境、声觉环境、卫生环境、视觉环境、水文环境。

2. 在影响房地产价格的各种因素中，“城市化”属于(　　)。

A. 社会因素　　　　　　　　　　B. 环境因素
C. 人口因素　　　　　　　　　　D. 行政因素

答案：A

解析：影响房地产价格的社会因素：政治治安状况、社会治安状况、房地产投机、城市化。

3. 下列影响房地产价格的因素中，不属于经济因素的是(　　)。

A. 房地产投机　　　　　　　　　B. 物价变动
C. 财政收支状况　　　　　　　　D. 居民收入水平

答案：A

解析：房地产投机属于社会因素。

4. 在现实生活中，房地产价格的高低是由(　　)的结果。

A. 经济因素和社会因素共同作用
B. 房地产估价师评估
C. 房地产权益因素与经济因素共同作用
D. 众多的房地产价格影响因素对房地产价格综合作用

答案：D

解析：房地产价格的高低不是一种因素所能决定的，取决于许多复杂的因素，包括：分为下列9类：①自身因素；②环境因素；③人口因素；④经济因素；⑤社会因素；⑥行政因素；⑦国际因素；⑧心理因素；⑨其他因素。现实生活中，房地产价格的高低就是由这些因素共同作用的结果.

5. 商业用途房地产的位置优劣，主要是看繁华程度和(　　)。

A. 周围环境状况　　　　　　　　B. 安宁程度
C. 临街状况　　　　　　　　　　D. 交通便捷程度

答案：C

解析：商业用途的房地产是靠聚拢人气赚钱，人越多的地方越有利，所以距离街道越近，越容易吸引顾客。

6. 房地产估价的主要难点是(　　)。

A. 市场行情变化不定
B. 供需变化引起价格变化
C. 房地产价格的影响因素极其复杂且难以把握
D. 房地产价格的影响因素影响程度不同

答案：C

解析：房地产价格的影响因素极其复杂且难以把握，是房地产估价的主要难点。市场行情变化不定、供需变化引起价格变化、房地产价格的影响因素影响程度不同只是各种影响房地产价格因素的一个方面，所以正确的说法应当是C。

7. 居住用途房地产的位置优劣，主要是看(　　)和安宁程度。

A. 周围环境状况　　B. 繁华程度

C. 临街状况　　D. 附近是否有矿产资源

答案：A

解析：居住房地产与商业、工业等房地产不同，出于功能的需要，人们希望居住房地产有一个舒适的环境，而不同于商业是为了在临街、繁华的地方吸引顾客，不同于工业在附近有矿产资源的地方开矿。

8. 使住宅房地产价格明显上升的是(　　)。

A. 中等收入者收入提高　　B. 高收入者收入增加

C. 低收入者收入增加　　D. 居民收入提高

答案：A

解析：如果居民收入的增加，是中等收入者的收入增加，因其边际消费倾向较大，且衣食等基本生活已有了较好的基础，其所增加的收入大部分甚至全部此时依消费顺序会用于提高居住水平，这自然会增加对居住房地产的需求，从而会促使居住房地产价格上涨。

9. 人们普遍认为房地产投机对房地产价格的影响可能出现的情况是(　　)。

A. 使房地产价格下降　　B. 使房地产价格上升

C. 稳定房地产价格　　D. 没有影响

答案：B

解析：关于房地产投机对房地产价格的影响，普遍认为它会引起房地产价格上涨。

(二) 多项选择题

1. 下列属于土地使用管制的事项有(　　)。

A. 建筑物四周应留有一定的空地作为建筑物的绿地和交通

B. 取得的土地使用权不包括地下资源、埋藏物和市政公用设施

C. 某宗土地使用权中，要求容积率为2.0

D. 甲乙两宗土地使用权中，甲土地必须为乙土地留出通行道路

E. 某宗土地只能用于商业房地产开发

答案：ACE

2. 下列关于房地产价格影响因素的表述中，正确的有(　　)。

A. 不同的房地产价格影响因素，引起房地产价格变动的方向和程度是不尽相同的

B. 房地产价格影响因素对房地产价格的影响与时间无关

C. 理论上，房地产价格与利率因素呈负相关

D. 房地产价格影响因素对房地产价格的影响均可用数学公式或数学模型来量化

E. 汇率因素对房地产价格影响的表现是：本币汇率上升，会导致房地产价格上涨；相反，则导致房地产价格下降

答案：ACE

解析：不同的影响因素或者其变化，引起房地产价格变动的方向是不尽相同的；不同的影响因素或者其变化，引起房地产价格变动的程度是不尽相同的；不同影响因素的变化

与房地产价格变动之间的关系是不尽相同的；有些影响因素对房地产价格的影响与时间有关，有些与时间无关。某些影响因素对房地产价格的影响可以用数学公式或者数学模型来量化。

3. 影响房地产价格的经济因素有(　　)。

A. 经济发展状况、储蓄、消费、投资水平

B. 社会发展状况、房地产投机和城市化

C. 财政收支及金融状况、利率

D. 物价、汇率、居民收入

E. 人口数量、行政隶属变更、居民收入

答案：ACD

4. 建筑物外观形象包括(　　)等，对房地产价格有很大影响。

A. 建筑式样　　B. 风格

C. 结构　　D. 构造

E. 可视性

答案：ABE

解析：结构和构造不属于建筑物的外观形象。

5. 影响房地产价格的社会因素，主要有(　　)。

A. 政治安定状况　　B. 社会治安状况

C. 房地产投资　　D. 房地产投机

E. 城市化

答案：ABDE

解析：房地产投资不属于影响房地产价格的社会因素。

6. 区位因素的内容包括(　　)。

A. 繁华程度　　B. 临街状况

C. 容积率　　D. 使用年限

E. 朝向

答案：ABE

解析：CD 属于权益状况修正。

7. 在下列情形中，通常会引起房地产价格降低的有(　　)。

A. 农用地改为非农建设用地

B. 在写字楼旁新建大型游乐场

C. 住宅区道路禁止货车通行

D. 在住宅区旁新建一条全封闭的高速公路

E. 在住宅区旁新建一座公园

答案：BD

解析：ACE 通常会促进房地产价格提高。

8. 商业用途房地产的位置优劣，主要看(　　)。

A. 临街状况　　B. 到市中心距离

C. 繁华程度　　D. 安宁程度

E. 是否临近大自然

答案：AC

解析：商业用途房地产的位置优劣，主要是看其繁华程度、临街状况。

9. 住宅用途房地产的位置优劣，主要看(　　)。

A. 安宁程度　　B. 周围环境状况

C. 交通便捷度　　D. 临街状况

E. 繁华程度

答案：ABC

解析：居住用途房地产的位置优劣，主要是看其周围环境状况、安宁程度、交通是否便捷，以及离市中心的远近。

10. 从长期看，房地产价格上涨率要高于(　　)。

A. 一般物价上涨率　　B. 中房指数上涨率

C. 国民收入增长率　　D. 土地价格指数上涨率

E. 住房价格支付性指数

答案：AC

解析：从较长时期来看，房地产价格的上涨率要高于二般物价的上涨率和国民收入的增长率。

11. 人口因素包括(　　)。

A. 人口数量　　B. 人口素质

C. 家庭人口规模　　D. 人口结构

E. 区域人口规模

答案：ABC

解析：房地产(特别是居住房地产)的需求主体是人，人的数量、素质、构成等状况，对房地产价格有很大影响。人口因素主要包括人口数量、人口素质和家庭人口规模三个方面。

12. 房地产投机可能使房地产价格(　　)。

A. 上升　　B. 下降

C. 稳定　　D. 无影响

E. 均衡

答案：ABC

解析：一般来说，房地产投机对房地产价格的影响可能出现3种情况：①引起房地产价格上涨；②引起房地产价格下跌；③起着稳定房地产价格的作用。

13. 居民收入对房地产价格的影响程度，要看(　　)

A. 现有收入水平　　B. 预期收入水平

C. 边际消费倾向　　D. 边际收入

E. 过去收入水平

答案：AC

解析：通常，居民收入的真正增加(非名义增加。名义增加是指在通货膨胀情况下的增加)，意味着人们的生活水平将随之提高，其居住与活动所需的空间会扩大，从而会增加对房地产的需求，导致房地产价格上涨。至于对房地产价格的影响程度，要看现有的收入水平及边际消费倾向的大小而定。

14. 下面关于经济因素的说法正确的是(　　)。

A. 从较长时期来看，房地产价格上涨率要高于一般物价的上涨率

B. 中等收入的家庭收入增加，不会促使房地产价格上涨

C. 低收入的家庭收入增加，对房地产价格的影响估计不大

D. 经济持续高速增长，房地产价格也会相应大幅度上涨

E. GDP 增长说明社会总需求也在增加

答案：ACDE

解析：如果居民收入的增加，是中等收入者的收入增加，因其边际消费倾向较大，且衣食等基本生活已有了较好的基础，其所增加的收入大部分甚至全部此时依消费顺序会用于提高居住水平，这自然会增加对居住房地产的需求，从而会促使居住房地产价格上涨。

(三) 判断题

1. 高价格政策促进房地产价格上涨，低价格政策造成房地产价格下落。(　　)

答案：√

解析：做这道题考生首先要理解什么是高价格政策，什么是低价格政策。所谓高价格政策，一般是指政府对房地产价格放任不管，或者有意通过某些措施来抬高房地产价格；低价格政策，一般是指政府采取种种措施来抑制房地产价格上涨。高价格政策和低价格政策都属于政府对房地产价格高低的态度以及采取的干预方式、措施。政府对房地产价格干预的方式，可能是直接制定价格，也可能是通过其他一些措施或手段来调节价格。由此看来，高价格政策只能促使房地产价格的上涨，低价格政策则会造成房地产价格下落。

2. 在影响房地产价格的各因素中，如果某影响因素最初对某房地产价格的影响是正向的，但随着该影响因素的变化，其对该房地产价格的影响可能出现相反的情况。(　　)

答案：√

解析：影响房地产价格的各种因素非常复杂，变化无常，题中所讲到的只是其中变化之一。

3. 人口的数量与房地产价格的关系是负相关的。(　　)

答案：√

解析：房地产价格与人口数量的关系非常密切。当人口数量增加时，对房地产的需求就会增加，房地产价格也就会上涨；而当人口数量减少时，对房地产的需求就会减少，房地产价格也就会下落。

4. 房地产的位置优劣，取决于与特定的区位相联系的自然因素与人文因素的总和。(　　)

答案：√

解析：通过杜能圈的研究分析可以看出，房地产的价值并不单纯取决于自然地理位置，还取决于它的社会经济位置。

5. 人口密度过高会导致生活环境恶化，从而有可能降低房地产价格。(　　)

答案：√

解析：在大量低收者涌入某一地区的情况下，生活环境得不到改善，反而会恶化，所

以会出现这一地区的房地产价格不升反降的现象。

6. 某一地带有一铁路，这一地带如果作为居民区，铁路就可能成为增值因素。（　）

答案：×

解析：铁路对居民区的影响只能是负面的，因为其噪声会影响人们的休息，这对居住房地产来说不但不会成为增值因素，反会降低这里居住房地产的价格。

7. 对于难以用数学模型度量的房地产价格影响因素，在估价结果中可以不予反映。（　）

答案：×

解析：某些房地产价格影响因素对房地产价格的影响可以用数学公式或模型来量化，但更多的房地产价格影响因素对房地产价格的影响虽然可以感觉到，却难以用数学公式或模型将其表达出来。至于它们对房地产价格究竟有多大程度的影响，主要依靠估价人员长期积累的丰富经验作出量的判断。

8. 房地产估价的主要难点是影响房地产价格的因素极其复杂且难以把握。（　）

答案：√

解析：在现实中，房地产价格的高低是由众多的房地产价格影响因素对房地产价格综合作用的结果。因此，为做好房地产估价，估价人员必须知晓各种房地产价格影响因素，认识它们是如何以及在何种程度上影响房地产价格的。

9. 在某一地带修建铁路，必然带来噪声污染等问题，势必降低此地带的房地产价格。（　）

答案：×

解析：房地产位置优劣的判定标准因不同的用途而有所差异，修建铁路对居住性质房地产来说是减价因素，但对于工业性质房地产来说却是增值因素。

10. 房地产的位置是与特定的区位相联系的自然因素与人文因素的总和，其位置有自然地理位置与人文地理位置之别。（　）

答案：×

解析：房地产的位置是与特定的区位相联系的自然因素与人文因素的总和。因此，房地产的位置有自然地理位置与社会经济位置之别(而非人文地理位置)。

11. 城市土地价格高低几乎为位置优劣所左右，肥力对地价的影响几乎为零。（　）

答案：√

解析：肥力即土地肥沃程度，是土地提供植物生长、繁殖所需养分的能力。肥力对于农业是极为重要的，但对于其他产业并不重要，所以，肥力这个因素主要是与农地的价格有关。对于农地而言，显而易见，土地肥沃，地价就高；相反，土地贫瘠，地价就低。在农地价格的决定因素中，肥力甚至是最重要的因素，而且越是偏僻的地区，肥力对地价的决定作用越大。

12. 地价与地质关系的实质：地质条件的好坏决定建设费用高低。（　）

答案：√

解析：地质条件决定着土地的承载力。对于建设用地，特别是对于城市建设用地来说，地质条件对地价的影响较大，尤其在现代城市建设向高层化发展的情况下更是这样。

对于建设用地来说，一般情况下，地质坚实，承载力较大，有利于建筑使用，地价就高；反之，地质条件差，地价则低。现代建筑技术进步在一定程度上可以克服不良地质条件所造成的承载力小、地基不稳定等问题，因此，地价与地质条件关系的实质，是地质条件的好坏决定着建设费用的高低。建造同样的建筑物，地质条件好的土地，需要的基础建设费用低，从而地价高；相反，则需要的基础建设费用高，地价则低。

13. 面积过于狭小而不利于经济使用的土地价格必然很低。(　　)

答案：×

解析：同等位置的两块土地，由于面积大小不等，价格会有高低差异。一般来说，凡是面积过于狭小而不利于经济使用的土地，价格较低。但在特殊情况下可能有例外，即面积狭小的土地有很高的价格。例如，如果这块土地与相邻土地合并后会大大提高相邻土地的利用价值，则该土地的拥有者可能以居奇的心态，待价而沽，而相邻土地的拥有者为求其土地得到有效利用，则可能不惜以高价取得。

14. 随着家庭人口规模小型化，房地产价格有上涨的趋势。(　　)

答案：√

解析：家庭人口规模发生变化，即使人口总量不变，也将引起居住单位数的变动，从而引起需用住房数量的变动，随之导致房地产需求的变化而影响房地产价格。一般来说，随着家庭人口规模小型化，即家庭平均人口数的下降，家庭数量增多，所需住房的总量将增加，房地产价格有上涨的趋势。

15. 通常情况下，随着外来人口、流动人口的增加，对房地产需求必然增加，从而使房地产价格上升。(　　)

答案：√

解析：房地产价格与人口数量的关系非常密切。当人口数量增加时，对房地产的需求就会增加，房地产价格也就会上涨；而当人口数量减少时，对房地产的需求就会减少，房地产价格也就会下落。在城市，特别是随着外来人口、流动人口的增加，对房地产的需求必然增加，从而会引起城市房地产价格上涨。

16. 人口密度增加，会导致房地产价格上升，但人口密度过高，又会导致房地产价格下降。(　)

答案：√

解析：人口密度从两方面影响房地产价格：一方面，人口高密度地区，一般来说对房地产的求多于供，供给相对缺乏，因而价格趋高，人口密度增加还有可能刺激商业、服务业等的发展，提高房地产价格；另一方面，人口密度过高会导致生活环境恶化，从而有可能降低房地产价格，特别是在大量低收入者涌入某一地区的情况下会出现这种现象。

四、练习题

(一) 单项选择题

1. 在居住区附近有一铁路，那么最可能造成居住区房价降低的因素是(　　)。

A. 心理因素　　　　B. 交通因素

C. 噪声因素　　　　D. 卫生因素

2. 将县级市升格为地级市，对房地产价格的影响是(　　)。

A. 促进该地区的房地产价格上涨

B. 使该地区的房地产价格下降

C. 可能促进该地区的房地产价格上涨，也可能使该地区的房地产价格下降

D. 对该地区的房地产价格不会产生影响

3. 房地产投机属于哪种房地产价格影响因素(　　)。

A. 经济因素　　B. 行政因素

C. 社会因素　　D. 心理因素

4. 建筑式样、风格和色调属于哪种房地产价格影响因素(　　)。

A. 环境因素　　B. 自身因素

C. 视觉因素　　D. 环境因素

5. 在影响房地产价格的人口因素当中，家庭人口规模是指(　　)。

A. 某一地区的家庭总人口数

B. 全社会或某一地区的家庭平均人口数

C. 全社会的家庭总人口数

D. 全社会或某一地区的家庭总人口数

6. 有天然周期性水灾的江、河、湖、海边，一旦建设了可靠的防洪工程，其土地价格会(　　)。

A. 上涨　　B. 下降

C. 很难说　　D. 没有影响

7. 在影响房地产价格的行政因素中，低价格政策属于(　　)。

A. 行政隶属变更　　B. 房地产制度

C. 特殊政策　　D. 房地产价格政策

8. “接近大自然，环境质量优良，居于其内又可保证一定的生活私密性”是哪种房地产对位置的要求(　　)。

A. 酒店　　B. 工厂

C. 普通住宅　　D. 别墅

9. 如果城市的发展已使郊区某些农用地很适合于转变为城市建设用地，而且政府规定只能维持现有的农业用途，其土地价格会(　　)。

A. 很高　　B. 很低

C. 很难说　　D. 没有影响

10. 在住宅区内的道路上禁止货车通行，可以减少噪声、汽车尾气污染和行人行走的不安全感，房地产价格会(　　)。

A. 提高　　B. 降低

C. 很难说　　D. 没有影响

(二) 多项选择题

1. 下列哪几项属于影响房地产价格的自身因素(　　)。

A. 房地产的坐落位置　　B. 土地的肥力

C. 土地面积和形状　　D. 房地产投机

E. 房地产使用管制

2. 抑制房地产价格的措施主要有(　　)。
A. 实行住房商品化　　B. 制定标准价格
C. 征收房地产交易税或增值税　　D. 建立一套房地产交易管理制度
E. 收紧房地产开发贷款

3. 影响房地产价格的心理因素主要有(　　)。
A. 购买或出售心态　　B. 个人欣赏趣味
C. 时尚风气　　D. 房地产投机
E. 讲究风水或吉祥号码

4. 反映一般物价变动的指标是(　　)。
A. 城镇居民人均可支配收入增长率
B. 农村居民人均纯收入增长率
C. 居民消费价格指数
D. 生产资料价格指数
E. 居民可支配收入指数

5. 房地产投机对房地产价格的影响哪几种情况(　　)。
A. 引起房地产价格上涨　　B. 引起房地产价格下跌
C. 起着稳定房地产价格的作用　　D. 难以判断
E. 扰乱房地产市场价格

6. 对房地产价格有影响的交通管制，主要有(　　)。
A. 严禁某类车辆通行　　B. 实行单行道
C. 步行街　　D. 审查驾照
E. 禁止机动车左转

7. 城市化一词的含义是(　　)。
A. 城市影响的传播过程　　B. 全社会人口接受城市文化的过程
C. 人口集中的过程　　D. 城市人口占全社会人口比例提高的过程
E. 城市人口规模

8. 决定利率水平的因素主要有(　　)。
A. 居民收入　　B. 平均利润率
C. 预期通货膨胀率　　D. 物价
E. 汇率

9. 影响房地产价格的社会因素主要有(　　)。
A. 国际政治对立状况　　B. 社会治安状况
C. 房地产投机　　D. 城市化
E. 居民收入

10. 对房地产区位因素进行分解，不包括(　　)方面。
A. 交通　　B. 地势
C. 环境景观　　D. 面积
E. 外部配套设施

11. 房地产位置的优劣直接影响其所有者或使用者的(　　)。

A. 生活满足程度　　B. 经济收益
C. 社会影响　　D. 使用功能
E. 房地产需求

12. 影响房地产价值的权益因素包括(　　)。
A. 房地产权利设立和行使的限制
B. 房地产区位的限制
C. 房地产使用管制
D. 房地产通风采光的限制
E. 房地产相邻关系的限制

13. 根据人口增长的绝对数量，人口增长有(　　)几种情况。
A. 人口正增长　　B. 人口累计增长
C. 人口净增长　　D. 人口零增长
E. 人口负增长

(三) 判断题

1. 不同的房地产价格影响因素，引起房地产价格变动的方向是不尽相同的。(　　)

2. 房地产周围安放的东西是否杂乱，如电线杆、广告牌、标示牌等的竖立状态和设计是否美观不会对房地产价格有影响。(　　)

3. 房地产价格与利率正相关，利率下降，房地产价格会上升；利率上升，房地产价格会下降。(　　)

4. 利率是资金的价格，它同任何商品的价格要受供求状况影响一样，要受借贷市场上资金供求状况的影响。(　　)

5. 房地产价格是物价的一种。(　　)

6. 从较长时期来看，房地产价格的上涨率要高于一般物价的上涨率和国民收入的增长率。(　　)

7. 所谓低价格政策，一般是指政府对房地产价格放任不管，或者有意通过某些措施来抑制房地产价格。(　　)

8. 高价格政策促进房地产价格下落，低价格政策造成房地产价格上涨。(　　)

9. 税收分为房地产开发环节的、房地产交易环节的和房地产保有环节的。对保有房地产课税，会导致房地产价格上升；相反，降低甚至取消对保有房地产课税，会导致房地产价格低落。(　　)

10. 如果国与国之间发生政治对立一般会导致房地产价格下跌。(　　)

11. 一般来说，政治不安定会造成房地产价格低落。(　　)

12. 衣食都较困难的低收入居民的收入增加，因其边际消费倾向较大，所以对房地产价格的影响也会较大。(　　)

13. 利率介于平均利润率与零之间。(　　)

14. 当人口数量增加时，房地产价格就会上涨；当人口数量减少时，房地产价格也就会下落。(　　)

15. 凡是建筑物外观新颖、优美，可给人以舒适的感觉，则价格就高；反之，单调、呆板，很难引起人们强烈的享受欲望，甚至令人压抑、厌恶，则价格就低。(　　)

16. 对于住宅、旅馆、办公、学校、科研等类房地产来说，噪声大的地方，房地产价格较低；噪声小、安静的地方，房地产价格通常较高。（ ）

17. 在住宅区内的道路上禁止货车通行，可以减少噪声、汽车尾气污染和行人行走的不安全感，因此会提高房地产价格。（ ）

18. 一般来说，城市化意味着人口向城市地区集中，会带动城市房地产价格上涨。（ ）

19. 当预期通货膨胀率下降时，贷款人会要求提高贷款利率。（ ）

20. 中央银行采用货币紧缩政策时，往往会提高再贴现率，从而引起市场利率下降。（ ）

21. 当借贷资金的供给大于需求时，利率会下降；反之，利率会上升。（ ）

22. 所有房地产价格影响因素对房地产价格的影响都可以用数学公式或模型来量化。（ ）

23. 房地产的社会经济位置与其自然地理位置一样，是不会发生变化的。（ ）

24. 在农地价格的决定因素中，肥力甚至是最重要的因素。（ ）

25. 相对于农地来说，土地承载力对建设用地价格的影响程度要大于得多。（ ）

26. 化工厂、屠宰厂、酱厂、酒厂、厕所等都可能造成空气污染，因此，凡接近这些地方的房地产价格较低。（ ）

27. 面积过于狭小的土地，其价格一定较低。（ ）

28. 人口密度增加必将提高房地产价格。（ ）

29. 杜能圈告诉我们，在同一街道上，百货商店的地租支付能力要小于珠宝店。（ ）

30. 房地产价格与风向的关系在城市中比较突出，在上风地区房地产价格一般较低，在下风地区房地产价格一般较高。（ ）

【参考答案】

（一）单项选择题

1. C 2. A 3. C 4. B 5. B 6. A 7. D 8. D 9. B 10. A

（二）多项选择题

1. ABCE 2. BCD 3. ABC 4. CD 5. ABC 6. ABCE 7. BCD 8. BC 9. BCD 10. BD 11. ABC 12. ACE 13. CDE

（三）判断题

1. √ 2. × 3. × 4. √ 5. √ 6. √ 7. × 8. × 9. × 10. √ 11. √ 12. × 13. √ 14. √ 15. √ 16. √ 17. × 18. √ 19. × 20. × 21. √ 22. × 23. × 24. √ 25. √ 26. √ 27. × 28. × 29. × 30. ×

第五章　房地产估价原则

一、重要考点

1. 房地产估价原则

1）种类包括：独立、客观、公正原则；合法原则；估价时点原则；替代原则；最高最佳利用原则；谨慎原则。

2）作用

使不同的房地产估价师对于房地产估价的基本前提具有一致认识，对于同一估价对象在同一估价目的和同一估价时点的评估价值趋于相同或近似。

评判一个评估价值是否正确，很重要的一点是看估价机构和估价师是否遵守了估价原则。估价目的和价值类型不同，采用的估价原则可以不同。

2. 独立、客观、公正原则

内涵，要求房地产估价机构和估价师中立，评估出对各方当事人均公平合理的价值。

3. 合法原则

（1）遵守合法原则应做到下列几点：

1）在依法判定的权利类型及归属方面，一般应以房地产权利证书、权利档案的记载或者合同约定(如租赁权)，以及其他合法权属证明材料为依据。

2）在依法判定的使用权利方面，应以使用管制(如城市规划、土地用途管制等)为依据。

3）在依法判定的处分权利方面，应以法律、法规、政策或者合同(如土地使用权出让合同)等允许的处分方式为依据。

4）在依法判定的其他权益方面，评估出的价值应当符合国家的价格政策。

（2）合法原则在房地产抵押估价中的运用

法律法规和政策规定不得抵押的房地产，不应作为抵押估价目的的估价对象。

① 不得抵押的财产范围：土地所有权、集体土地使用权(法律允许的除外)、各类公益设施(注意区分：公益单位公益设施以外的其他财产为自身债务是可以抵押的)、产权不明有争议的财产(不“干净”)、依法被查封扣押和监督的财产。

不得抵押的房地产范围：权属有争议的房地产，公共福利事业的房地产，文物，依法公告列入征收范围的房地产，被依法查封、扣留、监管或其他形式限制的房地产，其他；空置 3 年以上的房地产。

② 法律、法规和政策规定抵押无效的房地产，不应作为抵押估价对象。违法违章建筑物抵押无效。

③ 法律、法规和政策规定应当符合一定条件才能转让的房地产，评估其抵押价值时

应当符合转让条件，不符合转让条件的房地产，不应作为抵押估价对象。

④ 出让土地转让条件：支付出让金，并取得土地使用权证书；投资总额的25%、成片开发的形成工业用地或其他建设用地条件；形成房屋的要有房屋所有权证书。

⑤ 共有房地产需要共有人书面同意才能以抵押为估价目的的估价对象。

⑥ 评估再次抵押的房地产的抵押价值的，该房地产的抵押价值不应包含已抵押担保的债权数额。

⑦ 评估尚未竣工，或竣工日(或合同约定的竣工日)起6个月内的抵押价值，扣除法定优先款时，应首先扣除拖欠工程款。

⑧ 建设工程款包括人工、材料等实际支出，但是不包括承包人因发包人违约造成的损失。

优先受偿权＞抵押权＞其他债权

⑨ 评估土地使用权是以划拨方式取得的房地产的抵押价值的，该房地产的抵押价值不应包含划拨土地使用权转变成出让地时应缴纳的土地使用权出让金。

⑩ 划拨土地使用权拍卖时，拍卖价款优先缴纳出让金后，抵押权人才可优先受偿。(保护国家土地利益)。

4. 估价时点原则

(1) 估价时点原则要求房地产估价结果应是在由估价目的决定的某个特定时间的价值。

(2) 估价时点原则的内容

估价通常只是评估某个特定时间的价值。这个特定时间既不是委托人也不是房地产估价师可以随意假定，必须根据估价目的来确定。

(3) 估价目的是龙头，确定了估价目的，其他便可以根据估价目的来确定。

不同估价目的的房地产估价，其估价时点与所对应的估价对象状况和房地产市场状况的匹配关系(见表5-1)：

表5-1

估价时点	估价对象状况	房地产市场状况	适用范围
过去（回顾性估价）	过去	过去	多出现在房地产纠纷案件中；对过去评估的房地产抵押价值是否过高的鉴定中
现在	过去	现在	多出现在损害赔偿和保险理赔案件中
	现在		估价中最常见、最大量，包括在建工程估价
	未来		估价对象为未来状况下的价格，如评估期房的价值
未来（预测性估价）	未来	未来	多出现在房地产市场预测、为房地产投资分析提供价值依据的情况下，特别是预估房地产在未来开发完成后的价值。如假设开发法中预估估价对象开发完成后的价值

5. 最高最佳利用原则

(1) 把握最高最佳利用原则的三个经济学原理及具体应用(见表5-2)

表 5-2

<table>
<tr><th>序号</th><th colspan="2">原理名称</th><th>含义</th></tr>
<tr><td rowspan="2">1</td><td rowspan="2">收益递增递减原理</td><td>收益递减规律(也称为边际收益递减原理)</td><td>假定仅一种投入量是可变的，其他的投入量保持不变，则随着该种可变投入量的增加，在开始时，产出量的增加有可能是递增的；但当这种可变投入量继续增加达到某一点以后，产出量的增加会越来越小，即会出现递减现象。收益递减规律对于一宗土地来说，表现在对该宗土地的使用强度(如建筑层数、建筑高度、容积率、建筑规模)超过一定限度后，收益开始下降</td></tr>
<tr><td>规模的收益(也称为规模报酬率)</td><td>假定以相同的比例来增加所有的投入量(即规模的变化)，则产出量的变化有如下 3 种可能：①规模收益不变(产出量的增加比例等于投入量的增加比例)；②规模收益递增(产出量的增加比例大于投入量的增加比例)；③规模收益递减(产出量的增加比例小于投入量的增加比例)</td></tr>
<tr><td>2</td><td colspan="2">均衡原理</td><td>是以估价对象的内部各构成要素的组合是否均衡，来判定估价对象是否为最高最佳利用。它可以帮助确定估价对象的最佳集约度和最佳规模。以建筑物与土地的组合来讲，建筑物与土地相比较，如果规模过大或过小，或者档次过高或过低，则建筑物与土地的组合不是均衡状态，该房地产的效用便不能得到有效发挥，从而会降低该房地产的价值</td></tr>
<tr><td>3</td><td colspan="2">适合原理</td><td>是以估价对象与其外部环境是否协调，来判定估价对象是否为最高最佳利用。它可以帮助确定估价对象的最佳用途</td></tr>
</table>

(2) 当估价对象已做了某种使用，根据最高最佳利用原则对估价前提应做(表 5-3)下列之一的判断和选择，并应在估价报告中予以说明。

表 5-3

序号	方式	含义	条件
1	维持现状前提前提	认为现有房地产维持现状、继续利用最为有利时，应以维持现状为前提进行估价	(新房地产价值－将现有房地产改变为新房地产必要支出及应得利润)＜现有房地产价值。以建筑物为例，对现有建筑物应予以保留的条件是：(新房地产价值－拆除现有建筑物的必要支出及应得利润－建造新建筑物的必要支出及应得利润)＜现有房地产价值
2	更新改造前提	认为现有房地产更新改造再予以利用最为有利时，应以更新改造为前提进行估价	(更新改造后的房地产价值－更新改造的必要支出及应得利润)＞现状房地产价值。更新改造前提不一定是对建筑物进行更新改造，也有可能是对土地进行改造
3	改变用途前提	认为现有房地产改变用途再予以利用最为有利时，应以改变用途为前提进行估价	(新用途下的房地产价值－改变用途的必要支出及应得利润)＞现用途下的房地产价值
4	重新开发前提	认为对现有房地产进行重新开发再予以利用最为有利时，应以重新开发为前提进行估价	(重新开发完成后的房地产价值－重新开发的必要支出及应得利润)＞现有房地产价值。以建筑物为例：对现有建筑物应拆除的条件是：(新房地产价值－拆除现有建筑物的必要费用－建造新建筑物必要支出及应得利润)＞现有房地产价值
5	上述情形的某种组合	最常见的是第三种改变用途与第二更新改造组合	

6. 谨慎原则

实质就是要高估风险，低估收益，使评估价值降低。如果面临的是不确定性因素，当对该因素的乐观或保守估计会导致对房地产抵押价值的高估或低估时，则应采取导致对房地产抵押价值"低估"的估计。

《房地产抵押估价指导意见》针对不同的估价方法，提出了遵守谨慎原则的下列要求：

(1) 在运用市场法估价时，不应选取成交价格明显高于市场价格的交易实例作为可比实例，并应对可比实例进行必要的实地查勘。

(2) 在运用收益法估价时，不应高估收入或者低估运营费用，选取的报酬率或者资本化率不应偏低。

(3) 在运用成本法估价时，不应高估土地取得成本、建设成本、有关费税和利润，不应低估折旧。

(4) 在运用假设开发法估价时，不应高估未来开发完成后的价值，不应低估后续开发的必要支出及应得利润。

二、典型答疑

1. 房屋权属证书、土地权属证书、房地产权证书有什么区别？

答：现行的房地产权属证书有房屋权属证书、土地权属证书或者统一的房地产权证书。房屋与土地分别管理的地市，分设房管局和土地局，房管局负责管理房屋，土地局负责管理土地，两个机构相互独立，房管局发放房屋权属证书，土地局发放土地权属证书。房屋与土地统一管理的地市，设有房地产管理局，统一管理房屋和土地，负责发放房地统一的房地产权证书。房屋权属证书专指房屋(不包括土地)的权属证书，有《房屋所有权证》和《房屋他项权证》两种。土地权属证书专指《国有土地使用证》、《集体土地所有证》、《集体土地使用证》和《土地他项权利证明书》四种。统一的房地产权证书专指《房地产权证》和《房地产他项权证》两种。

2. 什么是估价时点，它与估价作业日期是不是一回事？

答：估价时点与估价作业日期有着本质的区别。

估价通常仅是求取估价对象在某个特定时间上的价格，而且这个特定时间不是估价人员可以随意假定的，必须依据估价目的来确定，这个特定时间就是估价时点。确立估价时点原则的意义在于：估价时点是评估房地产价格的时间点，例如，政府有关房地产的法律、行政法规、税收、估价标准等的发布、变更、实施日期等，均有可能影响估价对象的价格，因此，在估价时是采用发布、变更、实施日期之前的还是之后的，就应根据估价时点来确定。再如，运用市场法评估房地产的价格时，如果选用的可比实例的成交日期与估价时点不同(通常都是这种情况)，就需要把可比实例的成交价格调整到估价时点上，如此，可比实例的成交价格才能作为估价对象的价格。

估价作业日期是说明该估价项目估价的起止年、月、日，即决定受理估价委托的年、月、日至出具估价报告的年、月、日。

估价时点是与待求估价对象价值相联系的，是待求估价对象价值的时间点，是一个时间点的概念；估价作业日期是与估价作业相联系的，是估价人员针对一个具体估价项目进行估价工作的实际日期，是一个时间段的概念。

3. 实际进行房地产估价时，如何把握合法原则中的合法产权、合法使用？

答：在具体估价工作中，应先判断估价对象房地产本身的产权是否合法，实际工作中是查勘、核实估价对象房地产的房地产权属证书、权属档案的记载内容，如《房地产权证》和《房地产他项权证》，或者《房屋所有权证》和《房屋他项权证》，《国有土地使用证》、《集体土地使用证》，具体来说，农民集体所有的土地不能当做国家所有的土地来估价，行政划拨的土地不能当做有偿出让的土地来估价，违法占地不能当做合法占地来估价；临时用地不能当做长久用地来估价，违章建筑不能当做合法建筑来估价，临时建筑不能当做永久建筑来估价，产权有争议的房地产不能当做产权无争议的房地产来估价，手续不完备的房地产不能当做手续完备的房地产来估价，部分产权的房地产不能当做完全产权的房地产来估价，共有的房地产不能当做独有的房地产来估价，等等。在核实产权之后，可以进一步从合法使用方面来分析该估价对象房地产在城市规划、土地用途管制上有哪些限制，比如土地的用途、建筑高度、容积率、建筑密度等，如果估价对象房地产的实际情况超过了这些限制，估价人员就要严格按城市规划、土地用途管制上的内容来进行估价，而不是按估价对象房地产的实际状况进行估价，因为多出的部分是得不到法律保护的。

4. 最高最佳利用原则中的“法律上许可”一项是不是与合法原则是一回事？

答：最高最佳利用原则中的“法律上许可”是合法原则的体现。我们生活在法制社会，一切行为和活动都要以法律为准绳，法律上许可的都是合法的，不许可的就是非法的。在房地产估价中，估价对象房地产的合法性始终是要放在第一位来考虑的。在四个主要技术性房地产估价原则中，合法原则是第一个原则，在最高最佳利用原则中，法律上许可作为对估价对象房地产各种潜在使用方式的第一个筛选项，由此可以看出合法性在房地产估价中的重要意义。

5. 什么是“产权调换房屋差价的结算”？

答：产权调换房屋差价的结算是按等价交换的原则，由征收人按被拆除房屋的评估价对被征收人进行补偿，再由被征收人按市场价购买征收人提供的产权调换房屋，被征收房屋的评估价与产权调换房屋的市场价进行差价结算，多退少补。无论实行货币补偿还是产权调换，有一个基本原则是必须明确的，即等价的原则。所以，从价值量来衡量，产权调换与货币补偿是等价的。

6. 空地的价值为什么会大于有建筑物的土地的价值？

答：“空地的价值大于有建筑物的土地的价值”的说法是不准确的，要分什么情况。在旧城改造中，这种说法是成立的，因为对于房地产开发商来讲，如果要开发的土地上存在许多旧房，因需要拆除，必然会加大开发的成本，相对来说也就降低了土地的价值。而对于空地来讲，因少了拆除费用，所以相对来说提高了土地的价值。

7. 这种说法是否正确：某宗房地产，城市规划既可用作商业用途，也可用作居住用途。目前该宗房地产已作了居住用途使用，但如果用作商业用途会取得更大收益，对该宗房地产进行评估时，最高最佳利用应为商业。

答：正确答案是“错”。如果用作商业用途会取得更大收益，还要进一步判断，只有当房地产用于商业时价值增加额大于将居住用途转换成商业用途所需的费用时，商业用途才是最佳用途。

8. 在合法产权方面，如果发生产权证书与有关证明材料不符的情况，应以哪一个为准？

答：由于产权证书是由政府部门发放，其法律效力大于一般的证明材料，当两者出现矛盾时，应首选产权证书做为合法依据。

9. 在征收评估时，如果征收双方就被征收房屋的面积达成一致，比如，协议面积比实际房屋面积大，而双方都认可，这时房屋面积以哪一个为准？

答：房屋征收活动是一种民事行为，征收当事人双方是一种民事关系，达成的协议受法律保护，所以，如果征收双方就被征收房屋的面积达成一致，评估时应以协议面积为准。

10. 怎么理解估价时点原则？

答：市场是动态的，供求是不断变化的，由于政策的不同、通货膨胀的影响等因素，同一房地产在不同时间的价格是不一样的。在评估中，因估价目的不同，需要评估不同时点下的房地产价格，有过去的、现在的、将来的，确定了估价时点，也就基本确定了房地产的价格。

11. 为什么评估土地使用权是以划拨方式取得的房地产的抵押价值时，不应包含土地使用权出让金？

答：根据《中华人民共和国城市房地产管理法》第50条规定："设定房地产抵押权的土地使用权是以划拨方式取得的，依法拍卖该房地产后，应当从拍卖所得的价款中缴纳相当于应缴纳的土地使用权出让金的款额后，抵押权人方可优先受偿。"划拨土地转为出让土地必须上缴土地使用权出让金，土地使用权原是划拨性质，依法拍卖后，土地变为出让性质，此时必须上缴土地使用权出让金。国家利益高于一切，拍卖所得的钱必须先扣除上缴国家的土地出让金，然后才能由抵押权个人受偿。

12. "现状房地产的价值大于新建房地产的价值减去拆除现有建筑物的费用及建造新建筑物的费用之后的余额。"怎么来理解这句话？

答：这是使用最高最佳利用原则的前提条件之一，"现有建筑物应予保留的条件"。"现状房地产的价值大于新建房地产的价值减去拆除现有建筑物的费用及建造新建筑物的费用之后的余额。"意思是说，估价对象房地产是否按现状评估，要根据上面的条件来判断，将现状房地产拆了重建，则重建之后的房地产价值减去拆除费用和重新建造费用后的余额有两种结果，一种是"现状房地产价值＞重建之后的房地产价值－拆除费用－建造费用"，一种是"现状房地产价值＜重建之后的房地产价值－拆除费用－建造费用"。举例来说，假设现状房地产价值为50000元，拆除费用为200元，重建费用为10000元，重建之后的房地产价值为50000元，重建之后的房地产价值－拆除费用－建造费用＝55000－200－10000＝43000元，则说明新建房地产得不偿失，保持现状为最佳选择，应按现状房地产评估。如果重建之后的房地产价值为65000元，则重建之后的房地产价值－拆除费用－建造费用＝65000－200－10000＝53000元，说明值得重建，按现状房地产评估不是最佳选择。

三、例题分析

（一）单项选择题

1. 房地产估价中，遵循独立、客观、公正原则的核心是估价机构和估价人员应当站在(　　)的立场上，评估出一个对各方当事人来说都是公平合理的价值。

A. 委托人　　B. 估价报告预期使用者

C. 管理部门　　D. 中立

答案：D

解析：房地产估价中，遵循独立、客观、公正原则的核心是估价机构和估价人员应当站在中立的立场上，评估出一个对各方当事人来说都是公平合理的价值。

2. 回顾性房地产估价，其估价对象状况和房地产市场状况常见的关系是(　　)。

A. 估价对象状况为过去，房地产市场状况为现在

B. 估价对象状况为现在，房地产市场状况为现在

C. 估价对象状况为过去，房地产市场状况为过去

D. 估价对象状况为现在，房地产市场状况为过去

答案：C

解析：回顾性房地产估价，估计对象状况及房地产市场状况均为估价时点(过去)时的状况。

3. 房屋征收估价中，实行房产权调换且所调换房屋为期房的，为结清产权调换的差价而对该期房价进行估价，则(　　)。

A. 估价时点为未来，估价对象为未来状况

B. 估价时点与房地产状况均为现在

C. 估价时点为现在，估价对象为未来状况

D. 估价时点为现在，估价对象为过去状况

答案：C

解析：根据估价时点原则。

4. 如果某房地产现状价值大于新建房地产的价值减去拆除现有建筑物的费用及建造新建筑物的费用之后的余额，则应以(　　)进行估价。

A. 维持现状前提　　B. 更新改造前提

C. 改变用途前提　　D. 重新开发前提

答案：A

解析：这是最佳最高原则的体现。

5. 运用收益法评估房地产价值时，要求利用与估价对象所在区域相同或相似房地产的客观收益来推算估价对象预期收益，这主要是依据房地产估价中的(　　)。

A. 合法原则　　B. 最高最佳利用原则

C. 替代原则　　D. 公平原则

答案：C

解析：替代原则要求房地产估价结果不得不合理偏离类似房地产在同等条件下的正常价格。

6. 某估价机构于 2003 年 6 月 10 日至 20 日为某房地产抵债进行了评估，估价时点为 2003 年 6 月 15 日。因估价结果有争议，2003 年 8 月 15 日进行复估，则复估的估价时点为(　　)。

A. 2003 年 6 月 15 日　　B. 2003 年 8 月 15 日

C. 签订估价委托合同之日　　D. 估价人员与委托人商定的某日

答案：A

解析：要以原估价时点时的状况为准，才能检验原估价结果是否合理。

7. 当现状房地产的价值小于新建房地产的价值减去拆除现有建筑物的费用及建造新建筑物的费用之后的余额时，应以(　　)进行估价。

A. 维持现状前提　　B. 更新改造前提

C. 改变用途前提　　D. 重新开发前提

答案：D

解析：这道题大家一定要审清题，当现状房地产的价值“小于”新建房地产的价值减去拆除现有建筑物的费用及建造新建筑物的费用之后的余额时，应重新开发前提如果当现状房地产的价值小于新建房地产的价值减去拆除现有建筑物的费用及建造新建筑物的费用之后的余额应考虑更新改造前提。

8. 房地产估价的合法原则是针对(　　)来讲的。

A. 估价机构　　B. 估价人员

C. 估价对象　　D. 估价方法

答案：C

解析：合法原则主要是针对估价对象的。

9. 行政划拨的土地当做有偿出让的土地来估价，违反了(　　)。

A. 合法原则　　B. 最高最佳利用原则

C. 估价时点原则　　D. 替代原则

答案：A

解析：违反了合法原则中的合法产权的要求。

10. 在一所小学附近，开设服装专卖店并不一定能获得高收益，做出该判断所依据的经济学原理是(　　)。

A. 收益递增递减原理　　B. 均衡原理

C. 适合原理　　D. 替代原理

答案：C

解析：适合原理是以房地产与其外部环境是否协调，来判定是否为最高最佳利用。如果在小学附近开设一个文化用品商店将是一种较佳选择。

11. 在一块土地上投资建造写字楼，当楼高为5层时，预期投资利润率为4.36%；在5～20层时，每增高一层，投资利润率上升0.18%；而在20～30层时，每增高一层，投资利润率下降0.14%。那么，(　　)层应该是这座大楼的经济高度。

A. 5　　B. 20

C. 30　　D. 31

答案：B

解析：根据收益递减原理，该楼的收益递减点位于20层，超过20层收益开始下减少，所以它的经济高度应该是20层。

12. 有一处住房，经专业估价为20万元。如果装修改造后，专业估价为25万元，如果改造为商店，专业估价为40万元，如果重新翻建，专业估价为30万元，则这所住房的价值应该为(　　)。

A. 20万元　　B. 25万元

C. 40万元　　D. 30万元

答案：C

解析：最高最佳利用原则是房地产估价中的重要原则，如何实现价值最大化是该原则所追求的目标。在该题的各种假设前提中，改变用途，即将住房改造为商店，其价值能够实现最大化。

13. 某估价机构于2003年6月10至20日为某房地产抵债进行了评估，估价时点为2003年6月15日。因委托人对估价结果有争议，2003年8月15日进行复估，则复估的估价时点为(　　)。

A. 2003年6月15日　　B. 2003年8月15日

C. 签订估价委托合同之日　　D. 估价人员与委托人商定的某日

答案：A

解析：这种估价时点为过去的情形，多出现在房地产纠纷案件中，特别是对估价结果有争议而引发的估价复核或鉴定。例如：某市某大厦强制拍卖的拍卖底价评估结果争议一案，原产权人对估价机构的估价结果有异议，引发了对该估价结果究竟是否合理的争论。此时衡量该估价结果是否合理，要回到原估价时点(原估价时点是1996年3月11日)，相应地，估价对象的产权性质、用地性质、建筑物状况以及房地产市场状况等，也都要以原估价时点1996年3月11日时的状况为准。否则的话，就无法检验该估价结果是否合理。而且，任何估价项目的估价结果在事后来看也都可能是错误的，事实上可能并没有错误，只是过去的估价结果不适合现在的情况，因为房地产市场状况和估价对象状况可能发生了变化。

14. 有甲、乙两宗权益、区位、面积、实物条件等都一样的土地，甲土地为空地，乙土地上有一建筑物，但估价结果显示乙土地连同地上建筑物价值低于甲土地的价值，这是由于(　　)。

A. 该建筑物的净残值是负数

B. 该估价结果肯定有误

C. 甲土地的价值高于乙土地的价值

D. 不可能出现这种情况

答案：A

解析：由于建筑物净残值为负数，则乙地块及地上建筑物的价值会小于单纯一块土地的价值。

15. 现有一宗规划用途为商住综合的城市土地，采用假设开发法估价，假设按纯商业用途的估算结果为800万元，按纯居住用途的估价结果为1000万元。该宗土地的评估价值应为(　　)。

A. 800万元　　B. 1000万元

C. 1800万元　　D. 800～1000万元

答案：D

解析：根据合法原则，该土地用途应是商住综合，其评估价值也应按商住综合来考虑。

16. 在同一房地产市场中，效用相近的房地产的价格应当(　　)。

A. 完全相同　　B. 差距较大

C. 没有可比性　　D. 相近

答案：D

解析：在同一市场上具有相近效用的房地产，其价格是相近的。在现实房地产交易中，任何理性的买者和卖者，都会将其拟买或拟卖的房地产与类似房地产进行比较，任何买者不会接受比市场上的正常价格过高的价格，任何卖者不会接受比市场上的正常价格过低的价格，最终是类似的房地产的价格相互牵掣，相互接近。

17. 房地产估价原则是为了使不同的估价人员对房地产估价的基本前提具有认识上的一致性，对同一估价对象在(　　)下的估价结果具有近似性。

A. 同一估价方法、同一估价时点

B. 同一估价目的、同一估价方法

C. 同一估价目的、同一估价时点

D. 同一估价原则、同一估价目的

答案：C

解析：估价原则能做到对同一估价对象在同一估价目的和同一估价时点下的估价结果具有相似性。

18. 现有建筑物应予保留的条件是：现状房地产的价值(　　)新建房地产的价值减去拆除现有建筑物的费用及建造新建筑物的费用之后的余额。

A. 小于　　B. 大于

C. 等于　　D. 小于或等于

答案：B

解析：现状房地产的价值只有大于新建房地产的价值减去拆除现有建筑物的费用及建造新建筑物的费用之后的余额，保持现状最有利。

19. 转换用途的条件是：预计转换用途所带来的房地产价值的增加额(　　)转换用途所需的费用。

A. 小于　　B. 大于

C. 等于　　D. 小于或等于

答案：B

解析：认为转换用途再予以使用最为有利时，应以转换用途后再予以使用为前提进行估价。转换用途的条件是：预计转换用途所带来的房地产价值的增加额大于转换用途所需的费用。

20. 估价时点为过去，估价对象状况为现在，其房地产市场状况应为(　　)。

A. 过去　　B. 现在

C. 未来　　D. 难以判断

答案：D

解析：估价时点为过去，估价对象状况为现在的情况不存在。不同估价目的的房地产估价，其估价时点与估价所依据的估价对象状况和房地产市场状况的关系为：

估价时点	估价对象状况	房地产市场状况
过去(回顾性估价)	过去	过去
	过去	
现在	现在	现在
	未来	
未来(预测性估价)	未来	未来

21. 估价时点为现在，估价对象为历史状况下的情形，多出现在(　　)中。

A. 房地产损害赔偿案件　　B. 房地产纠纷案件

C. 房地产预售　　D. 房地产预测

答案：A

解析：估价时点为现在，估价对象为历史状况下的情形，多出现于房地产损害赔偿案件中。例如，建筑物被火灾烧毁后，确定其损失程度和损失价值，要根据其过去的状况(现在已不存在了)和损毁后的状况的对比来评估。

22. 有理性的买者在购买商品时，会选择(　　)。

A. 效用最大而价值最低的　　B. 效用最小而价值最低

C. 效用最大而价值最高的　　D. 效用最小而价值最高的

答案：A

解析：任何经济主体(个人、家庭、企业等)在市场上的行为，是要以最小的代价(花费或成本)取得最大的效益(效用或利润)。所以，任何理性的买者在购买商品时，都会选择效用最大而价格最低的。如果价格与效用相比，显示价格过高或效用过小，则人们会敬而远之。换句话说，如果有两个以上相同的商品同时存在时，则明智的买者会选择价格最低的；或者反过来，如果有两个以上价格相同的商品同时存在时，则明智的买者会选择效用最大的。卖者为了使其产品能够卖出去，也会展开价格竞争。市场上各个经济主体的这些行为导致的结果，是在效用相同的商品之间形成相同的价格。

23. 同类房地产的市场价格之所以相互牵掣，是因为相互间有一定的(　　)。

A. 互补性　　B. 一致性

C. 替代性　　D. 差异性

答案：C

解析：由于房地产的独一无二特性，使得完全相同的房地产几乎没有，但在同一市场上具有相近效用的房地产，其价格是相近的。在现实房地产交易中，任何理性的买者和卖者，都会将其拟买或拟卖的房地产与类似房地产进行比较，任何买者不会接受比市场上的正常价格过高的价格，任何卖者不会接受比市场上的正常价格过低的价格，最终是类似的房地产价格相互牵掣，相互接近。

24. 某城市市区内有一座长期亏损的工厂，其周边多为新建的商品住宅，且销售形势良好，根据城市规划，该工厂所在地块的规划用途为商住综合。现需评估该工厂用地的公开市场价值，则应按(　　)进行评估。

A. 商业用地　　B. 工业用地

C. 住宅用地　　　　　　　　　　　　D. 商住用地

答案：D

解析：遵循合法原则应按规划用途评估。

（二）多项选择题

1. 根据房地产估价的合法原则，目前我国有关法律、法规规定不得抵押因而不应作为以抵押为目的的估价对象的房地产有(　　)。

A. 土地所有权　　　　　　　　　　　B. 国有工业用地土地使用权

C. 宅基地土地使用权　　　　　　　　D. 大型游乐场

E. 乡镇企业用房

答案：AC

解析：根据我国《担保法》的有关规定，乡镇企业的土地使用权不得单独抵押。

2. 估价中的最高最佳利用具体包括(　　)等。

A. 最佳用途　　　　　　　　　　　　B. 最佳位置

C. 最佳规模　　　　　　　　　　　　D. 最佳环境

E. 最佳集约度

答案：ACE

解析：最高最佳原则具体包括 3 个方面：最佳用途、最佳规模、最佳集约度。

3. 在房地产抵押估价实务中，遵循谨慎原则的具体要求包括(　　)。

A. 在运用市场法估价时，不应该选取成交价格明显高于市场价格的交易实例作为可比实例，并应对可比实例进行必要的实地查勘

B. 在运用收益法估价时，估价未来收益可能高也可能低，应该采用居中的收益估计值进行估价

C. 在运用收益法估价时，不应高估收入或者低估运营费用，选取的报酬率或者资本化率不应偏低

D. 在运用成本法估价时，不应高估土地取得成本、开发成本、有关税费和利润，不应低估折旧

E. 在运用假设开发法时，不应高估未来开发完成后的价值，应对后续开发建设的必要支出及应得利润进行适当修正

答案：ACD

解析：B 项在运用收益法估价时，估价未来收益可能高也可能低，应该采用较低的，而不是居中的收益估计值进行估价；E 项不应低估后续开发的必要支出及应得利润。

4. 根据适合原理，均衡原理以及收益递增递减原理，当房地产(　　)时，便为最高最佳利用。

A. 与外部环境最协调　　　　　　　　B. 达到规模递增

C. 内部构成要素的组合最适当　　　　D. 外部环境与内部因素相关联

E. 外部环境要素为最适当的组合

答案：AC

解析：适合原理加上均衡原理以及收益递增递减原理，即当估价对象与其外部环境相协调，同时其各个组成部分又搭配时，便为最高最佳利用。

(三) 判断题

1. 在房地产损害赔偿估价中，一般来说，估价时点为过去，估价对象为历史状况下的情形。(　　)

答案：×

解析：在上述情况下估价时点应为现在，而估价对象为历史状况下的情形。

2. 同一宗房地产在不同估价目的下所得的评估价值也应近似。(　　)

答案：×

解析：同一宗房地产在不同估价目的下所得的评估价值可能会有很大差别。

3. 房地产估价就是由估价人员运用科学的估价方法，同时结合客户的要求进行主观定价。(　　)

答案：×

解析：房地产价格虽然受许多复杂多变的因素的影响，但观察其形成和运动过程，仍然有基本性规律，不以个别人的主观意志为转移。所以，估价人员对房地产的估价要做到客观、合理，就不能将自己主观随意认定的价格强加于估价对象，而必须遵循房地产价格形成和运动的客观规律，通过对这些规律的认识与掌握，运用科学的估价方法把客观存在的房地产价格或价值揭示、表达出来。

4. 在进行房地产预售和预购价格评估时估价时点都应为未来。(　　)

答案：×

解析：估价时点为未来的情形，多出现于房地产市场预测、为房地产投资分析提供价值依据的情况中，特别是预估房地产在未来开发完成后的价值，房地产预售估价的估价时点是现在。

5. 估价人员在评估房地产价格时不需要考虑时间因素。(　　)

答案：×

解析：影响房地产价格的因素是不断变化的，房地产市场是不断变化的，房地产价格自然也是不断变化的。在不同的时间，同一宗房地产往往会有不同的价格(实际上，房地产本身也是随着时间的变化而变化的，如建筑物变得陈旧过时)。因此，房地产价格具有很强的时间性，每一个价格都对应着一个时间。如果没有了对应的时间，价格也就失去了意义。但是，估价不是求取估价对象在所有时间上的价格，这既无必要，也不大可能。估价通常仅是求取估价对象在某个特定时间上的价格，而且这个特定时间不是估价人员可以随意假定的，必须依据估价目的来确定，这个特定时间就是估价时点。

6. 在评估土地使用权是以划拨方式取得的房地产的抵押价值时，不应包含土地使用权出让金。(　　)

答案：√

解析：《中华人民共和国城市房地产管理法》规定："设定房地产抵押权的土地使用权是以划拨方式取得的，依法拍卖该房地产后，应当从拍卖所得的价款中缴纳相当于应缴纳的土地使用权出让金的款额后，抵押权人方可优先受偿。"

7. 再次抵押的房地产，该房地产的价值扣除已担保债权后的余额部分才是其抵押价值。(　　)

答案：√

解析：《中华人民共和国担保法》第 35 条规定："财产抵押后，该财产的价值大于所担保债权的余额部分，可以再次抵押，但不得超出其余额部分。"

8. 最高最佳利用原则要求我们，为了能使估价对象的价值达到最大的一种最可能的使用，可对估价对象的权益性质可以进行假定。(　　)

答案：×

解析：权益性质不能随意假定，必须遵循合法原则。最高最佳利用原则要求评估价值应是在合法使用方式的前提下，各种可能的使用方式中，能够获得最大收益的使用方式的估价结果。例如：某宗房地产，城市规划规定既可用做商业用途，也可用做居住用途，如果用作商业用途能够取得最大收益，则估价应以商业用途为前提；反之，应以居住用途或者商业与居住混合用途为前提。

9. 不论估价对象状况为过去、现在还是未来，房地产市场状况应始终与估价时点相同。(　　)

答案：√

解析：房地产市场状况必须是估价时点时的状况。

10. 某工程项目已竣工 8 个月，在评估其房地产抵押价值时，必须扣除发包人拖欠承包人的建设工程款。

答案：×

解析：《最高人民法院关于建设工程价款优先受偿权问题的批复》第四条规定："建设工程承包人行使优先权的期限为六个月，自建设工程竣工之日或者建设工程合同约定的竣工之日起计算"。所以依据房地产估价中的合法原则，该工程项目竣工已超过六个月，已不能行使优先受偿权利，所以抵押价值可以不考虑拖欠承包人的建设工程款。

11. 城市规划规定了某宗土地的用途、建筑高度、容积率、建筑密度等，那么，对该宗土地进行估价就应以其使用符合这些规定为前提。(　　)

答案：√

解析：这是房地产估价中的合法原则所要求的。

12. 如果城市规划规定了某宗土地为居住用途，但从其坐落位置、周围环境等来看，适合用作商业用途，则可以商业用途来估价。(　　)

答案：×

解析：城市规划已经对土地用途作了限制，按照合法原则，必须按居住用途来估价。

13. 合法原则要求估价机构和人员应具有合法的评估资格。(　　)

答案：√

解析：合法原则可以拓展到对采用的估价技术标准和估价主体资格的要求上。

14. 房地产估价原则即房地产价格形成原理。(　　)

答案：×

解析：房地产估价原则是人们在房地产估价的反复实践和理论探索中，从房地产价格形成和运动的客观规律中总结出的一些简明扼要的、在估价活动中应当遵循的法则或标准，并非房地产价格形成原理。

15. 估价时点就是选定的一个估价作业的特定日期。(　　)

答案：×

解析：估价时点与估价目的有关，与估价作业无关。在实际估价中，通常将“估价作业期”（估价的起止年月日，即正式接受估价委托的年月日至完成估价报告的年月日）或估价人员实地查勘估价对象期间的某个日期定为估价时点，但估价时点并非总是在此期间，也可因特殊需要将过去或未来的某个日期定为估价时点。

四、练习题

（一）单项选择题

1. 在房屋征收中，征收补偿实行房屋产权调换方式且所调换房屋为期房的，为“结清产权调换的差价”而对所调换房屋进行的估价属于下列哪种情况（　　）。

A. 估价时点为现在，估价对象为未来状况

B. 估价时点为现在，估价对象为现时状况

C. 估价时点为现在，估价对象为历史状况

D. 估价时点为未来，估价对象为未来状况

2. 下列（　　）证件不属于土地权属证书。

A.《国有土地使用证》　　B.《集体土地所有证》

C.《土地他项权利证明书》　　D.《房地所有权证书》

3. 估价通常仅是求取估价对象在某一个时间上的价格，而且这一时间点不是估价人员可以随意假定的，必须依据估价目的来确定，这一时间点即是（　　）。

A. 估价目的　　B. 估价权益

C. 估价区位　　D. 估价时点

4. 关于收益递增递减原理揭示的规模报酬规律，假定以相同的比例来增加所有的投入量（即规模的变化），则下列哪种说法是正确的（　　）。

A. 产出量的增加比例可以是大于、小于或等于投入量的增加比例

B. 产出量的增加比例一定大于投入量的增加比例

C. 产出量的增加比例一定小于投入量的增加比例

D. 难以确定

5. 行政划拨的土地当做有偿出让的土地来估价，违反了（　　）。

A. 合法原则　　B. 最高最佳利用原则

C. 估价时点原则　　D. 替代原则

6. 某建筑物的建筑面积 $5000m^2$，坐落的土地面积为 $2000m^2$，土地价格 1500 元/m^2，用成本法测算出的该建筑物的重置价格为 1600 元/m^2，市场上该类房地产的正常房地价格为 1800 元/m^2。该建筑物的价值为（　　）。

A. 2400 元/m^2　　B. 1200 元/m^2

C. 1000 元/m^2　　D. 1500 元/m^2

7. 某宗房地产的土地面积 $300m^2$，建筑面积 $250m^2$，建筑物的外观及设备均已陈旧过时，有待拆除重建，测算拆除费用为每平方米建筑面积 300 元，残值为每平方米建筑面积 50 元。该宗房地产相对于空地的减价额为（　　）。

A. 62500 元　　B. 6250 元

C. 7010 元　　D. 60000 元

8. 如果附近有若干相近效用的房地产，且知其价格，则可以依据什么估价原则，由这些相近效用的房地产的价格推算出估价对象的价格(　　)。

A. 估价时点原则　　B. 合法原则

C. 最高最佳利用原则　　D. 替代原则

9. 在城市房屋征收中，征收补偿实行房屋产权调换方式且所调换房屋为期房的，在对所调换房屋进行估价时，估价对象状况如：期房区位、用途、面积、建筑结构等，应当以(　　)为准。

A. 征收人与被征收人在征收安置补偿协议中的约定

B. 征收人与被征收人的口头约定

C. 被征收人的要求

D. 征收人的要求

10. 城市规划规定了一宗土地为居住用途，这属于合法权益(　　)的内容。

A. 合法产权方面　　B. 合法使用方面

C. 合法处分方面　　D. 合法居住方面

11. 收益递增递减原理可以帮助我们确定(　　)。

A. 最佳用途和最佳规模　　B. 最佳集约度

C. 最佳规模和最佳集约度　　D. 最佳用途

12. 收益递增递减原理揭示的第一种投入产出关系叫做(　　)。

A. 收益递增规律　　B. 均衡原理

C. 收益递减规律　　D. 适合原理

13. 收益递增递减原理揭示的第二种投入产出关系叫做(　　)。

A. 规模收益　　B. 收益递增原理

C. 均衡原理　　D. 适合原理

14. 产出量的增加比例小于投入量的增加比例，这种情况被称为(　　)。

A. 规模收益不变　　B. 规模收益递减

C. 规模收益递增　　D. 边际收益递减

15. (　　)是以房地产内部构成要素的组合是否均衡，来判定是否为最高最佳利用。

A. 权益原理　　B. 收益递增递减原理

C. 适合原理　　D. 均衡原理

16. (　　)是评估房地产价格的时间界限，例如，政府有关房地产的法律、法规、政策、标准、税收等的发布、变更、实施日期等，均有可能影响估价对象的价格。

A. 估价时点　　B. 致委托方函日期

C. 估价作业日期　　D. 估价报告提交日期

17. 最高最佳利用原则要求评估价格应是在(　　)方式下，各种可能的使用方式中能够获得最大利益的使用方式的估价结果。

A. 合法使用　　B. 合法产权

C. 合法处分　　D. 合法收益

18. 认为装修改造但不转换用途再予以使用最为有利时，应以装修改造但不转换用途再予以使用为前提进行估价。对现有建筑物应进行装修改造的条件是：预计装修改造后房地产价值的增加额(　　)装修改造费用。

A. 大于　　B. 小于

C. 等于　　D. 其他

19. (　　)是指与估价对象处在同一供求范围内，并在用途、档次、建筑结构等方面与估价对象相同或相近的房地产。

A. 居住房地产　　B. 商业房地产

C. 收益性房地产　　D. 类似房地产

20. 由于房地产的(　　)，使得完全相同的房地产几乎没有，但在同一市场上具有相近效用的房地产，其价格是相近的。

A. 独一无二性　　B. 不可移动性

C. 价值高大性　　D. 增值保值性

21. 在现实房地产交易中，任何理性的买者和卖者，都会将其拟买或拟卖的房地产与(　　)进行比较。

A. 居住房地产　　B. 商业性房地产

C. 收益性房地产　　D. 类似房地产

(二) 多项选择题

1. 最高最佳利用具体包括 3 个方面，即(　　)。

A. 最佳用途　　B. 最佳规模

C. 最佳收益　　D. 最佳集约度

E. 最佳投资

2. 在市场价值评估中应当遵循的原则主要有合法原则和(　　)。

A. 公平原则　　B. 公开原则

C. 估价时点原则　　D. 替代原则

E. 最高最佳利用原则

3. 合法权益包括(　　)。

A. 合法产权　　B. 合法使用

C. 合法处分　　D. 合法买卖

E. 合法收益

4. 为评估出公平合理的价值，估价人员应本着下列假设进行估价(　　)。

A. 各方当事人会换位思考

B. 以各方当事人的角色或心态来考虑评估价值

C. 以专家的身份来反复、精细地权衡评估价值

D. 必须有良好的职业道德

E. 各方当事人均是利己并理性的

5. 估价时点为过去时，(　　)也都要以估价时点时的状况为准。

A. 估价对象区位状况　　B. 估价作业日期

C. 建筑物实物状况　　D. 土地用途

E. 估价对象权益状况

6. 下列哪些项属于城市规划内容(　　)。

A. 土地用途　　B. 建筑高度
C. 建筑密度　　D. 房屋产权
E. 绿地率

7. 用于把握最高最佳利用原则的三个经济原理是(　　)。

A. 收益递增递减原理　　B. 均衡原理
C. 适合原理　　D. 替代原理
E. 规模效益原理

8. 在合法使用方面，应以(　　)等为依据。

A. 开发计划　　B. 城市规划
C. 设计图纸　　D. 土地用途管制
E. 施工承包合同

9. 我国《物权法》规定，下列不得抵押的财产有(　　)。

A. 自留山　　B. 自留地
C. 被依法查封的财产　　D. 被依法监管的财产
E. 乡镇企业厂房房地产

10. 最高最佳利用是指(　　)，经过充分合理的论证，能使估价对象的价值达到最大的一种最可能的使用。

A. 法律上允许　　B. 技术上可能
C. 经济上可行　　D. 理论上可行
E. 价值最大化

11. 在现实房地产经济活动中，每个房地产拥有者都试图充分发挥其房地产的潜力，采用最高最佳的使用方式，以取得最大的经济利益。这一估价原则也是房地产利用(　　)的结果。

A. 竞争　　B. 优选
C. 经济　　D. 技术
E. 比较

12. 下列(　　)不得抵押。

A. 土地所有权　　B. 房屋所有权
C. 宅基地使用权　　D. 学校的办公用房
E. 医院

13. 在合法处分方面，应以(　　)等允许的处分方式为依据。

A. 法律　　B. 法规
C. 合同　　D. 口头约定
E. 规章

(三) 判断题

1. 法律、行政法规规定不得抵押的房地产，就不能作为以抵押为估价目的的估价对象，或者说这类房地产没有抵押价值。　(　　)

2. 新建的经济适用住房的价格，要符合国家规定的价格构成和对利润率的限定。
(　　)

3. 如果被征收房屋属于违章建筑或超过批准期限的临时建筑，就没有价值。（　　）

4. 建筑物被火灾烧毁后，确定其损失程度和损失价值，要根据其损毁后的状况来评估。（　　）

5. 均衡原理是以房地产内部各构成要素的组合是否均衡，来判定是否为最高最佳利用。（　　）

6. 适合原理加上均衡原理以及收益递增递减原理，即当房地产与外部环境最协调，同时内部构成要素的组合最适当时，便为最高最佳利用。（　　）

7. 房地产估价原则是为了使不同的估价人员对房地产估价的基本前提具有认识上的一致性，对同一估价对象在同一估价目的、同一估价作业日期下的估价结果具有相近性。（　　）

8. 人们在房地产估价的反复实践和理论探索中，逐渐认识了房地产价格形成和运动的客观规律，在此基础上总结出了一些简明扼要的、在估价活动中应当遵循的法则或标准。这些法则或标准就是房地产估价原则。（　　）

9. 两宗实物和区位状况相同的房地产，如果权益不同，价值可能有很大的不同。（　　）

10. 在估价时，估价对象的权益不是委托人或估价人员可以随意假定的，必须有其合法的依据。（　　）

11. 评估政府定价或政府指导价的房地产，应遵循政府定价或政府指导价。（　　）

12. 评估拖欠工程款的房地产在建工程的抵押价值时，该房地产的抵押价值不应包含发包人拖欠承包人的建设工程价款。（　　）

13. 在不同的时间，同一宗房地产往往会有不同的价格。（　　）

14. 估价人员如果与估价对象有利益关系或与委托人等有关当事人有利害关系，应当回避。（　　）

15. 政府有关房地产的法律、行政法规、税收、估价标准等的发布、变更、实施日期等，均有可能影响估价对象的价格。（　　）

16. 在最高最佳利用估价原则中，经济可行性检验的一般做法是：针对每一种使用方式，首先预测其未来的收入和支出流量，然后将未来的收入和支出流量用现值表示，再将这两者进行比较。只有收入现值小于支出现值的使用方式才具有经济可行性，否则应被淘汰。（　　）

17. 在城市某一地块，规划用途为居住用地，但其周围是繁华的商业区，如果改作商业用地，其收益远远大于居住用地，因此这类土地的评估，其最高最佳用途应为商业。（　　）

18. 房地产价格虽然受许多复杂多变的因素影响，但观察其形成和运动过程，仍有基本性规律，不以个别人的主观意志为转移。所以，估价人员对房地产的估价要做到客观、公正、科学、合理，就不能将自己主观随意认定的价格强加于估价对象，而必须遵循房地产价格形成和运动的客观规律。（　　）

19. 行政划拨的土地没有价值，因此不能估价。（　　）

20. 如果城市规划规定了该宗土地为居住用途，即使从其坐落位置、周围环境等来看，适合用作商业用途，但也必须以居住用途为前提来估价；除非申请变更为商业用途，

而且能够获得批准。 (　　)

21. 由于超出的建筑容积率不仅没有法律保障且违法，由此评估出的较高价格也就得不到社会承认，从而不能实现。 (　　)

22. 收益递增递减原理揭示的第一种投入产出关系叫做收益递增规律，可以表述如下：假定有两种投入量是可变的，其他的投入量保持不变，则随着可变投入量的增加，在开始时，产出量的增加有可能是递增的；但当这种可变投入量的继续增加达到某一点以后，产出量的增加会越来越小，即会出现递减现象。 (　　)

23. 估价时点原则优先于其他估价原则。 (　　)

【参考答案】

(一) 单项选择题

1. A　2. D　3. D　4. A　5. A　*6. B　*7. A　8. D　9. A　10. B　11. C　12. C　13. A　14. B　15. D　16. A　17. A　18. A　19. D　20. A　21. D

解析：

6. (1800×5000－1500×2000)÷5000＝1200(元/m^2)。

7. (300－50)×250＝62500。

(二) 多项选择题

1. ABD　2. CDE　3. ABC　4. BCDE　5. ACDE　6. ABCE　7. ABC　8. BD　9. ABCD　10. ABC　11. AB　12. ACDE　13. ABCE

(三) 判断题

1. √　2. √　3. √　4. ×　5. √　6. √　7. ×　8. √　9. √　10. √　11. √　12. √　13. √　14. √　15. √　16. ×　17. ×　18. √　19. ×　20. √　21. √　22. ×　23. ×

第六章 市场法及其运用

一、重要考点

1. 市场法适用的估价对象

(1) 市场法适用的对象

市场法适用的对象是同种类型的数量较多且经常发生交易的房地产，例如：①住宅、包括普通住宅、高档公寓、别墅等。特别是存量成套住宅。②写字楼。③商铺。④标准厂房。⑤房地产开发用地。

(2) 难以采用市场法估价的：①数量很少的房地产，例如特殊厂房、机场、码头、博物馆、教堂、寺庙、古建筑等；②很少发生交易的房地产，例如学校、医院、行政办公楼等；③可比性很差的房地产，如在建工程等。

2. 选取可比实例的数量、质量要求

(1) 一般要求选取 3 个以上(含 3 个)、10 个以下(含 10 个)的可比实例即可。

(2) 选取的可比实例应符合 4 个要求：

1) 可比实例房地产应是估价对象房地产的类似房地产(具体应满足 6 个条件)①与估价对象的区位相近；②用途相同；③权利性质相同；④档次相当；⑤规模相当，一般应在估价对象规模的 0.5～2 倍；⑥建筑结构相同。

2) 可比实例的交易类型应与估价目的吻合。

3) 可比实例的成交日期应尽量接近估价时点。

4) 可比实例的成交价格应尽量为正常价格。

3. 建立比较基准

(1) 统一房地产范围

1) 带有债权债务要统一到不带债权债务

不带债权债务的房地产价格＝带有债权债务的房地产价格－债权＋债务

2) 含有非房地产成分要统一到纯粹的房地产范围

房地产价格＝含有非房地产成分的房地产价格－非房地产成分的价格

3) 实物范围不同要统一到估价对象的房地产范围

补充可比实例缺少的范围，扣除可比实例多的范围，相应地对可比实例的成交价格进行加价和减价处理。

(2) 统一付款方式

通常要将分期支付的可比实例成交价格折算为在其成交日期一次性付清的金额，具体计算方法是通过折现的方式计算，折算时注意的是计息期的时间单位和利息率的时间单位要一致。

(3) 统一价格单位

1）统一价格表示单位

可用总价也可用单价，一般为单价。通常是单位面积的价格，也可以有其他单位的价格。有些可比实例宜先对总价进行修正调整后，再转化为单价进行其他方面修正调整。

2）统一币种和货币单位

不同币种之间换算，一般应采用成交日期的市场汇价。但是如果在币种换算之前已进行了市场状况调整的话，则采用估价时点的市场汇价进行换算。

3）统一面积内涵和单位

建筑面积、套内建筑面积、使用面积的换算关系：建筑面积下的单价×建筑面积＝套内建筑面积下的单价×套内建筑面积＝使用面积下的单价×使用面积＝总价

4．交易情况修正

（1）造成成交价格偏离正常市场价格的因素（见表6-1）。

表6-1

序号	因素	举　例
1	交易双方或某一方对交易对象或市场行情缺乏了解	如买方或卖方不了解市场行情，盲目购买，成交价格往往偏高；相反，如卖方不了解市场行情，盲目出售，成交价格往往是偏低
2	交易双方或某一方对所交易的房地产有特殊偏好	如买方或卖方对所买卖的房地产有特别的爱好、感情，特别是该房地产对买方有特殊意义或价值，从而买方执意要购买或卖方惜售，其成交价格往往偏高
3	强迫出售或被迫购买的交易	急于出售情况下成交价格偏低，相反，会偏高
4	利害关系人之间的交易	如亲朋好友之间、母子公司之间、公司与其员工之间等的房地产交易，多数情况下成交价格低于正常市场价格。但也有特殊动机的，如上市公司的大股东将其房地产高价卖给上市公司，其成交价格高于正常市场价格
5	交易税费非正常负担	本应由卖方缴纳的税费，买卖双方协议由买方缴纳；或者本由买方缴纳的税费，买卖双方协议由卖方缴纳
6	相邻房地产的合并交易	合并交易的成交价往往高于单独存在或与不相邻者交易的正常价格
7	特殊交易方式的交易	如拍卖、招标、哄抬或抛售等，易使成交价格失常。但中国目前土地使用权出让是例外，拍卖、招标方式形成的价格较能反映市场行情，协议方式形成的价格往往偏低

（2）交易情况修正的方法包括总价法和单价法、差额法和百分率法。

1）差额法，可比实例的成交价格±交易情况修正额＝可比实例正常市场价格

2）百分率法，可比实例的成交价格×交易情况修正系数＝可比实例正常市场价格

3）在交易情况修正中应统一采用：可比实例成交价格比其正常市场价格高还是低的说法；交易情况修正系数应以正常市场价格为基准来确定。如可比实例成交价格比其正常市场价格高低的百分率为±S%，则可比实例正常市场价格×(1±S%)＝可比实例成交价格，或者是可比实例成交价格×$\frac{1}{(1\pm S\%)}$＝可比实例正常市场价格

（3）交易税费的非正常负担

正常成交价格－应由卖方缴纳的税费＝卖方实得金额

正常成交价格+应由买方缴纳的税费=买方实付金额

买方实付金额－卖方实得金额=应由买卖双方缴纳的税费

应由卖方缴纳的税费=正常成交价格×应由卖方缴纳的税费比率

应由买方缴纳的税费=正常成交价格×应由买方缴纳的税费比率

5. 市场状况调整

可比实例的成交日期与估价时点不同，房地产市场状况可能发生了变化。应将可比实例在其成交日期时的价格调整到在估价时点的价格，这种调整称为市场状况调整，也称为交易日期调整。市场状况调整的方法是百分率法。调整通用公式为：可比实例在其成交日期的价格×市场状况调整系数=可比实例在估价时点的价格

如果从成交日期到估价时点，可比实例的市场价格涨跌的百分率为±T%，则

可比实例在其成交日期的价格×(1±T%)=可比实例在估价时点的价格

(1) 市场状况调整的价格指数法

定基价格指数：

$$可比实例在估价时点的价格=可比实例成交日期的价格\times\frac{估价时点的定基价格指数}{成交日期的定基价格指数}$$

环比价格指数：估价时点时的价格=可比实例在成交日期的价格×成交日期的下一期的价格指数×再下一时期的价格指数×…×估价时点时的价格指数

(2) 市场状况调整的价格变动率法

1) 逐期变动率(用的表述方式“每期比上期”)

$$可比实例在估价时点的价格=可比实例在成交日期时的价格\times(1\pm价格变动率)^{期数}$$

2) 平均变动率

可比实例在估价时点的价格=可比实例在成交日期时的价格×(1±价格变动率×期数)

6. 房地产状况调整

(1) 房地产状况调整的内容(见表 6-2)

表 6-2

序号	三大方面调整		调整内容
1	区位状况		位置(包括方位、距离、朝向、楼层等)、交通、周围环境景观(自然环境、人文环境好景观等)、外部配套设施等(包括基础设施和公共服务设施等)
2	权益状况		土地使用年限，城市规划限制条件(如容积率)等
3	实物状况	土地	面积大小、形状、地形、地势、地基、土壤、开发程度等
		建筑物	建筑规模、外观、建筑结构、设施设备、装饰装修、日照、采光、通风、保温、隔热、隔声、防水、层高和室内净高、空间布局等

(2) 房地产状况调整方法

1) 直接比较法

$$可比实例在自身状况下的价格\times\frac{100}{(\quad)}=可比实例在估价对象房地产状况下的价格$$

2) 间接比较法

$$可比实例在自身状况下的价格\times\frac{100}{(\quad)}\times\frac{(\quad)}{100}=可比实例在估价对象房地产状况下的价格$$

设定一个标准房地产状况为100，将估价对象及可比实例的房地产自身状况均与标准房地产进行比较并评分，估价对象或可比实例好于标准房地产，则评分高于100，反之则低于100。

7. 求取比准价格

（1）求取单个可比实例的比准价格

1）直接比较修正和调整公式

$$\text{比准价值}=\text{可比实例成交价格}\times\frac{100}{(\quad)}\times\frac{(\quad)}{100}\times\frac{100}{(\quad)}$$

$$\text{比准价值}=\text{可比实例成交价格}\times\frac{\text{正常市场价格}}{\text{实际成交价格}}\times\frac{\text{估价时点价格}}{\text{成交日期价格}}\times\frac{\text{对象状况价格}}{\text{实例状况价格}}$$

2）间接比较修正与调整公式

$$\text{比准价值}=\frac{100}{(\quad)}\times\frac{(\quad)}{100}\times\frac{100}{(\quad)}\times\frac{(\quad)}{100}$$

$$\text{比准价值}=\text{可比实例成交价格}\times\frac{\text{正常市场价格}}{\text{实际成交价格}}\times\frac{\text{估价时点价格}}{\text{成交日期价格}}\times\frac{\text{标准状况价格}}{\text{实例状况价格}}\times\frac{\text{对象状况价格}}{\text{标准状况价格}}$$

（2）求取最终比准价格的方法(见表6-3)

表6-3

序号	方法		含义	备注
1	平均数	简单算术平均数	把修正、调整出的各个比准价值直接相加，再除以这些比准价值的个数	在实际估价中，常用的是平均数，其次是中位数，较少采用众数
		加权算术平均数	是在修正和调整出的各个比准价值综合成一个比准价值不同的权数或权重，然后综合出一个比准价值	
2	中位数		把修正出和调整出的各个比准价值按由低到高顺序排列，如奇数个比准价值，则处在正中间位置的那个比准价值为综合出的比准价值；如果是偶数个比准价值，则处在正中间位置的那两个比准价值的简单算术平均数为综合出的一个比准价值	
3	众数		是一组数值中出现频数最多的那个数值	

二、典型答疑

1. 某地区房地产交易中卖方、买方应缴纳的税费分别为正常成交价格的7%和8%，某宗房地产交易，买方付给卖方297万元，应缴纳的税费均由卖方负担，则该宗房地产的正常成交价格为(　　)万元。

解：设正常价格为P，则有$297-P\times8\%=P+P\times7\%$，$P=258$万元。

这道题的做法正确吗?

答：这道题具体是这样计算的：正常成交价格＋应由买方负担的税费＝买方实际付出的价格，设正常价格为P，则$P+P\times8\%=297$，可求得$P=275$元/m^2。

2. 某宗可比实例房地产2004年1月30日的价格为1000美元/m^2，该类房地产以人民币为基准的价格变动平均每月比上月上涨0.2%。假设人民币与美元的市场汇率2004年1月30日为1美元=8.26元人民币，2004年9月30日为1美元=8.29元人民币。试将该可比实例的价格调整到2004年9月30日。

解：该可比实例的价格调整到2004年9月30日为：

$$1000\times8.26\times(1+0.2\%)^{8}=8393 人民币元/m^{2}$$

请问：可比实例价格的调整到2004年9也30日所用汇率为8.26是2004年1月30日，为什么不用2004年9月30日的汇率8.29?

答：因为题意给出每月上涨率是0.2%以人民币为基准的，首先要把2004年1月30日的美元币种价格转化为人民币币种价格，才能套用该上涨率进行计算。

3. 有一宗房产交易，成交价格3000元/m^2，付款方式是首付10%，余款在1年内按月等额付清，假设月利率为0.5%，其一次支付的实际成交价格为(　　)元/m^2。

A. 3000　　B. 2700

C. 2914　　D. 2500

请给出这道题的计算过程?

答：计算过程是：3000×{10%+(1−10%)/12/0.5%×[1−1/(1+0.5%)^12]}=2914。

4. 房地产估价所为评估一宗写字楼在2003年10月31日的正常价格，在该写字楼附近地区调查选取一宗类似写字楼的交易实例作为可比实例，该可比实例相关资料如下。成交价格5000元/m^2；成交日期：2003年1月31日，交易情况：+2%。房地产状况：−8%。假定该地该类写字楼以人民币估算为基准的市场价格在2003年1月与2月基本保持不变，3月至5月平均每月比上月下降到1%，而6月起每月又比上月平均增长0.5%。估算该写字楼在2003年10月31日的正常市场价格。

计算时，3月至5月，应按3个月算还是2个月算，6月至此10月应按4个月还是5个月算?另请告诉该题的正确答案?

答：3月至5月，应按3个月算，6月至10月应按5个月，计算过程：5000×100/(100+2)×(1−1%)^3×(1+0.5%)^5×100/(100−8%)。

5. 教材中“可比实例的房地产状况应是成交价格所对应或反映的房地产状况，而不是在估价时点或其他时候的状况”，请问这里指的估价时点是指估价对象的估价时点还是可比实例的估价时点?

答：估价时点只有一个，“估价对象的估价时点”不搭配，“可比实例的估价时点”的说法就更不靠谱了，估价目的决定估价时点，估价时点与估价对象没有直接关系。

6. 教材中环比公式：可比实例在成日期时的价格×成交日期的下一时期的价格指数×再下一时期的价格指数×……×估价时点时的价格指数=在估价时点时的价格，为什么实际做题时要除以100，而不是按公式直接乘以已知的价格指数?

答：价格指数是综合反映价格在时间上发展变动趋势和程度的经济指数，是用百分数表示的，之外以要除以100，是因为基期数值是100。

7. 请问下面这两道题，什么情况下用成交时或估计时的美元汇率，如何判断?

(1) 某宗可比实例房地产2004年1月30日的价格为1000美元/m^2，该类房地产以人民币为基准的价格变动平均每月比上月上涨0.2%。假设人民币与美元的市场汇率2004年1月30日为1美元=8.26/元人民币，2004年9月30日为1美元=8.29/元人民币。试将该可比实例的价格调整到2004年9月30日。

(2) 某宗可比实例房地产2004年1月30日的价格为1000美元/m^2，该类房地产以美元为基准的价格变动平均每月比上月下降0.5%。假设人民币与美元的市场汇率2004年1月30日为1美元=8.26/元人民币，2004年9月30日为1美元=8.29/元人民币。试将该可比实例的价格调整到2004年9月30日。

答：关键是理解题意，一看可比实例价格币种，二看以哪种币种为基准变动。对以上两题的可比实例的价格币种都是美元。对于第一道题，价格变动是以人民币为基准，所以先将币种统一到人民币然后进行市场状况的调整，而对于第二道题，价格变动是以美元为基准，所以可以直接进行市场状况调整，最后再换算为人民币。

8. 请问"正常成交价格=卖方实际得到的价格/(1-应由卖方缴纳的税费比率)"公式是怎么推导出来的？

答：分三步。

① 正常成交价格-应由卖方负担的税费=卖方实际得到的价格；

② 应由卖方负担的税费=正常价格×应由卖方缴纳的税费比率；

③ 将公式②代入公式①中，可得：正常成交价格-正常价格×应由卖方缴纳的税费比率=卖方实际得到的价格，即：正常价格×(1-应由卖方缴纳的税费比率)=卖方实际得到的价格，所以正常价格=卖方实际得到的价格/(1-应由卖方缴纳的税费比率)。

9. 在市场法估价中的市场状况修正有两个公式，(1+变动率)^期数与(1+期数×变动率)，两者的区别是什么，如何区别选用这两个公式？

答：第一个公式是逐期递增或递减的价格变动率计算公式，第二个公式是期内平均上升或下降的价格变动率计算公式，两者中的"变动率"内涵不同。

10. 某宗房地产2004年6月的价格为2000元/m^2，现需将其调整到2004年10月。已知该宗房地产所在地区的同类房地产2004年4月至10月的价格指数分别为99.6，94.7，96.7，105.0，109.2，112.5，118.1(均以上个月为100)，试计算该宗房地产2004年10月的价格。

答：该宗房地产2004年10月的价格计算如下：

2000×105.0/100×109.2/100×112.5/100×118.1/100=3046.8(元/m^2)

三、例题分析

(一) 单项选择题

1. 某宗房地产交易中，买方支付给卖方29万元，买卖中涉及的税费均由卖方负担。据悉，该地区房地产买卖中应由卖方和买方缴纳的税费分别为正常成交价格的5%和3%，则该宗房地产交易的正常成交价格为(　　)万元。

A. 27.6　　B. 28.2

C. 29.0　　D. 29.9

答案：B

解析：29/(1+3%)=28.2(万元)。

2. 某房地产的土地面积为500m^2，土地价格为2000元/m^2；建筑面积为1000m^2，成本法估算的建筑物重置价将为1800元/m^2；市场上同类房地产的正常房地价格为2500元/m^2，则该房地产中建筑物的实际价值比重置价格低(　　)元/m^2。

A. 200　　B. 300

C. 700　　D. 1000

答案：B

解析：建筑总价＝房地总价－土地总价＝1000×2500－500×2000＝150(万元)，实际单价＝建筑总价/建筑面积＝1500000/1000＝1500(元/m^2)，比重置单价低 1800－1500＝300(元/m^2)。

3. 某可比实例的实物状况比估价对象优 9%，则其实物状况修正系数为(　　)。

A. 0.91　　B. 0.92

C. 1.09　　D. 1.10

答案：B

解析：以估价对象为基准，100/(100＋9)＝0.92。

4. 卖方不了解市场行情，这种情况下房地产成交价格往往会比正常价格(　　)。

A. 偏高　　B. 偏低

C. 不高不低　　D. 无法确定

答案：B

解析：如果买方不了解市场行情，盲目购买，成交价格往往偏高；相反，如果卖方不了解市场行情，盲目出售，成交价格往往偏低。

5. 某成交实例成交总价为 24 万元，分三期付款，首期付 8 万元，6 个月后支付 8 万元，余款于一年后付清，假设年利率为 5%，则该实例的实际价格是(　　)万元。

A. 24　　B. 23.42

C. 23.43　　D. 22.86

答案：C

解析：$8+8/(1+5\%)^{0.5}+(24-8-8)/(1+5\%)=23.43$(万元)。

6. 在估价中选取 4 个可比实例，甲成交价格 4800/m^2，建筑面积 100m^2，首次付清 24 万元，其余半年后支付 16 万元，一年后支付 8 万元；乙成交价格 5000 元/m^2，建筑面积 120m^2，首次支付 24 万元，半年后付清余款 36 万元；丙成交价格 4700 元/m^2，建筑面积 90m^2，成交时一次付清；丁成交价格 4760 元/m^2，建筑面积 110m^2，成交时支付 20 万元，一年后付清余款 32.36 万元。已知折现率为 10%，那么这 4 个可比实例实际单价的高低排序为(　　)。

A. 甲乙丙丁　　B. 乙丁甲丙

C. 乙丙甲丁　　D. 丙乙丁甲

答案：C

解析：计算各自的实际价格：甲的实际单价＝$[24+16/(1+10\%)^{0.5}+8/(1+10\%)]\div100=0.4653$(万元/$m^2$)，乙的实际单价＝$[24+36/(1+10\%)^{0.5}]\div120=0.4860$(万元/$m^2$)，丙的实际单价＝0.4700(万元/$m^2$)，丁的实际单价＝$[20+32.36/(1+10\%)]\div110=0.4493$(万元/$m^2$)，故有乙＞丙＞甲＞丁。

7. 评估某宗房地产 2002 年 10 月 13 日的价格，选取了可比实例甲，其成交价格为 3000 元/m^2，成交日期为 2001 年 11 月 13 日。经调查获知 2001 年 6 月至 2002 年 10 月该类房地产的价格平均每月比上月上涨 1%。对可比实例甲进行市场状况修正后的价格为(　　)元/m^2。

A. 3214　　B. 3347

C. 3367　　D. 3458

答案：B

解析：$3000\times(1+1\%)^{11}=3347$(元/$m^2$)。

8. 判定某可比实例的成交价格比正常价格低 6%，则交易情况修正系数为(　　)。

A. 0.060　　B. 0.940

C. 1.060　　D. 1.064

答案：D

解析：交易情况修正系数＝100/(100－6%)＝1.064。

9. 某可比实例的成交价格为 2400 元/m^2，建筑面积 100m^2，首期付款 12 万元，其余半年后支付 8 万元，1 年后支付 4 万元。已知年利率为 10%，则该可比实例的实际价格为(　　)元/m^2。

A. 2290.91　　B. 2326.41

C. 2344.16　　D. 2308.66

答案：B

解析：$120000+80000/(1+10\%)^{0.5}+40000/(1+10\%)=2326.41$(元/$m^2$)。

10. 市场法的理论依据是(　　)。

A. 适合原理　　B. 替代原理

C. 最高最佳利用原则　　D. 均衡原理

答案：B

解析：市场法的理论依据是房地产价格形成的替代原理。正是因为在房地产价格形成中有替代原理的作用，所以，估价对象的未知价格可以通过类似房地产的已知成交价格来求取。

11. 某仓库房地产，建筑面积为 800m^2，容积率为 0.8，对应的土地单价为 850 元/m^2，现拟变更为商业用地，容积率为 2.0，并已取得规划、国土等管理部门的许可。假定改为商业用地后楼面地价为 2000 元/m^2，则理论上应补地价的数额为(　　)万元。

A. 93.75　　B. 115

C. 293.75　　D. 315

答案：D

解析：补地价单价＝新容积率下的土地单价－旧容积率下的土地单价。

其中，新容积率下的土地单价＝楼面地价×新容积率＝2000×2＝4000(元/m^2)，

补地价单价＝4000－850＝3150，土地面积＝建筑面积/容积率＝800/0.8＝1000(m^2)，

补地价总价＝3150×1000＝315(万元)。

12. 某地区房地产交易中卖方、买方应缴纳的税费分别为 7%和 8%。某宗房地产交易中买方付给卖方 297 万元，应缴税费均由卖方承担，则该宗房地产的正常成交价格为(　　)万元。

A. 323　　B. 275

C. 273　　　　　　　　　　　D. 258

答案：B

解析：正常成交价格＋应由买方负担的税费＝买方实际付出的价格，设正常价格为 P，则 $P+P\times8\%=297$，可求出 $P=275$(元/m^2)。

13. 市场法中交易情况修正是对(　　)价格本身是否正常的修正。

A. 交易实例　　　　　　　　　B. 可比实例

C. 估价对象　　　　　　　　　D. 类似房地产

答案：B

解析：可比实例的成交价格可能是正常的，也可能是不正常的。由于要求评估的估价对象的价格是客观合理的，所以，如果可比实例的成交价格是不正常的，则应将其调整为正常的，如此才能作为估价对象的价格。

14. 市场法适用的条件，是在同一供求范围内存在着较多的(　　)。

A. 类似房地产的交易　　　　　B. 相同房地产的交易

C. 相关房地产的交易　　　　　D. 房地产的市场交易

答案：A

解析：市场法适用的条件是在同一供求范围内存在着较多的类似房地产的交易。如果在房地产市场发育不够或者房地产交易较少发生的地区，就难以采用市场法估价。

15. 如果先按原币种的价格进行市场状况调整，则对进行了市场状况调整后的价格，应采用(　　)时的汇率进行换算。

A. 估价作业日期　　　　　　　B. 成交日期

C. 估价时点　　　　　　　　　D. 市场状况调整后

答案：C

解析：在统一币种方面，不同币种的价格之间的换算，应采用该价格所对应的日期时的汇率。在通常情况下，是采用成交日期时的汇率。但如果先按原币种的价格进行市场状况调整，则对进行了市场状况调整后的价格，应采用估价时点时的汇率进行换算。

16. 价格指数中如果是以某个固定时期作为基期的，称为(　　)。

A. 固定价格指数　　　　　　　B. 定基价格指数

C. 长期价格指数　　　　　　　D. 环比价格指数

答案：B

解析：价格指数有定基价格指数和环比价格指数。在价格指数编制中，需要选择某个时期作为基期。如果是以某个固定时期作为基期的，称为定基价格指数：如果是以亡一时期作为基期的，称为环比价格指数。

17. 需要对实际值加权的理由是：越接近(　　)的实际值对估价更为重要。

A. 客观情况　　　　　　　　　B. 真实

C. 估价时点　　　　　　　　　D. 现在

答案：C

解析：越接近估价时点的值越接近客观。

18. 某宗土地上有一幢8层高、各层建筑面积相同的住宅楼，建筑密度为50%。假设该住宅楼的总价为2000万元，平均单价为5000元/m^2，楼面地价为1200元/m^2，则该宗土地的总价为(　　)万元。

A. 96　　B. 192

C. 240　　D. 480

答案：D

解析：根据“住宅楼总价＝单价×建筑面积”，可以求出建筑面积＝4000元/m^2，又根据“楼面地价＝土地总价/建筑总面积”，可以求出土地总价＝楼面地价×建筑总面积＝480万元。

19. 建立价格可比基础中，统一付款方式是指(　　)。

A. 统一以人民币表示　　B. 统一用建筑面积

C. 统一采用单价　　D. 统一折算为成交时点一次付清

答案：D

解析：由于房地产的价值量大，房地产的成交价格往往采用分期付款的方式支付。而且付款期限的长短不同，付款数额在付款期限内的分布不同，实际价格也会有所不同。估价中为便于比较，价格通常以一次付清所需支付的金额为基准，所以，就需要将分期付款的可比实例成交价格折算为在其成交日期时一次付清的数额。具体方法是资金的时间价值中的折现计算。

20. 除了期房交易的成交价格之外，可比实例的房地产状况一般是可比实例房地产在(　　)的状况。

A. 估价作业日期　　B. 其成交日期时

C. 估价时点　　D. 建成时点

答案：B

解析：除了期房交易的成交价格之外，可比实例的房地产状况一般是可比实例房地产在其成交日期时的状况。

21. 价格指数中如果是以上一时期作为基期的，称为(　　)。

A. 前期价格指数　　B. 定基价格指数

C. 长期价格指数　　D. 环比价格指数

答案：D

解析：价格指数有定基价格指数和环比价格指数。在价格指数编制中，需要选择某个时期作为基期。如果是以某个固定时期作为基期的，称为定基价格指数；如果是以上一时期作为基期的，称为环比价格指数。

22. 某地区房地产买卖中应由卖方缴纳的税费为正常成交价的7%，应由买方缴纳的税费为正常成交价格的5%。在某宗房地产交易中，买卖双方约定买方付给卖方2500元/m^2，买卖中涉及的税费均由卖方负担。但之后双方又重新约定买卖中涉及的全部税费改由买方支付，并在原价格基础上相应调整买方付给卖方的价格，则调整后买方应付给卖方(　　)元/m^2。

A. 2020.80　　B. 2214.28

C. 2336.45　　D. 2447.37

答案：B

解析：(1) 正常成交价格＝卖方实得金额＋应由卖方缴纳的税费

(2) 正常成交价格＝买方实付金额－应由买方缴纳的税费

(3) 卖方实得金额＋应由卖方缴纳的税费＝买方实付金额－应由买方缴纳的税费

(4) 卖方实得金额＝正常成交价格－买方实付金额

(5) 买方实付金额＝正常成交价格＋应由买方缴纳的税费

所以这道题的解法如下：

(1) 题中的"买卖双方约定买方付给卖方 2500 元/m^2，买卖中涉及的税费均由卖方负担"，意思是说买方实际付出的价格 2500 元/m^2 里面除了正常成交价格外，还包含了买方应缴纳的税费。据此可以计算出正常成交价格：

正常成交价格＝买方实付金额－应由买方缴纳的税费＝2500－正常成交价格×5％

正常成交价格＝2500/(1＋5％)＝2380.95 元/m^2

(2) 题中的"但之后双方又重新约定买卖中涉及的全部税费改由买方支付"，根据前面计算得到的正常成交价格，依据公式求出：

卖方实得金额＝正常成交价格－应由卖方缴纳的税费＝2380.95－正常成交价格×7％

＝2214.28 元/m^2

23. 某宗房地产的交易总价款为 50 万元，其中首期付款 20％，余款于半年后和一年后分两期平均支付。假设季利率为 1.2％，则在成交日期时一次付清的价格为(　　)万元。

A. 48.60　　B. 47.90

C. 49.20　　D. 50

答案：A

解析：$50×20\%＋50×(1－20\%)×50\%/(1＋1.2\%)^2＋50×(1－20\%)×50\%/(1＋1.2\%)^4＝48.60$(万元)。

24. 在百分率法中，交易情况修正系数应以(　　)为基准来确定。

A. 成交价格　　B. 市场价格

C. 交易价格　　D. 正常价格

答案：D

解析：可比实例的成交价格可能是正常的，也可能是不正常的。由于要求评估的估价对象的价格是客观合理的，所以，如果可比实例的成交价格是不正常的，则应将其调整为正常的，交易情况修正就是将可比实例成交价格由不正常价格调整为正常价格，所以在百分率法中，交易情况修正系数应以正常价格为基准来确定。

25. 不适宜用市场法评估的房地产是(　　)。

A. 商品住宅　　B. 写字楼

C. 纪念馆　　D. 标准工业厂房

答案：C

解析：纪念馆是很少发生交易的房地产，难以采用市场法估价。

26. 某宗地面积为 5000m^2，现状容积率为 0.8，土地市场价值为 4000 元/m^2，拟进行改造。批准的规划容积率为 5.0，楼面地价为 1150 元/m^2，则理论上应补交地价(　　)元/m^2。

A. 1250　　B. 1750

C. 2050　　D. 2150

答案：B

解析：补地价(单价)＝新容积率下的土地单价－旧容积率下的土地单价

＝新容积率下的楼面地价×新容积率－旧容积率下的土地单价

＝1150×5－4000＝1750(元/m^2)

所以正确答案为B。

27. 买方购买与其原有土地相邻的土地时，其购买价格一般会(　　)这块土地单独存在时的价格。

A. 低于　　B. 等于

C. 接近　　D. 高于

答案：D

解析：房地产价格受其土地形状、土地面积、建筑规模的影响。形状不规则或面积、规模过小的房地产，价格通常较低。但这种房地产如果与相邻房地产合并后，效用通常会增加。因此，当相邻房地产的拥有者欲购买该房地产时，该房地产的拥有者通常会索要高价，而相邻房地产的拥有者往往也愿意出较高的价格购买。所以，相邻房地产合并交易的成交价格往往高于其单独存在、与其不相邻者交易时的正常市场价格。

28. 某套住宅的套内建筑面积为145m^2，套内使用面积为132m^2，应分摊的公共部分建筑面积为9m^2，按套内建筑面积计算的价格为3500元/m^2，则该套住宅按建筑面积计算的价格为(　　)元/m^2。

A. 3000　　B. 3277

C. 3295　　D. 3599

答案：C

解析：建筑面积下的价格＝套内建筑面积下的价格×套内建筑面积/建筑面积，

建筑面积＝套内建筑面积＋公共分摊面积，所以建筑面积下的价格＝3500×145/(145＋9)＝3295.45(元/m^2)

(二) 多项选择题

1. 某估价对象为一宗熟地，当进行可比实例权益状况调整时，应包括的内容有(　　)。

A. 公共配套设施完备程度　　B. 建设用地使用期限

C. 基础设施完备程度　　D. 容积率

E. 合并的可能性

答案：BD

2. 运用市场法时，估价人员根据基本要求选取可比实例后，需要建立价格可比基础，主要包括(　　)等。

A. 统一采用总价　　B. 统一采用单价

C. 统一币种和货币单位　　D. 统一面积内涵和大小

E. 统一付款方式

答案：BCDE

解析：建立价格可比基础不包括统一采用总价。

3. 影响房地产价格的区位因素有(　　)等。

A. 建筑规模　　B. 临路状况

C. 交通条件　　　　　　　　　　　D. 容积率
E. 繁华程度

答案：BCE

解析：建筑规模属于实物状况比较的内容，容积率属于权益状况调整的内容。

4. 选取可比实例时，应符合的要求包括(　　)等。

A. 可比实例与估价对象所处的地区必须相同

B. 可比实例的交易类型与估价目的吻合

C. 可比实例的规模与估价对象的规模相当

D. 可比实例的成交价格是正常价格或可修正为正常价格

E. 可比实例大类用途与估价对象的大类用途相同

答案：BCDE

解析：可比实例不一定位于估价对象所处的地区，只要与估价对象位于同一地区或同一供求范围内的类似地区即可。

5. 评估某套住宅价格中，进行区位状况调整时，比较调整的内容包括(　　)等。

A. 环境景观　　　　　　　　　　　B. 离市中心距离
C. 朝向　　　　　　　　　　　　　D. 城市规划限制条件
E. 地势

答案：ABC

解析：规划限制条件属于权益状况调整的内容，地势属于实物状况比较的内容。

6. 下列关于可比实例的说法中，正确的有(　　)。

A. 可比实例一定是交易实例

B. 可比实例不一定是交易实例

C. 交易实例一定是可比实例

D. 交易实例不一定是可比实例

E. 可比实例可以是交易实例，也可以不是交易实例

答案：AD

解析：不是任何交易实例都可以作为可比实例的，但可比实例一定是交易实例。

7. 市场法中实物状况比较调整的内容包括(　　)。

A. 环境　　　　　　　　　　　　　B. 地形地势
C. 外部配套设施　　　　　　　　　D. 建筑设施设备
E. 建筑物装饰装修

答案：BDE

8. 在考虑房地产交易程度不同负担状况时，房地产正常的成交价格等于(　　)。

A. 卖方实得金额/(1－应由卖方缴纳的税费比率)

B. 卖方实得金额－应由卖方负担的税费

C. 买方实付金额－应由买方负担的税费

D. 应由卖方负担的税费/应由卖方缴纳的税费比率

E. 买方实付金额－(1－应由买方缴纳的税费比率)

答案：ACD

（三）判断题

1. 市场法中的房地产状况调整可以分为区位状况调整、交易情况调整和权益状况调整。（　　）

答案：×

解析：市场法中的房地产状况调整可以分为区位状况调整、实物状况调整和权益状况调整。

2. 对于估价人员搜集的交易实例，只要是估价对象的类似房地产就可以作为可比实例。（　）

答案：×

解析：估价对象的类似房地产是可比实例的必要条件而不是充分条件。

3. 比较法中，采用间接比较得出房地产状况修正系数为 0.951，其依据是可比实例的房地产状况优于标准房地产状况得 102 分，估价对象的房地产状况劣于标准房地产状况得 97 分。（　）

答案：√

解析：100/102×97/100＝0.951。

4. 在比较法中，可采用长期趋势法对可比实例价格进行交易日期修正。（　）

答案：√

解析：交易日期的调整的具体方法，可采用价格指数或价格变动率，也可采用时间序列分析，而时间序列分析是长期趋势法中推测、判断房地产未来价格的方法之一。

5. 交易双方自愿成交的价格属于正常成交价格。（　　）

答案：×

解析：交易双方自愿成交的价格由于某些原因如交易税费非正常的负担、相邻房地产的合并等可能高于或低于其正常成交价格。

6. 设某城市房地产交易中卖方、买方应缴纳的税费分别为正常成交价格的 6%和 3%。现某宗房地产的正常成交价格为 2500 元/m^2，则卖方出售其房地产实得收入为 2350 元/m^2，买方购买该房地产实际付出为 2575 元/m^2。（　　）

答案：√

解析：卖方实际得到的价格＝正常成交价格×(1－应由卖方缴纳的税费比率)＝2500×(1－6%)＝2350(元/m^2)。

买方实际付出的价格＝正常成交价格×(1＋应由买方缴纳的税费比率)＝2500×(1＋3%)＝2575(元/m^2)。

7. 某宗可比实例房地产 2006 年 1 月 30 日的价格为 500 美元/m^2，该类房地产以美元为基准的价格变动平均每月比上月下降 0.7%，假设人民币与美元的市场汇率 2006 年 1 月 30 日为 1 美元＝7.98 元人民币，2006 年 9 月 30 日为 1 美元＝7.95 元人民币，则将该可比实例调整为 2006 年 9 月 30 日的价格约为 3758 元人民币/m^2。（　　）

答案：√

解析：500×7.95＋$(1-0.7\%)^8$＝3758(元人民币/m^2)。

8. 在同一地区或同一供求范畴内的类似地区中，存在较多的交易实例，一定能用市场法估价。（　　）

答案：×

解析：市场法适用的条件是在同一供求范围内存在着较多的类似房地产的交易，如没有合适的可比实例，就难以采用市场法估价。

9. 如果估价对象为单独的土地或单独的建筑物，但缺少相应的交易实例，而只有土地与建筑物合成体的交易实例时，一般不能采用市场法估价。（　　）

答案：×

解析：选取可比实例时，一般是指估价对象为土地的，应选取类似土地的交易实例；估价对象为建筑物的，应选取类似建筑物的交易实例；估价对象为房地的，应选取类似房地的交易实例。选取可比实例还有所谓“分配法”，其内容如下：如果估价对象为单独的土地或单独的建筑物，但缺少相应的交易实例，而有土地与建筑物合成体的交易实例时，则可将此土地与建筑物合成体及其成交价格予以分解，提取出与估价对象同类型部分的房地产及其价格，再以此为可比实例。例如，估价对象为土地，但在其所在地区或同一供求范围内的类似地区中，没有类似土地的单独交易实例，而有包含与该土地同类型土地的房地产交易实例时，则可以从该房地成交价格中扣除建筑物价格，剩余部分为土地价格，此土地便可作为可比实例。然后再对该土地价格进行适当的修正和调整，即可以求得估价对象土地的价格。

10. 市场状况调整的关键，是要把握估价对象这类房地产的价格自某个时期以来的涨落变化情况。（　　）

答案：√

解析：市场状况调整的关键，是要把握估价对象这类房地产的价格自某个时期以来的涨落变化情况，具体是调查在过去不同时间的数宗类似房地产的价格，找出这类房地产价格随着时间变化而变动的规律，据此再对可比实例成交价格进行市场状况调整。

11. 间接比较调整是设想一个标准房地产状况，然后以此标准房地产状况为基准，将估价对象及可比实例的房地产状况均与它逐项进行比较打分。（　　）

答案：√

解析：间接比较调整与直接比较调整相似，所不同的是设想一个标准房地产状况，然后以此标准房地产状况为基准(通常定为 100 分)，将估价对象及可比实例的房地产状况均与它逐项进行比较、打分。如果估价对象、可比实例的房地产状况比标准房地产状况差，则打的分数就低于 100；相反，打的分数就高于 100。再将所得的分数转化为调整价格的比率。

12. 在统一币种方面，不同币种的价格之间的换算，应采用该价格所对应的日期时的汇率。在通常情况下，是采用成交日期时的汇率。（　　）

答案：√

解析：在统一币种方面，不同币种的价格之间的换算，应采用该价格所对应的日期时的汇率。在通常情况下，是采用成交日期时的汇率。但如果先按原币种的价格进行市场状况调整，则对进行了市场状况调整后的价格，应采用估价时点时的汇率进行换算。汇率的取值，一般采用国家外汇管理部门公布的外汇牌价的卖出、买入的中间价。

13. 在可比实例的成交日期至估价时点期间，无论房地产价格为上涨、下跌或平稳发展，都必须进行市场状况调整。（　　）

答案：×

解析：当房地产价格为平稳发展时，可不进行市场状况调整。而当房地产价格为上涨或下跌时，则必须进行市场状况调整，以使其符合估价时点时的房地产市场状况。

14. 相邻房地产合并交易的成交价格往往要高于其单独存在、与其不相邻者交易时的正常市场价格。（　）

答案：√

解析：当相邻房地产的拥有者欲购买该房地产时，该房地产的拥有者通常会索要高价，而相邻房地产的拥有者往往也愿意出较高的价格购买。

(四) 计算题

1. 为评估某住宅楼的价格，估价人员在该住宅楼附近地区调查选取了 A、B、C、D、E 共 5 个类似住宅楼的交易实例，其有关资料如下表：

		实例 A	实例 B	实例 C	实例 D	实例 E
成交价格(元/m²)		5100	5800	5200	5300	5000
成交日期		2002.11.30	2003.6.30	2003.1.31	2001.7.31	2003.5.31
交易情况		+2%	+21%	0	0	−3%
房地产状况	区位状况	0	−3%	+3%	+1%	0
	权益状况	−2%	0	+2%	−1%	−1%
	实物状况	−4%	−5%	−2%	+2%	+1%

上表中，交易情况、房地产状况中的各正、负值都是按直接比较所得结果。其中，房地产状况中的三方面因素产生的作用程度相同。另据调查得知：从 2001 年 7 月 1 日至 2002 年 1 月 1 日该类住宅楼市场价格每月递增 1.5%，其后至 2002 年 11 月 1 日则每月递减 0.5%，而从 2002 年 11 月 1 日至 2003 年 4 月 30 日的市场价格基本不变，以后每月递增 1%。试利用上述资料根据估价相关要求选取最合适的 3 个交易实例作为可比实例，并估算该住宅楼 2003 年 8 月 31 日的正常单价(房地产状况调整各项权重一样，最后结果采用简单算术平均法计算)。

解：(1) 选取可比实例。实例 B 交易情况修正超过 20%，应予以剔除，实例 D 成交时间与估价时点相隔一年以上，也不适用，故实例 B 和实例 D 不能作为可比实例。选取实例 A、C、E 各项修正调整符合基本要求，可作为可比实例。

(2) 计算公式：估价对象价格＝可比实例价格×交易情况修正系数×市场状况修正系数×房地产状况修正系数

(3) 交易情况修正系数为：

可比实例 A：100/(100＋2)＝100/102

可比实例 C：100/100

可比实例 E：100/(100－3)＝100/97

(4) 市场状况修正系数为：

可比实例 A＝$(1+1\%)^4$

可比实例 C＝$(1+1\%)^4$

可比实例 E＝$(1+1\%)^3$

(5) 房地产状况修正系数为：

因房地产状况中的三方面因素产生的作用程度相同，故设三方面的因素的权数相同均为1/3，则有

可比实例A的房地产状况调整系数=[100/100+100/(100−2)+100/(100−4)]/3=1.0207

可比实例C的房地产状况调整系数=[100/(100+3)+100/(100+2)+100/(100−2)]/3=0.9906

可比实例E的房地产状况调整系数=[100/100+100/(100−1)+100/(100+1)]/3=1.0001

(6) 计算比准价格：

比准价格 A=5100×(100/102)×$(1+1\%)^4$×1.0207=5310.72(元/m^2)

比准价格 C=5200×(100/100)×$(1+1\%)^4$×0.9906=5360.28(元/m^2)

比准价格 E=5000×(100/97)×$(1+1\%)^3$×1.0001=5311.36(元/m^2)

(7) 将上述三个比准价格的简单算术平均数作为市场法的估算结果，则有：

估价对象价格(单价)=(5310.72+5360.28+5311.36)/3=5327.45(元/m^2)

四、练习题

(一) 单项选择题

1. 市场法的本质是以(　　)为导向求取估价对象的价值。

A. 成交价格　　B. 市场价格

C. 客观价值　　D. 评估价值

2. 只要有足够多的交易实例，对其成交价格进行适当处理的结果可以作为正常市场价格的最佳指标，这一点是基于(　　)。

A. 均衡原理　　B. 替代原理

C. 大数法则　　D. 众数法则

3. 运用市场法估价的步骤顺序是(　　)。

A. 搜集交易实例→选取可比实例→建立价格可比基础→进行交易情况修正→进行市场状况调整→进行房地产状况调整→求取比准价格

B. 搜集交易实例→选取可比实例→进行交易情况修正→建立价格可比基础→进行市场状况调整→进行房地产状况调整→求取比准价格

C. 搜集交易实例→建立价格可比基础→选取可比实例→进行交易情况修正→进行市场状况调整→进行房地产状况调整→求取比准价格

D. 选取可比实例→搜集交易实例→建立价格可比基础→进行交易情况修正→进行市场状况调整→进行房地产状况调整→求取比准价格

4. 选取的可比实例规模一般应为(　　)。

A. 0.5≤可比实例规模/估价对象规模≤1

B. 0.5<可比实例规模/估价对象规模≤1

C. 0.5≤可比实例规模/估价对象规模≤2

D. 0.5≤可比实例规模/估价对象规模<1

5. 一般认为，交易实例的成交日期与估价时点相隔(　　)以上的不宜采用。

A. 一年半　　B. 半年

C. 一年　　　　　　　　D. 两年

6. 选取的可比实例数量从理论上讲越多越好，一般要求选取(　　)的可比实例即可。

A. 3 个

B. 5 个

C. 3 个以上(含 3 个)8 个以下(含 8 个)

D. 3 个以上(含 3 个)10 个以下(含 10 个)

7. 采用百分率法进行交易情况修正的一般公式为(　　)。

A. 可比实例成交价格×交易情况修正系数＝正常价格

B. 可比实例成交价格＋交易情况修正数额＝正常价格

C. 可比实例成交价格－交易情况修正系数＝正常价格

D. 可比实例成交价格÷交易情况修正系数＝正常价格

8. 市场状况调整实质上是(　)对房地产价格影响的调整。

A. 政府出台新的政策措施　　　　B. 利率

C. 房地产市场状况　　　　　　　D. 可比实例房地产状况

9. 采用百分率法进行市场状况调整的一般公式为(　　)。

A. 可比实例在成交日期时的价格×市场状况调整系数＝可比实例在估价时点时的价格

B. 可比实例在成交日期时的价格÷市场状况调整系数＝可比实例在估价时点时的价格

C. 可比实例在成交日期时的价格＋市场状况调整系数＝可比实例在估价时点时的价格

D. 可比实例在成交日期时的价格－市场状况调整系数＝可比实例在估价时点时的价格

10. 如果一组数字中含有异常的或极端的数值，采用平均数就有可能得到非典型的甚至是误导的结果，这时采用(　　)较合适。

A. 平均数　　　　　　　　B. 中位数

C. 众数　　　　　　　　　D. 最高或最低值法

11. 市场法的理论依据是(　　)。

A. 预期原理　　　　　　　B. 替代原理

C. 生产费用价值论　　　　D. 均衡原理

12. 搜集交易实例时应注意所搜集内容的统一性和(　　)。

A. 条理性　　　　　　　　B. 代表性

C. 规范化　　　　　　　　D. 相关性

13. 交易实例及其内容的(　　)、真实性，是提高估价精度的一个基本保证。

A. 完整性　　　　　　　　B. 主观性

C. 客观性　　　　　　　　D. 实质性

14. 可比实例所处的地区应与估价对象所处的地区相同，或是(　　)。

A. 同处于一个行政规划区　　　　B. 同处在同一供求范围内的类似地区

C. 同处于一个相对稳定的环境　　D. 同处于公平竞争的地区

15. 可比实例的用途应与估算对象的用途相同。用途大致分为大类用途和小类用途，下列为大类用途的是：(　　)。①居住；②商业；③办公；④旅馆；⑤工业；⑥农业。

A. ①②③④⑤　　B. ①②③④⑤⑥

C. ①②③④⑥　　D. ②③④⑥

16. 可比实例的权利性质应与估价对象的权利性质相同，当两者不相同时，一般(　　)。

A. 不能作为可比实例　　B. 取相同的部分作可比性

C. 经调整后可作为可比实例　　D. 可作为可比实例

17. 选取了可比实例之后，应先对这些可比实例的成交价格进行换算处理，使其成交价格之间的口径一致、(　　)，为进行后续的比较修正建立共同的基础。

A. 客观合理　　B. 有根有据

C. 基础相当　　D. 相互可比

18. 房地产的价值量大，成交价格往往采用(　　)的方式支付。

A. 一次付清　　B. 分期付款

C. 以一定时日为最后期限一次付清　　D. 银行借贷低息支付

19. 在统一采用单价方面，土地除了单价之外还可为(　　)。

A. 楼层单价　　B. 有效地价

C. 楼面地价　　D. 总价

20. 在统一币种和货币单位方面，不同币种的价格之间的换算，应该采用(　　)。

A. 该价格对应日期时的市场汇率

B. 该房产所在国的法定市场汇率

C. 估价时点的汇率

D. 该价格针对不同的房产时的不同市场汇率

21. 可比实例的成交价格可能是正常的，也可能不是正常的。由于要求评估的估价对象的价格是客观合理的，所以，如果可比实例的成交价格不是正常的，则应将其修正为正常的，如此才能将其作为估价对象的价格，这种修正称为(　　)。

A. 交易情况修正　　B. 统一房地产范围修正

C. 类似房地产修正　　D. 交易类型修正

22. 欠债到期要还，无奈只有出售房地产偿还，这种情况下房地产的成交价格往往(　　)。

A. 偏高　　B. 正常

C. 偏低　　D. 不正常

23. 买方或卖方对其所买卖房地产有特别的爱好、感情，卖方惜售，或买方执意要购买，在这种情况下的成交价格往往(　　)。

A. 偏低　　B. 偏高

C. 正常　　D. 不正常

24. 中国大陆目前的土地使用权出让中，拍卖、招标的价格较能反映市场行情，而协议价格(　　)。

A. 往往偏高　　B. 与市场行情大致是相符合的

C. 随情况不同而高低不同　　D. 往往偏低

25. 在房地产交易中往往需缴纳一些税费，下面属于正常税费的是(　　)。

①营业税；②土地增值税；③契税；④交易手续费；⑤补交土地使用权出让金。

A. ②③④⑤　　B. ①②③④

C. ②③④　　D. ①②③④⑤

26. 假设可比实例的成交价格比其正常市场价格高的百分率为S%，则可比实例的成交价格与正常价格的关系为：可比实例的成交价格×(　　)＝正常价格。

A. 1/(1－S%)　　B. S%

C. 1/(1＋S%)　　D. 1－S%

27. 交易情况的修正中应该(　　)。

A. 以成交价格为基准　　B. 以标准价格为基准

C. 以实际价格为基准　　D. 以正常价格为基准

28. 市场状况修正实际上是房地产市场状况修正，经过了市场状况修正后，就将可比实例在其成交日期时的价格变成了在(　　)。

A. 估价时点时的价格　　B. 正常情况下的价格

C. 客观情况下的价格　　D. 现实情况下的价格

29. 采用定基价格指数时，进行市场状况修正的公式：可比实例在成交日期时的价格×估价时点时的价格指数÷(　　)＝在估价时点时价格。

A. 某个固定日期的价格指数　　B. 成交日期时的价格指数

C. 当年年底价格指数　　D. 当年年初价格指数

30. 最适用的房地产价格指数或变动率是(　　)。

A. 全国房地产价格指数或变动率

B. 本地区房地产价格指数或变动率

C. 全国同类房地产价格指数或变动

D. 本地区同类房地产价格指数或变动率

31. 在房地产状况调整中，如果估价对象房地产优于可比实例房地产，则应对价格作(　　)修正。

A. 增价　　B. 减价

C. 不变　　D. 相对比例的调整

32. 如果采用直接比较进行房地产状况修正，则可比实例在其房地产状况下的价格×100÷(　　)＝在估价对象房地产状况下的价格。

A. 可比实例房地产相对于估价对象房地产的得分

B. 估价对象房地产相对于可比实例房地产的得分

C. 可比实例房地产相对于标准房地产的得分

D. 估价对象房地产相对于标准房地产的得分

33. 间接比较修正，就是设想(　　)，并以此为基准，将可比实例及估价对象的房地产状况逐项比较打分，然后将所得分数转化为修正价格的比率。

A. 一个典型性房地产状况　　B. 一个特殊性房地产状况

C. 一个标准的房地产状况　　D. 一个修正好的房地产状况

34. 众数是(　　)数值。

A. 一组数字中出现次数最多的　　B. 一组数字中绝对值最小的

C. 一组数字中出现次数最少的　　D. 一组数字中绝对值最大的

(二) 多项选择题

1. 下列属于房地产区位状况比较调整内容的是(　　)。

A. 自然环境　　B. 土壤

C. 景观　　D. 地势

2. 估价对象房地产是建筑面积 300m² 的商品住宅，要评估其在 2005 年 5 月份的市场价格，在选取可比实例时，下面(　　)不能作为可比实例。

A. 划拨土地、建筑面积 300m²、成交日期为 2005 年 1 月的住宅

B. 建筑面积 250m²、成交日期为 2002 年 1 月的商品住宅

C. 建筑面积 50m²、成交日期为 2005 年 3 月的商品住宅

D. 成交日期为 2005 年 5 月、建筑面积 250m² 的商品住宅

E. 成交日期为 2005 年 3 月，建筑面积为 300m² 的商品住宅

3. 下列哪些房地产可以采用市场法进行估价(　　)。

A. 标准厂房　　B. 房地产开发用地

C. 特殊厂房　　D. 学校

E. 商铺

4. 市场状况调整的方法有(　　)。

A. 定基价格指数法　　B. 环比价格指数法

C. 价格变动率法　　D. 直接比较调整

E. 间接比较调整

5. 市场法可用于(　　)的求取。

A. 经营收入　　B. 空置率

C. 报酬率　　D. 容积率

E. 入住率

6. 搜集交易实例的途径有(　　)。

A. 根据需要编制

B. 向房地产交易当事人了解交易情况

C. 与房地产出售者洽谈获得其房地产的要价资料

D. 同行之间相互提供

E. 查阅报刊、网站有关资料

7. 搜集交易实例时应搜集的内容有(　　)。

A. 交易实例房地产基本情况

B. 交易实例房地产户主基本信息

C. 交易实例房地产的状况

D. 成交日期、成交价格、付款方式、交易情况

E. 交易目的

8. 选取可比实例的基本要求包括(　　)。

A. 可比实例与估价对象所处的地区必须相同

B. 可比实例的成交日期应与估价时点接近

C. 可比实例的交易类型应与估价目的吻合

D. 可比实例的成交价格应尽量为正常价格

E. 可比实例应与估价对象的档次相当

9. 建立价格可比基础的内容包括(　　)。

A. 统一付款方式、统一采用单价　　B. 统一币种和货币单位

C. 统一计息方式　　D. 统一面积内涵和面积单位

E. 统一产权性质

10. 下列哪些税费应由卖方缴纳(　　)。

A. 营业税　　B. 城市维护建设费

C. 教育费附加　　D. 所得税

E. 契税

11. 交易情况修正的方法主要有(　　)。

A. 指数法　　B. 差额法

C. 分数法　　D. 百分率法

E. 平均增减量法

12. 市场状况调整的具体方法有(　　)。

A. 价格指数法　　B. 价格变动率法

C. 汇率调整法　　D. 时间序列分析法

E. 加权平均法

13. 价格指数有哪几种(　　)。

A. 定基价格指数　　B. 环比价格指数

C. 定额价格指数　　D. 百分比指数

E. 定率价格指数

14. 区位状况调整的内容有(　　)。

A. 位置　　B. 地形

C. 环境　　D. 配套设施

E. 交通条件

15. 权益状况调整的内容有(　　)。

A. 土地使用年限　　B. 容积率

C. 建筑高度　　D. 地基承载力

E. 建筑年限

16. 对于土地来说，实物状况比较调整的内容有(　　)。

A. 装修　　B. 面积大小

C. 形状　　D. 基础设施完备程度

E. 土壤

17. 具体进行房地产状况调整的方法有(　　)。

A. 直接比较调整　　B. 间接比较调整

C. 环比指数法　　D. 定基指数法

E. 指数修匀法

18. 从理论上讲，将多个可比实例对应的比准价格综合成一个最终比准价格的方法有(　　)。

A. 平均数　　B. 随机数

C. 众数　　D. 中位数

E. 概率分析

19. 市场法适用的对象是具有交易性的房地产，如房地产开发用地、商品住宅等，在下列选项中也属于市场法估价的对象的是(　　)。

A. 高档公寓　　B. 城市规划用地

C. 写字楼　　D. 特殊厂房

E. 纪念馆

20. 在搜集交易实例时，需要搜集那些内容很重要，一般应包括(　　)。

A. 交易双方的收入情况　　B. 交易实例房地产的状况

C. 成交价格　　D. 交易情况

E. 交易税费的负担

21. 可比实例的建筑结构应与估价对象的建筑结构相同，这里的建筑结构主要指大类建筑结构，它包括(　　)。

A. 钢结构　　B. 框架结构

C. 砖混结构　　D. 简易结构

E. 砖木结构

22. 交易中的特殊因素较复杂，归纳起来主要有以(　　)等。

A. 交易双方或某一方有特别动机或偏好的交易

B. 特殊交易方式的交易

C. 交易税费正常负担的交易

D. 相邻房地产的合并交易

E. 被迫购买或出售

(三) 判断题

1. 市场法是将估价对象与近期交易的类似房地产进行比较，对这些类似房地产的成交价格做适当的修正和调整，以此求取估价对象的客观合理价格或价值的方法。　(　　)

2. 正是因为在房地产价格形成中有替代原理的作用，所以，估价对象的未知价格可以通过类似房地产的已知成交价格来求取。　(　　)

3. 市场法的理论依据是房地产价格形成的替代原理。　(　　)

4. 由于在现实房地产交易中交易者的心态、偏好、对市场的了解程度、讨价还价能力等的不同，具体一宗房地产交易的成交价格可能会偏离其正常市场价格。　(　　)

5. 市场法适用的对象是具有商业性质的房地产。　(　　)

6. 市场法适用的条件是在估价对象房地产附近存在着较多的类似房地产的交易。　(　　)

7. 即使在总体上房地产市场较活跃的地区，在某些情况下市场法也可能不大适用。

(　　)

8. 交易情况包括交易税费的负担方式，有无隐价瞒价、急卖急买、人为哄抬、亲友间的交易等特殊交易情况。（　）

9. 如果估价对象是出让土地使用权的房地产，交易实例则既可以选择出让土地使用权，也可以选择划拨土地使用权的交易实例。（　）

10. 可比实例应与估价对象处在同一地区或是处于同一供求范围内的类似地区。（　）

11. 可比实例的用途应与估价对象的用途相似。（　）

12. 可比实例的成交日期应与估价时点接近。（　）

13. 如果房地产市场比较平稳，则较早之前发生的交易实例可能仍然有参考价值，也可以被选作可比实例；但如果房地产市场变化快，则此期限应缩短。（　）

14. 为抵押、抵债、房屋征收目的的估价，应选取一般拍卖的交易实例为可比实例。（　）

15. 在统一采用单价方面，通常为单位面积上的价格。例如，建筑物通常为单位建筑面积、单位套内建筑面积或者单位使用面积上的价格；土地除了单位土地面积上的价格外，还可为楼面地价。（　）

16. 在百分率法中，交易情况修正系数应以可比实例成交价格为基准来确定。（　）

17. 交易情况修正需要测定交易中的一些特殊因素使其成交价格偏离正常价格的程度，但由于缺乏客观、统一的尺度，这种测定有时非常困难。因此，在哪种情况下应当修正多少，主要由估价人员凭其专业知识和丰富的经验加以判断。（　）

18. 可比实例的成交价格是其成交日期时的价格，是在其成交日期时的房地产市场状况下形成的。（　）

19. 市场状况调整系数应以估价时点时的价格为基准来确定。（　）

20. 房地产价格变动率，有逐期递增或递减的价格变动率和期内平均上升或下降的价格变动率两种。（　）

21. 最适用的房地产价格指数或变动率，是可比实例所在地区的同类房地产的价格指数或变动率。（　）

22. 进行房地产状况调整，是将在估价对象房地产状况下的价格，调整为可比实例在其房地产状况下的价格。（　）

23. 对于期房交易的成交价格，可比实例的房地产状况一般是可比实例房地产在其成交日期时的状况。（　）

24. 可比实例的房地产状况，无论是区位状况、权益状况还是实物状况，都应是估价时点所对应或反映的房地产状况。（　）

25. 中位数是把修正、调整出的各个价格按从低到高或从高到低的顺序排列，当项数为奇数时，位于正中间位置的那个价格为综合出的一个价格；当项数为偶数时，位于正中间位置的那两个价格的简单算术平均数为综合出的一个价格。（　）

26. 运用市场法估价的第一个步骤是搜集交易实例。（　）

（四）计算题

1. 评估某套房地产于 2011 年 10 月 15 日的市场价值，在该房地产附近选取了三个与其相似的交易实例为可比实例，有关数据如下：

可比实例成交价格、成交日期及交易情况见下表

	A	B	C
成交价格(元/m^2)	3500	4000	3700
成交日期	2011年5月15日	2011年8月15日	2011年9月15日
交易情况	+2%	0	-2%

该类房地产2011年4月至10月的价格指数见下表，表中的价格指数为定基价格指数

月份	4	5	6	7	8	9	10
价格指数	100	92.2	98.2	98.4	100.2	108.0	106.8

房地产状况的比较判断结果见下表：

房地产状况	权重	估价对象	A	B	C
实物状况	0.3	100	100	110	105
权益状况	0.2	100	115	100	100
区位状况	0.5	100	105	100	85

请利用上述资料测算该房地产2011年10月15日的市场价值。

2. 搜集有甲、乙两宗交易实例，甲交易实例的建筑面积180m^2，成交总价100万元人民币，首期付20万元人民币，第二期于半年后付40万元人民币，余款40万元人民币于一年后付清。乙交易实例的使用面积2000平方英尺，成交总价为18万美元，于成交时一次付清，如果以在成交日期一次性付清为基准，假设当时人民币的年利率为8%，乙交易实例成交当时人民币与美元的市场汇率为1美元=7.7395元人民币，建筑面积与使用面积的关系为1平方英尺建筑面积=0.75元平方英尺使用面积，1平方英尺=0.09290304平方米。根据上述资料试将两交易实例统一付款方式为人民币，统一采用单价，统一面积为建筑面积，统一币种为人民币。

【参考答案】

(一) 单项选择题

1. B 2. C 3. A 4. C 5. C 6. D 7. A 8. C 9. A 10. B 11. B 12. C 13. A 14. B 15. B 16. A 17. D 18. B 19. C 20. A 21. A 22. C 23. B 24. D 25. D 26. C 27. D 28. A 29. B 30. D 31. B 32. A 33. C 34. A

(二) 多项选择题

*1. ABC *2. ABC 3. ABE 4. ABC 5. ABCE 6. BCDE 7. ACD 8. BCDE 9. ABD 10. ABCD 11. BD 12. AB 13. AB 14. ACDE 15. AB 16. BCDE 17. AB 18. ACD 19. ABC 20. BCDE *21. ACDE 22. ABDE

解析：

1. 土壤、地势属于实物状况调整的内容。

2. A 不是出让土地，B 成交日期与估价时点相隔一年以上，C 规模超出 0.5～2 的范围。

21. 框架结构是钢混结构中常见的一种结构。

（三）判断题

1. × 2. √ 3. √ 4. √ 5. × 6. × 7. √ 8. √ 9. × 10. √ 11. × 12. √ 13. √ 14. × 15. √ 16. × 17. √ 18. √ 19. × 20. √ 21. √ 22. × 23. × 24. × 25. √ 26. √

（四）计算题

1. 解：该住宅 2011 年 10 月 15 日的市场价值测算如下：

(1) 测算公式：

比准价值＝可比实例成交价格×交易情况修正系数×市场状况调整系数×房地产状况调整系数

(2) 求取交易情况修正系数：

可比实例 A 的交易情况修正系数＝100/(100＋2)＝100/102

可比实例 B 的交易情况修正系数＝100/100

可比实例 C 的交易情况修正系数＝100/(100－2)＝100/98

(3) 求取市场状况调整系数：

可比实例 A 的市场状况调整系数＝106.8/92.2

可比实例 B 的市场状况调整系数＝106.8/100.2

可比实例 C 的市场状况调整系数＝106.8/108.0

(4) 求取房地产状况调整系数：

可比实例 A 的房地产状况调整系数＝100/(100×0.3＋115×0.2＋105×0.5)＝100/105.5

可比实例 B 的房地产状况调整系数＝100/(110×0.3＋100×0.2＋100×0.5)＝100/103

可比实例 C 的房地产状况调整系数＝100/(105×0.3＋100×0.2＋85×0.5)＝100/94

(5) 求取房地产比准价值

$$VA=3500\times100/102\times106.8/92.2\times100/105.5=3785.46\text{ 元}/m^2$$

$$VB=4000\times100/100\times106.8/100.2\times100/103=4139.29\text{ 元}/m^2$$

$$VC=3700\times100/98\times106.8/108.0\times100/94=3971.87\text{ 元}/m^2$$

(6) 将上述三个比准价值的简单算术平均数作为市场法的测算结果，则该房地产 2011 年 10 月 15 日的市场价值为：

估价对象的市场价值(单价)＝(3785.46＋4139.29＋3971.87)÷3＝3965.54(元/m^2)

2. 解：(1) 统一付款方式

$$\text{甲总价}=20+40/(1+8\%)^{0.5}/+40/(1+8\%)=95.53(\text{万元人民币})$$

$$\text{乙总价}=18(\text{万美元})$$

(2) 统一价格单位，采用单价

$$\text{甲单价}=95.53\times10000\div180=5307.22(\text{元人民币/平方米建筑面积})$$

$$\text{乙单价}=180000/2000\times7.7395=696.56(\text{元人民币/平方英尺使用面积})$$

(3) 统一面积内涵

甲单价＝5307.22(元人民币/平方米建筑面积)

乙单价＝696.56×0.75＝522.42(元人民币/平方英尺建筑面积)

(4) 统一面积单位

甲单价＝5307.22(元人民币/平方米建筑面积)

乙单价＝522.42÷0.09290304＝5623.28(元人民币/平方米建筑面积)

第七章　收益法及其运用

一、重要考点

1. 收益法的含义

(1) 直接资本化法。是预测估价对象未来某一年的收益，然后将未来第一年净收益除以适当的资本化率或者乘以合适的收益乘数来求取估价对象价值的方法。其中，将未来第一年的收益乘以合适的收益乘数来求取估价对象价值的方法，称为收益乘数法。

(2) 报酬资本化法是一种现金流量折现法，即房地产的价值等于其未来各期净收益的现值之和，具体是预测估价对象未来各期的净收益，然后利用合适的报酬率将未来各期的净收益折现到估价时点后相加来求取估价对象价值的方法。

2. 收益法的理论依据

预期原理—决定房地产当前价值的因素，主要是未来的因素而不是过去的因素。

收益性房地产价值高低的决定因素(三因素)：未来净收益的大小，获得净收益期限的长短，获得净收益的可靠性。

3. 收益法适用的对象和条件

(1) 收益性房地产价值高低的决定因素(三因素)：未来净收益的大小，获得净收益期限的长短，获得净收益的可靠性。

(2) 收益法适用的条件：房地产的收益和风险都能够较准确地量化。

4. 净收益每年不变的公式的作用

(1) 直接用于测算价格

(2) 不同期限房地产价格之间的换算

(3) 比较不同期限房地产价格的高低

(4) 用于市场法中因期限不同进行的价格调整

5. 收益期限的确定

收益期限是估价对象自估价时点起至预期未来可以获得收益的时间。应根据建筑物剩余经济寿命和土地使用权剩余期限来确定。建筑物剩余经济寿命是自估价时点起至建筑物经济寿命结束的时间。土地使用权剩余期限是自估价时点起至土地使用期限结束的时间。可以归纳为：

(1) 两者同时结束。这种情况下，收益期限为建筑物剩余寿命或建设用地使用权剩余期限。

(2) 建筑物剩余经济寿命早于建设用地使用权剩余期限结束(在这种情况下，房地产的价值＝建筑物剩余经济寿命为收益期限计算的房地产价值＋建筑物剩余经济寿命结束后的剩余期限建设用地使用权在估价时点的价值。而建筑物剩余经济寿命结束后的剩余期限建设用地使用权在估价时点的价值＝整个剩余期限的建设用地使用权在估价时点的价值－以建筑物剩余经济寿命为期限的建设用地使用权在估价时点的价值）。

（3）建筑物剩余经济寿命晚于建设用地使用权剩余期限结束。在这种情况下，分为两种情况：①让合同约定建设用地使用权期间届满需要无偿收回建设用地使用权时，根据收回时建筑物的残余价值给予土地使用者相应补偿；②出让合同约定建设用地使用权期间届满需要无偿收回建设用地使用权时，建筑物也无偿收回。对于第一种情况，房地产的价值等于以建设用地使用权剩余期限为收益期限计算的房地产价值，加上建设用地使用权剩余期限结束时建筑物的残余价值折算到估价时点的价值。对于第二种情况，以建设用地使用权剩余期限为收益期限，选用相应的收益期限为有限年的公式计算房地产的价值。

6．净收益的测算（见表 7-1）

表 7-1

序号	收益类型			净收益的计算
1	租赁收入的净收益			净收益＝潜在毛租金收入－空置和租金损失＋其他收入－运营费用＝有效毛收入－运营费用 潜在毛收入＝潜在毛租金收入＋押金或租赁保证金利息等的收入 有效毛租金收入＝潜在毛租金收入－空置和租金损失－空置损失 运营费用与会计上的成本费用不同，从估价的角度出发，不包含房地产抵押贷款还本付息额、房地产折旧额、房地产改扩建费用和所得税
2	不同收益类型的净收益	自营的房地产	商业经营的房地产	商品销售收入扣除商品销售成本、经营费用、商品销售税金及附加、管理费、财务费用和商业利润
			工业生产的房地产	产品销售收入扣除生产成本、产品销售费用、产品销售税金及附加、管理费、财务费用和厂商利润
			农地净收益的测算	农地年产值扣除种苗费、肥料费、农药费、农具费、人工费、畜生费、机工费、农舍费、投资利息、农业税、农业利润等
		出租的房地产		出租的房地产是收益法估价的典型对象，其净收益通常为租赁收入扣除由出租人负担的费用后的余额。 租赁收入包括租金和租赁保证金或押金的利息收入等收入。租金有固定租金和变动租金。变动租金又有多种形式
		自用或尚未使用的房地产		根据有收益的类似房地产的有关资料按照上述相应方式来测算，或者通过类似房地产的净收益的直接比较得出
		混合收益的房地产		（1）把费用分为变动费用和固定费用，将测算出的各种类型的收入分别减去相应的变动费用，予以加总后再减去总的固定费用； （2）首先测算各种类型的收入，然后测算各种类型的费用，再将总收入减去总费用； （3）把混合收益的房地产看成是各种单一收益类型房地产的简单组合，先分别根据各自的收入和费用求出各自的净收益，然后将所有的净收益相加

7．净收益测算注意的问题（见表 7-2）

表 7-2

序号	种类	含义	备注
1	有形收益	是由房地产带来的直接货币收益	在求取净收益时不仅要包括有形收益，还要考虑各种无形收益。无形收益可以通过选取较低的报酬率或资本化率予以考虑，如果无形收益已通过有形收益得到体现，则不应再单独考虑，以免重复计算
	无形收益	无形收益是指房地产带来的间接利益	
2	实际收益	是在现状实际取得的收益	实际收益一般不能直接用于估价。客观收益是排除了实际收益中属于特殊的、偶然的因素之后所能得到的一般正常收益，只有这种收益才可以作为估价的依据。所以，估价中采用的潜在毛收入、有效毛收入、运营费用或者净收益，除有租约限制的以外，一般应采用正常客观的数据。 有租约限制的，租赁期限内应采用租赁租赁合同约定的租金，即实际租金；租赁期间届满后和为出租部分，应采用市场租金
	客观收益	是排除了实际收益中属于特殊的、偶然的因素之后所能得到的一般正常收益	
3	乐观估计、保守估计和最可能估计	要求估价师同时给出未来净收益的三种估计值，即较乐观的估计值、较保守的估计值和最可能的估计值。除评估房地产抵押价值因遵循谨慎原则应选用较保守的估计值、评估投资价值因投资者的原因可能选用较乐观的估计值或较保守的估计值外，其他目的的估价一般应选用最可能的估计值。	
4	重置提拨款的扣除方式	重置提拨款通常利用偿债基金系数计算。	

8. 净收益每年不变的公式中关于 A 的计算

(1)“过去数据简单算术平均法”。调查求取估价对象过去若干年的净收益，然后将其简单算术平均数作为 A。

(2)“未来数据简单算术平均法”。调查预测估价对象未来若干年的净收益，然后将其简单算术平均数作为 A。

(3)“未来数据资本化公式法”。调查预测估价对象未来若干年的净收益，然后利用报酬资本化法公式演变出的等式来求取 A(可视为一种加权算术平均数)。

9. 报酬率的计算方法(见表 7-3)

表 7-3

序号	方法	计算
1	累加法	报酬率＝无风险报酬率＋投资风险补偿率＋管理负担补偿率＋缺乏流动性补偿率－投资带来的优惠率
2	市场提取法	利用与估价对象房地产具有类似收益特征的可比实例的房地产的价格、净收益等资料，选用相应的报酬率资本化法公式，反求出报酬率的方法
3	投资报酬率排序插入法	通过与估价对象同等风险投资的报酬率来计算估价对象的报酬率

10. 资本化率

(1) 将估价对象未来某一年的某种收益除以适当的资本化率，或者乘以适当的收益乘数来求取估价对象价值的方法。

(2) 第一种方法：$房地产价值=\frac{房地产未来第一年的净收益}{资本化率}$　$资本化率=\frac{年收益}{价格}$

(3) 第二种方法：乘数法(见表 7-4)

表 7-4

乘数种类	公式	优点	缺点
潜在毛收入乘数法	房地产价值＝未来第一年的潜在毛收入×毛收入乘数		没有考虑空置和运营费用的差异比较粗略，精度不高
有效毛收入乘数法	房地产价值＝未来第一年的有效毛收入×有效毛收入乘数	考虑了空置和租金损失	未考虑运营费用的差异
净收益乘数法	房地产价值＝未来第一年的净收益×净收益乘数	是资本化率的倒数	

(4) 资本化率与报酬率的区别与联系(见表 7-5)

表 7-5

序号	资本化率(R)	报酬率(Y)	两者的关系
1	在直接资本化法中采用的是一步将房地产的预期收益转换为价值的比率	报酬率是在报酬资本化法中采用的，是通过折现的方式将房地产的预期收益转换为价值的比率	(1) 净收益每年不变收益年限且持续为无限年，$R=Y$ (2) 净收益每年不变收益年限为有限年，$R=\frac{Y(1+Y)^n}{(1+Y)^n-1}$ (3) 净收益每年按一定比率递增收益年限且持续无限年，$R=Y-g$ (4) 在预知未来若干年后的价格相对变动的情况下，$R=Y-\Delta\frac{Y}{(1+Y)^t-1}$
2	是房地产的某种年收益与其价格到的比率，并不明确地表示获利能力	报酬率则是用来除一连串的未来各期净收益，以求取未来各期净收益现值的比率	

(5) 直接资本化法与报酬资本化法的比较(见表 7-6)

表 7-6

项目	直接资本化法	报酬率
优点	①不需要预测未来许多年的净收益，通常只需预算未来第一年的收益；②资本化率或收益乘数直接来源于市场上所显示的收益与价值的关系；③计算过程较为简单	①指明了房地产的价值是其未来各期净收益的现值之和，这既是预期原理最形象的表述，又考虑到了资金的时间价值；②每期的净收益或现金流量都是明确的，直观并容易理解；③由于具有同等风险投资的任何投资的报酬率应该是相近的，不必直接依靠与估价对象的净收益流模式相同的房地产来求取适当的报酬率，而通过其他具有同等风险的投资的收益率也可以求取适当的报酬率
缺点	要求有较多与估价对象的净收益流模式相同的房地产来求取资本化率或收益乘数，对可比实例的依赖性很强	需要预测未来各期的净收益，从而较多依赖于估价师的主观判断，并且各种简化的收益流模式不一定符合市场的实际情况
应用	当相似的预期收益存在大量的可比市场信息时，直接资本化法会是相当可靠的	当市场可比信息缺乏时，报酬资本化法则能提供一个相对可靠的评估价值

11. 投资组合技术和剩余技术包括的内容(见表 7-7)

表 7-7

序号	名称		含义
1	投资组合技术	土地与建筑物的组合	运用直接资本化法估价，由于估价对象不同，采用的资本化率应有所不同
		抵押贷款与自有资金的组合	抵押贷款与自有资金的组合。由于抵押贷款通常是分期偿还的，所以抵押贷款与自有资金的组合通常不是利用抵押贷款利率和自有资金报酬率来求取房地产的报酬率，而是利用抵押贷款常数和自有资金资本化率来计算综合资本化率
2	剩余技术	土地剩余技术	是土地与地上建筑物共同产生收益，但如果采用收益法以外的方法(如成本法)能求得建筑物的价值时，则可利用收益法公式求得归属于建筑物的净收益，然后从土地与地上建筑物共同产生的净收益中扣除归属于建筑物的净收益，得到归属于土地的净收益，再除以土地资本化率或选用土地报酬率折现，即可求得土地的价值
		建筑物剩余技术	建筑物剩余技术是土地与地上建筑物共同产生收益，但如果采用收益法以外的方法(如市场法)能求得土地的价值时，则可利用收益法公式求得归属于土地的净收益，然后从土地与地上建筑物共同产生的净收益中扣除归属于土地的净收益，得到归属于建筑物的净收益，再除以建筑物资本化率或选用建筑物报酬率折现，即可求得建筑物的价值
		抵押贷款剩余技术	抵押贷款剩余技术是已知自有资金数量计算抵押贷款金额或价值的剩余技术。它是从净收益中减去在自有资金资本化率下能满足自有资金的收益，得到属于抵押贷款部分的收益，然后除以抵押贷款常数得到抵押贷款金额或价值。

二、本章常用公式

1. 净收益每年不变的公式及其作用(见表 7-8)

表 7-8

序号	名称	计算公式	应用条件
1	收益期限为有限年	$V=\frac{A}{Y}\left[1-\frac{1}{(1+Y)^n}\right]$	①净收益 A 每年不变；②报酬率 Y 不等于零；③收益期限 n 为有限年
2	收益期限为无限年	$V=\frac{A}{Y}$	①净收益 A 每年不变；②报酬率 Y 大于零；③收益期限为无限年
3	不同年限价格之间的换算	$V_n=V_N\times\frac{(1+Y)^{N-n}[(1+Y)^n-1]}{(1+Y)^N-1}$	报酬率相同时
		$V_n=V_N\times\frac{Y_N(1+Y_N)^N\ [(1+Y_n)^n-1]}{Y_N(1+Y_n)^n[(1+Y_N)^N-1]}$	报酬率不同时

2. 净收益在前若干年有变化的公式(见表 7-9)

表 7-9

序号	名称	计算公式	应用条件
1	收益期限为有限年	$V=\sum_{i=1}^{t}\frac{A_t}{(1+Y)^i}+\frac{A}{Y(1+Y)^t}\left[1-\frac{1}{(1+Y)^{n-t}}\right]$	①净收益 A 在未来的前 t 年(含第 t 年)有变化，分别为 A_1、A_2、…、A_t，A 在 t 年以后无变化；②报酬率 Y 不等于零；③收益期限 n 为有限年
2	收益期限为无限年	$V=\sum_{i=1}^{t}\frac{A_t}{(1+Y)^i}+\frac{A}{Y(1+Y)^t}$	①净收益 A 在未来的前 t 年(含第 t 年)有变化，分别为 A_1、A_2、…、A_t，A 在 t 年以后无变化；②报酬率 Y 不等于零；③收益期限为无限年

3. 净收益按一定数额递增、减的公式(见表 7-10)

表 7-10

序号	名称	计算公式	应用条件
1	净收益按一定数额递增收益期限为有限年	$V=\left(\frac{A}{Y}+\frac{b}{Y^2}\right)\left[1-\frac{1}{(1+Y)^n}\right]-\frac{b}{Y}\times\frac{n}{(1+Y)^n}$	①净收益在未来第一年为 A，此后按数额 b 逐年递增；②报酬率 Y 不等于零；③收益期限 n 为有限年
2	净收益按一定数额递增收益期限为无限年	$V=\frac{A}{Y}+\frac{b}{Y^2}$	①净收益在未来第一年为 A，此后按数额 b 逐年递增；②报酬率不等于零为 Y；③收益期限为无限年 n
3	净收益按一定数额递减收益期限为有限年	$V=\left(\frac{A}{Y}-\frac{b}{Y^2}\right)\left[1-\frac{1}{(1+Y)^n}\right]+\frac{b}{Y}\times\frac{n}{(1+Y)^n}$	①净收益在未来第一年为 A，此后按数额 b 逐年递减；②报酬率 Y 不等于零；③收益期限 n 为有限年且 $n\leqslant\frac{A}{b}+1$
4	计算收益年限	$n>\frac{A}{b}+1$	净收益在未来第一年为 A，此后按数额 b 逐年递增减

4. 净收益按一定比率递增(减)的计算公式(见表 7-11)

表 7-11

序号	名称	计算公式	应用条件
1	收益期限为有限年	$V=\frac{A}{Y-g}\left[1-\left(\frac{1+g}{1+Y}\right)^n\right]$	①净收益 A 每年不变，此后按比率 g 逐年递增；②净收益 Y 逐年递增的比率 g 不等于报酬率；③收益期限 n 为有限年
2	收益期限为有限年，逐年递增的比率等于报酬率	$V=A\times\frac{n}{(1+Y)}$	①净收益 A 每年不变；②逐年递增的比率 g 等于报酬率 Y；③收益期限 n 为有限年
3	收益期限为无限年	$V=\frac{V}{Y-g}$	①净收益 A，每年不变为此后按比率 g 逐年递增；②报酬率 Y 大于净收益逐年递增的比率 g；③收益期限为无限年

续表

序号	名称	计算公式	应用条件
4	净收益按一定比率递减，收益期限为有限年	$V=\frac{V}{Y+g}\left[1-\left(\frac{1-g}{1+Y}\right)^{n}\right]$	①净收益未来第一年为 A，此后按比率 g 逐年递减；②报酬率 Y 不等于零；③收益期限 n 为有限年
5	净收益按一定比率递减，收益期限为无限年	$V=\frac{A}{Y+g}$	①净收益未来第一年为 A，此后按比率 g 逐年递减；②报酬率 Y 大于零；③收益期限为无限年
6	有效毛收入逐年递增，运用费用逐年递增，收益期限为有限年	$V=\frac{I}{Y-g_{I}}\left[1-\left(\frac{1+g_{I}}{1+Y}\right)^{n}-\frac{E}{Y-g_{E}}\left[1-\left(\frac{1+g_{E}}{1+Y}\right)^{n}\right]\right.$	①有效毛收入 I 按比 g_I 逐年递增，运营费用 E 按比率 g_E 逐年递增；② g_I 和 g_E 不等于报酬率 Y；③收益期限 n 为有限年，且满足 $I(1+g_I)n-1-E(1+g_E)n-1\geqslant 0$

5. 预知未来若干年后的价格计算公式(见表 7-12)

表 7-12

序号	计算公式	应用条件
1	$V=\frac{A}{Y}\left[1-\frac{1}{(1+Y^{t})}\right]+\frac{V_{t}}{(1+Y)^{t}}$	净收益 A 每年不变
2	$V=\left(\frac{A}{Y}+\frac{b}{Y^{2}}\right)\left[1-\frac{1}{(1+Y)^{t}}\right]-\frac{b}{Y}\times\frac{t}{(1+Y)^{t}}+\frac{V_{t}}{(1+Y)^{t}}$	净收益按一定数额 b 递增时
3	$V=\left(\frac{A}{Y}-\frac{b}{Y^{2}}\right)\left[1-\frac{1}{(1+Y)^{t}}\right]+\frac{b}{Y}\times\frac{t}{(1+Y)^{t}}+\frac{V_{t}}{(1+Y)^{t}}$	净收益按一定数额 b 递减时
4	$V=\frac{A}{Y-g}\left[1-\left(\frac{1+g}{1+Y}\right)^{t}\right]+\frac{V_{t}}{(1+Y)^{t}}$	净收益按一定比率 g 逐年递增时
5	$V=\frac{A}{Y+g}\left[1-\left(\frac{1-g}{1+Y}\right)^{t}\right]+\frac{V_{t}}{(1+Y)^{t}}$	净收益按一定比率 g 逐年递减时

6. 未来数据资本化法计算公式

$$A=\frac{Y(1+Y)^{t}}{(1+Y)^{t}-1}\sum_{i=1}^{t}\frac{A_{i}}{(1+Y)^{t}}$$

7. 投资组合和剩余技术的计算公式(见表 7-13)

表 7-13

序号	名称		计算公式	备注
1	投资组合	综合资本化率、土地资本化率、建筑物资本化率三者的关系	$R_{O}=\frac{V_{L}R_{L}+V_{B}\times R_{B}}{V_{L}+V_{B}}$	式中，R_O 为综合资本化率、R_L 为土地资本化率、R_B 建筑物资本化率、V_L 为土地价值、V_B 为建筑物价值
			$R_{L}=\frac{(V_{L}+V_{B})R_{O}-V_{B}R_{B}}{V_{L}}$	
			$R_{B}=\frac{(V_{L}+V_{B})R_{O}-V_{L}R_{L}}{V_{B}}$	
		综合资本化率、贷款价值比率、贷款常数和自有资金资本化率之间的关系	$R_{O}=M\times R_{M}+(1-M)R_{E}$	式中，R_O 综合资本化率、M 为贷款价值比率、R_M 抵押贷款常数、R_E 为自有资金资本化率；R_M 抵押贷款常数、Y_M 为抵押贷款利率、n 为抵押贷款期限
			$R_{M}=\frac{Y_{M}(1+Y_{M})^{n}}{(1+Y_{M})^{n}-1}$	

续表

序号	名称		计算公式	备注
2	剩余技术	土地剩余技术	$V_L=\dfrac{A_O-V_BR_B}{R_L}$	式中，R_O 综合资本化率、M 为贷款价值比率、R_M 抵押贷款常数、R_E 为自有资金资本化率；R_M 抵押贷款常数、Y_M 为抵押贷款利率、n 为抵押贷款期限

三、典型答疑

1. 某宗房地产已知可取得收益的年限为38年，通过预测得到其未来5年的净收益分别为20万元、22万元、25万元、28万元、30万元，从未来第6年到第38年每年的净收益将稳定在35万元左右，该类房地产的报酬率为10%。试计算该宗房地产的收益价格。

答：$V=20/(1+10\%)+22/(1+10\%)^2+25/(1+10)^3+28/(1+10\%)^4+30/(1+10\%)^5+35/[10\%\times(1+10\%)^5]\times[1-1/(1+10\%)^{(38-5)}]$

2. 题目是说从未来第6年的净收益将稳定在35万元，因为它是从第6年开始稳定的，为何公式中是……$+35/10\%\times(1+10\%)^5$，而不是6次方呢？

答：这个问题应当这样理解：这道题讲的其实是净收益在前若干前有变化的公式的实际应用。公式前半部分是净收益每年有变化的公式，后半部分是净收益每年不变的公式。在公式前半部分，由于前5年净收益每年都不相同，所以分别将每年的净收益进行折现然后累加，再看公式后半部分，由于从第6年开始净收益稳定在35万元，所以就需要套用净收益每年不变的公式。

3. 请问这道题：6年前甲公司提供一宗40年使用权的出让土地与乙公司合作建设一办公楼，总建筑面积3000m²，于4年前建成并投入使用，办公楼正常使用寿命长于土地使用年限。甲、乙双方当时合同约定，建成投入使用后，其中的1000m²建筑面积归甲方，2000m²建筑面积由乙方使用15年，期满后无偿归甲方。现今，乙方欲拥有该办公楼的产权，甲方也愿意将其转让给乙方。试估算乙方现时应出资多少万元购买甲方的权益。据调查得知，现时该类办公楼每平方米建筑面积的月租金平均为80元，出租率为85%，年运营费用约占租赁有效毛收入的35%，报酬率为10%。

标准答案：(1)计算办公楼现值：①办公楼整体年净收益$=80\times3000\times85\%\times(1-35\%)\times12=159.12$万元；②收益年限$=40-6=34$年；③办公楼现值$V=A/Y[1-1/(1+Y)^n]=159.12/10\%\times[1-1/(1+10\%)^{34}]=1528.92$万元。(2)计算乙方的使用权价格：①乙方使用权年净收益$=80\times2000\times85\%\times(1-35\%)\times12=106.08$万元；②乙方使用权剩余收益年限$=15-4=11$年；③乙方使用权剩余收益年限价格$V=A/Y[1-1/(1+Y)^n]=106.08/10\%\times[1-1/(1+10\%)^{11}]=689$万元。(3)甲方权益价格＝办公楼现值－乙方使用权价格$=1528.92-689=839.92$万元。

请问本题和教材例题有何区别？在例题求取年净收益和乙方使用权净收益采用2000m²，本题年净收益采用3000m²，乙方使用权净收益采用2000m²？

答：例题与该题的共同点是：整幢楼的权益，是甲乙双方共同拥有（乙方占一小部分）。两题的不同之处：例题要求的是乙方现有建筑面积（2000m²）下的权益在剩余年限的价值。所以例题的解题思路是，先求出乙方 $2000m^2$ 在整个收益年限下的价值，再求出部分收益年限下的价值，二者相减即为所求。该题要求的是乙方应出资多少万元购买甲方的权益，意思就是说整幢楼的价值除去乙方拥有的价值即为所求。所以该题的解题思路是：先求出整幢楼的价值，再求出乙方拥有的价值，二者相减即为所求。

4. 请问这道题应怎么做：某大厦，其土地于1995年7月批租，1997年7月竣工，因销售不佳，整栋大楼1997年7月起均以50元/(m^2·月)的价格对外出租，合同期为5年。1998年经各方同意业主将大厦带租约转让。现已知土地使用年限为50年，同地区该类大厦平均月租金60元/m^2，大厦总建筑面积为$8000m^2$，大厦的拥有年限为60年，报酬率为10%，租赁合同中租金的支付方式为按年支付，（大厦转让时，租赁方已支付第二年租金），现请评估大厦转让时的正常总价格？

答：$(50\times8000\times12)/10\%/(1+10\%)\times[1-1/(1+10\%)^3]+(60\times8000\times12)/10\%/(1+10\%)^4\times[1-1/(1+10\%)^{50-7}]$。

5. 请问这道题怎么做：已知贷款常数8%和自有资金的资本化率12%，贷款比率为70%，如何求资本化率？

答：$70\%\times8\%+(1-70\%)\times12\%$。

6. 何谓“购买年法”？

答：购买年法是收益法的一种，是用年收益乘以收益的年数(购买年)来直接得到估价对象的价值，这种方法简单、迅速，但由于忽视了许多细节，估价结果过于粗略，直接资本化法中的收益乘数法就是来源于购买年法。

7. 下面的题目请帮助解答：某写字楼预计持有两年后出售，持有期的年净收益预测为216万元，出售时的价格减去销售税费后的净值预测为5616万元，报酬率为8%，则该写字楼目前的收益价格估计为多少？

答：根据净收益每年不变的预知未来若干年后的价格公式：$V=A/Y\times[1-1/(1+Y)^t]+Vt/(1+Y)^t=216/8\%\times[1-1/(1+8\%)^2]+5616/(1+8\%)^2=5200$万元。

8. 请问这道题：某商店的土地使用年限为40年，从2000年10月1日起计。该商店共有两层，每层可出租面积各为$200m^2$。一层于2001年10月1日租出，租赁期限为5年，可出租面积的月租金为180元/m^2，且每年不变；二层现暂空置。附近类似商场一、二层可出租面积的正常月租金分别为200元/m^2和120元/m^2，运营费用率为25%。该类房地产的报酬率为9%。试测算该商场2004年10月1日带租约出售时的正常价格。

解：该商场2004年10月1日带租约出售时的正常价格测算如下：

(1) 商店一层价格的测算：

租赁期限内年净收益$=200\times180\times(1-25\%)\times12=32.40$(万元)

租赁期限外年净收益$=200\times200\times(1-25\%)\times12=36.00$(万元)

$$V=32.40/(1+9\%)+32.40/(1+9\%)^2+36.00/[9\%\times(1+9\%)^2]\times[1-1/(1+9\%)^{(40-4-2)}]$$
$$=375.69(万元)$$

(其他略)

有两个问题：(1)这道题的第一问是求带租约出售时的价格，其中40−4−2是如何得来的？(2)求取租赁期的价值中，为什么前面是(1+9%)的2次幂，后面却是(1+9%)的40−4−2次幂？在收益法公式中这两个次幂是t和$n-t$，既然前面的$t=2$，后面就应该是 40－2？请问这是为什么？

答：(1) 见下面的现金流量图：

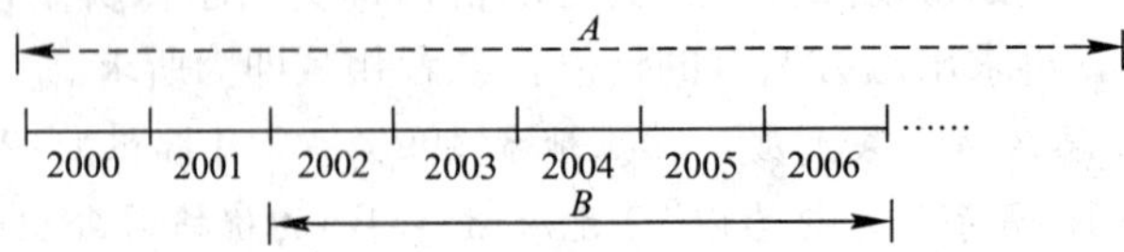

这道题告诉我们，租赁期是从 2001 年 10 月 1 日到 2006 年 10 月 1 日(见 B 所示)，题中求出的租赁期限外的年净收益 36 万元，是估价时点为 2006 年 10 月 1 日以后的净收益，所以它的收益年限应当从 2006 年 10 月 1 日以后开始计算，即 40－4－2。

(2) 具体情况具体分析，这里的 40－4 等同于 n，而 2 等同于 t。

9. 请问这道题怎么做：甲房地产尚可使用 40 年，单价 96 元/m²，甲房地产尚可使用 70 年，单价 100 元/m²，报酬率为 8%，实际上甲房地产的价格比(　　)乙房地产的价格

A. 高　　　　B. 低

C. 等于　　　　D. 无法确定

答：要比较两宗房地产的价格的高低，需要将它们先转换为相同年限下的价格，为了计算方便，将它们都转换为无限年下的价格：甲房地产无限年下的价格＝$96/[1-1/(1+8\%)^{40}]$，乙房地产无限年下的价格＝$100/[1-1/(1+8\%)^{70}]$。

10. 请问这道题：某宗房地产占地 2000m²，于 1999 年 4 月通过出让方式取得，出让年限为 40 年。经调查，现在取得类似土地 40 年使用权的市场价格是 500 元/m²，已知报酬率为 8%，求该土地在 2003 年 4 月的市场价格。资料给出的答案为：应采用收益法公式进行年限调整，计算土地的现实价格为：$500\times2000\times[1-1/(1+8\%)^{36}]/[1-1/(1+8\%)^{40}]=98.26$ 万元。此答案是否正确，为什么？

答：这个答案不正确，应当使用收益法中不同年限的价格换算公式：

$$2000\times500\times(1+8\%)^{40}-36\times[(1+8\%)^{36}-1]/[(1+8\%)^{40}-1]。$$

四、例题分析

(一) 单项选择题

1. 某宗房地产是于 3 年前通过出让方式取得，当时获得的土地使用期限为 50 年并约定不可续期，判定其未来每年的净收益基本稳定。预计该宗房地产在正常情况下未来 4 年的净收益分别为：31 万元、29 万元、30.5 万元、29.5 万元，报酬率为 8%。用“未来数据资本化公式法”计算该宗房地产的收益价格为(　　)万元。

A. 358.85　　　　B. 360.49

C. 362.93　　　　D. 365.29

答案：D

解析：$A=\dfrac{Y(1+Y)^t}{(1+Y)^t-1}\sum_{i=1}^{t}\dfrac{A_i}{(1+Y)^t}$

$$A=\frac{8\%(1+8\%)^4}{(1+8\%)^4-1}\times\left(\frac{31}{(1+8\%)}+\frac{29}{(1+8\%)^2}+\frac{30.5}{(1+8\%)^3}+\frac{29.5}{(1+8\%)^4}\right)=30.03(万元)$$

$$V=\frac{A}{Y}\left[1-\frac{1}{(1+Y)_n}\right]$$

V＝(30.03/8%)×[1－1/(1＋8%)50－3]＝365.29(万元)

2. 某商品住宅总价为98万元，首付款为30%，其余为抵押贷款，贷款期限为15年，按月等额还本利息，贷款年利率为7.5%，自有资金资本化率为8%。则其综合资本化率为(　)。

A. 7.65%　　B. 8.75%

C. 9.42%　　D. 10.19%

答案：D

解析：抵押贷款常数 R_M 为：

$$R_M=\frac{Y_M(1+Y_M)^n}{(1+Y_M)^n-1}$$

＝[(7.5%/12)×(1＋7.5%/12)15×12]/[(1＋7.5%/12)15×12－1]×12＝11.12%

$$R_O=M\times R_M+(1-M)R_E=70\%\times11.12\%+30\%\times8\%=10.19\%$$

3. 承租人甲与出租人乙于5年前签订了一套住宅的租赁合同，该套住宅面积为200m²，租赁期限为8年，年租金480元/m²固定不变。现市场上类似住宅的年租金为600元/m²。若折现率为8%，则承租人甲目前的权益价值为(　)万元。

A. 6.19　　B. 6.42

C. 7.20　　D. 9.58

答案：A

解析：采用下列公式计算承租人目前的权益价值：

$$V=\frac{A}{Y}\left[1-\frac{1}{(1+Y)^n}\right]$$

$$A=(600-480)\times200=24000(元)$$

$$N=8-5=3(年)$$

V＝(24000/8%)×[1－1/(1＋8%)3]＝61850.33(元)

4. 某写字楼由于市场不景气和周边新增居住房地产较多，造成不便于商务办公和需求减少，估计未来期限内每年平均空置率由现在的15%上升为25%，每月可出租面积租金为70元/m²，又知该写字楼可出租面积为10000m²，运营费用率为40%。假若该写字楼可出租剩余年限为30年，投资报酬率为8%，其他条件保持不变，则该写字楼将发生(　)万元的贬值。

A. 548.19　　B. 558.15

C. 567.39　　D. 675.40

答案：C

解析：(1) 该写字楼空置率为15%时的价值 V_1 为：

$$V=\frac{A}{Y}\left[1-\frac{1}{(1+Y)^n}\right]$$

$$A=70\times10000\times12\times60\%\times85\%=428.4(万元)，n=30(年)$$

$$V_1=(428.4/8\%)\times[1-1/(1+8\%)^{30}]=4822.83(万元)$$

(2) 该写字楼空置率为15%时的价值 V_2 为：

$$V=\frac{A}{Y}\left[1-\frac{1}{(1+Y)^n}\right]$$

$$A=70\times10000\times12\times60\%\times75\%=378(\text{万元}),\ n=30\text{年}$$

$$V_2=(378/8\%)\times[1-1/(1+8\%)^{30}]=4255.44(\text{万元})$$

(3) 该写字楼将贬值 $V_1-V_2=4822.83-4255.44=567.39$(万元)

5. 某宗房地产的收益期限为40年，通过预测未来3年的年净收益分别为15万元、18万元、23万元，以后稳定在每年25万元直到收益期限结束，该类房地产的报酬率为8%，则该宗房地产的收益价格最接近于(　　)万元。

A. 280　　B. 285

C. 290　　D. 295

答案：A

解析：则该宗房地产的收益价格最接近于：

$$V=\sum_{i=1}^{t}\frac{A}{(1+Y)_i}+\frac{A}{Y(1+Y)_t}\left[1-\frac{1}{(1+Y)^{n-t}}\right]$$

$=15/(1+8\%)+18/(1+8\%)^2+23/(1+8\%)^3+25/[8\%\times(1+8\%)^3]\times[1-1/(1+8\%)^{37}]$

$=281.3$(万元)

6. 某写字楼年出租净收益为300万元，预计未来三年内仍然维持该水平，三年后该写字楼价格为现在写字楼价格的1.2倍，该类房地产的报酬率为10%，则该宗写字楼现在的价格为(　　)万元。

A. 4580　　B. 5580

C. 6580　　D. 7580

答案：D

解析：设该宗写字楼现在的价格为V，则

$$V=\frac{A}{Y}\left[1-\frac{1}{(1+Y)^t}\right]+\frac{V_t}{(1+Y)^t}$$

其中 $V_t=1.2V$，$V=(300/10\%)\times[1-1/(1+10\%)^3]+1.2V/(1+10\%)^3$

整理得：$V=746.06+0.9016V$

解得 $V=7580.15$(万元)

7. 某商场建成于2000年10月，收益期限从2000年10月到2040年10月，预计未来正常运行年潜在毛收入为120万元，年平均空置率20%，年运营费用50万元。目前该类物业无风险报酬率为5%，风险报酬率为安全利率的60%，则该商场在2005年10月的价值最接近于(　　)万元。

A. 536　　B. 549

C. 557　　D. 816

答案：A

解析：该商场在2005年10月的价值最接近于：

$$V=\frac{A}{Y}\left[1-\frac{1}{(1+Y)^n}\right]$$

$$A=120\times80\%-50=46(\text{万元}),\ Y=5\%+5\%\times60\%=8\%$$

$$V=(46/8\%)\times[1-1/(1+8\%)^{40-5}]=536.11(\text{万元})$$

8. 实际估价中设定未来净收益每年不变条件下，计算净收益最合理的方法是(　　)。

A. 过去数据简单算术平均法　　B. 过去数据加权算术平均法

C. 未来数据简单算术平均法　　D. 未来数据资本化公式法

答案：D

解析：实际估价中设定未来净收益每年不变条件下，求取净收益最合理的方法是未来数据资本化公式法。

9. 某商铺的收益年限为30年，年有效毛收入为6000元/m^2。假设净收益率为75%，报酬率为10%，则该商铺目前的价值为(　　)。

A. 14140元/m^2　　B. 42421元/m^2

C. 56561元/m^2　　D. 60000元/m^2

答案：B

解析：该商铺目前的价值为：

$$V=\frac{A}{Y}\left[1-\frac{1}{(1+Y)^n}\right]$$

$$A=6000\times75\%=4500(\text{元}/m^2)$$

$$V=(4500/10\%)\times[1-1/(1+10\%)^{30}]=42421.12(\text{元}/m^2)$$

10. 某宗房地产32年土地使用权的价格为4000元/m^2，对应的报酬率为7%。现假定报酬率为9%，该宗房地产40年土地使用权条件下的价格最接近于(　　)。

A. 3275元/m^2　　B. 3287元/m^2

C. 3402元/m^2　　D. 4375元/m^2

答案：C

解析：该宗房地产40年土地使用权条件下的价格最接近于：

$$V_n=V_N\times\frac{Y_N(1+Y_N)^N[(1+Y_n)^n-1]}{Y_n(1+Y_n)^n[(1+Y_N)^N-1]}$$

$$=4000\times\{7\%\times(1+7\%)^{32}\times[(1+9\%)^{40}-1]\}/\{9\%\times(1+9\%)^{40}\times[(1+7\%)^{32}-1]\}$$

$$=3402.46(\text{元}/m^2)$$

11. 某出租的房地产的年租金收入为10万元，年出租总费用为1万元。建筑物重置价格为100万元，成新率为80%。已知土地资本化率为6%，建筑物资本化率为8%。假设该房地产的土地使用年限为无限年，则该宗房地产的现值为(　　)万元。

A. 43　　B. 112.5

C. 123.3　　D. 150

答案：C

解析：建筑物的净收益＝10080%×0.08＝6.4(万元)

土地的净收益＝10－1－6.4＝2.6(万元)

土地的价格＝2.6/6%＝43.33(万元)

该宗房地产的现值＝建筑物的现值＋土地价格＝100×80%＋43.33＝123.3(万元)

12. 用收益法计算房地产价格，若第t年净收益为$A(1+g)t-1$，年限为n，净收益增长率g与报酬率Y相等，则房地产价格V＝(　　)。

A. 0　　B. $\frac{An}{1+Y}$

C. An　　　　　　　　　　　　　　　D. ∞

答案：B

解析：用收益法计算房地产价格时，若净收益第一年为 A，收益年限为有限年 n，净收益逐年增长率与报酬率 Y 相等，则房地产价格：

$$V=A\times\frac{n}{(1+Y)}$$

13. 资本化率是(　　)的倒数。

A. 毛租金乘数　　　　　　　　　　B. 潜在毛租金乘数

C. 有效毛收入乘数　　　　　　　　D. 净收益乘数

答案：D

解析：净收益乘数与资本化率是互为倒数的关系。

14. 某宗房地产的土地使用年限为 50 年，至今已使用 8 年，预计该宗房地产年有效毛收入为 80 万元，运营费用率为 40%，安全利率假定为 6%，风险补偿率为安全利率的 40%，该房地产的收益价格为(　　)万元。

A. 368　　　　　　　　　　　　　B. 552

C. 561　　　　　　　　　　　　　D. 920

答案：B

解析：房地产的收益价格为：

$$V=\frac{A}{Y}\left[1-\frac{1}{(1+Y)^{n}}\right]$$

$$A=80\times60\%=48(\text{万元})$$

$$Y=6\%+6\%\times40\%=8.4\%$$

$$V=(48/8.4\%)\times[1-1/(1+8.4\%)^{50-8}]=552.12(\text{万元})$$

15. 建筑物净收益＝(　　)×建筑物资本化率(净收益每年不变且持续无限年期)。

A. 建筑物重置价　　　　　　　　　B. 建筑物现值

C. 土地价格　　　　　　　　　　　D. 房地产价格

答案：D

解析：根据 $V=\frac{A}{Y}$ 得到建筑物净收益＝房地产价格×建筑物资本化率。

16. 有一宗房地产总价为 100 万元，综合资本化率为 7%，土地资本化率为 6%，建筑物资本化率为 8%，则该宗房地产的土地价格为(　　)万元(收益可视为无限年)。

A. 3　　　　　　　　　　　　　　B. 4

C. 5　　　　　　　　　　　　　　D. 6

答案：A

解析：该宗房地产的土地价格为：

$$V=\frac{A}{Y}，A=100\times7\%=7(\text{万元})，$$

设土地的净收益为 A_L，建筑物的净收益为 $7-A_L$，则

$$A_L/6\%+(7-A_L)/8\%=100，A_L=3(\text{万元})。$$

17. 有一房地产，未来第一年净收益为 20 万元，预计此后各年的净收益会在上一年

的基础上增加 2 万元，收益期为无限年，该类房地产报酬率为 10%，则该房地产的收益价格为(　　)万元。

A. 400　　B. 450

C. 500　　D. 540

答案：A

解析：该房地产的收益价格为：

$$V=\frac{A}{Y}+\frac{b}{Y^2}=20/10\%+2/10\%^2=400(\text{万元})$$

18. 某房地产商以 2000 万元购置一幢写字楼，当时年通货膨胀率为 2%，一年后该写字楼售出时，房地产商收回资金 2200 万元，则该写字楼增值了(　　)万元。

A. 40　　B. 100

C. 160　　D. 200

答案：C

解析：(2200－2000)－2000×2%＝160(万元)

19. 某宗收益性房地产，预测未来 3 年的净收益均为 100 万元/年，3 年后的出售价格上涨 12%，届时转让税费为售价的 6%，报酬率为 9%。该房地产目前的价值为(　　)万元。

A. 923　　B. 1111

C. 1353　　D. 1872

答案：C

解析：房地产目前的价值为：

$$V=\sum_{i=1}^{t}\frac{A_i}{(1+Y)^i}+\frac{V_t}{(1+Y)^t}$$

$$V_t=V\times(1+12\%)\times(1-6\%)=1.0528V$$

$$V=100/9\%\times[1-1/(1+9\%)^3]+1.0528V/(1+9\%)^3$$

$$V=1353.31(\text{万元})$$

20. 某宗房地产的土地使用年限为 40 年，包括土地开发和房屋建造过程，至今已有 8 年，预计该宗房地产正常情况下的年有效毛收入为 100 万元，运营费用率为 40%，该类房地产的报酬率为 8%，该宗房地产的收益价格为(　　)万元。

A. 457.40　　B. 476.98

C. 686.10　　D. 715.48

答案：C

解析：该宗房地产的收益价格为：

$$V=\frac{A}{Y}\left[1-\frac{1}{(1+Y)^n}\right],\ A=100\times60\%=60(\text{万元}),\ n=40-8=32(\text{年})$$

$$V=(60/8\%)\times[1-1/(1+8\%)^{32}]=686.10(\text{万元})$$

21. 某宗土地 50 年使用权的价格为 1000 万元，现探测其地下有铜矿资源，该铜矿资源的价值为 500 万元。若土地报酬率为 7%，则该宗土地 30 年使用权的价格为(　　)万元。

A. 899　　B. 1000

C. 1349　　　　　　　　　　D. 1500

答案：A

解析：该宗土地 30 年使用权的价格为：

$$V_n = V_N \times \frac{(1+Y)^{N-n}[(1+Y)^n - 1]}{[(1+Y)^N - 1]}$$

$$= 1000 \times \{(1+7\%)^{50-30} \times [(1+7\%)^{30} - 1]\} / [(1+7\%)^{50} - 1] = 899.16(万元)$$

22. 某宗房地产，已知建筑物的重置价格为 1000 元/m²，成新率为 70%，房地产年净收益为 140 元/m²，土地资本化率为 6%，建筑物资本化率为 8%，则该房地产的价格为（　）元/m²。

A. 1700　　　　　　　　　　B. 2000

C. 2100　　　　　　　　　　D. 2400

答案：C

解析：该房地产的价格为：$V = \dfrac{A}{Y}$

建筑物的净收益＝1000×70%×8%＝56(元/m²)

土地的净收益＝140－56＝84(元/m²)

土地的价格＝84/6%＝1400(元/m²)

该房地产的价格＝700＋1400＝2100(元/m²)

23. 已知某收益性房地产的收益期限为 50 年，报酬率为 8%的价格为 4000 元/m²；若该房地产的收益期限为 40 年，报酬率为 6%，则其价格最接近于（　）元/m²。

A. 3816　　　　　　　　　　B. 3899

C. 4087　　　　　　　　　　D. 4920

答案：D

解析：$V_n = V_N \times \dfrac{Y_N(1+Y_N)^N[(1+Y_n)^n - 1]}{Y_n(1+Y_n)^n[(1+Y_N)^N - 1]}$

$= 4000 \times \{8\% \times (1+8\%)^{50} \times [(1+6\%)^{40} - 1]\} / \{6\% \times (1+6\%)^{40} \times [(1+8\%)^{50} - 1]\} = 4919.71(元/m^2)$。

24. 某商铺建筑面积为 5000m²，建筑物的剩余经济寿命和剩余土地使用年限为 35 年；市场上类似商铺按建筑面积计的月租金为 120 元/m²；运营费用率为租金收入的 25%；该类房地产的报酬率为 10%。该商铺的价值为（　）万元。

A. 521　　　　　　　　　　B. 533

C. 695　　　　　　　　　　D. 711

答案：A

解析：$V = \dfrac{A}{Y}\left[1 - \dfrac{1}{(1+Y)^n}\right]$

$V = [(120 \times 5000 \times 12) \times (1 - 25\%) / 10\%] \times [1 - 1/(1+10\%)^{35}] = 520.78(万元)$

25. 承租人甲与出租人乙于 5 年前签订了一套住宅的租赁合同，该套住宅面积为 200m²，租赁期限为 8 年，年租金 480 元/m² 固定不变。现市场上类似住宅的年租金为 600 元/m²。若折现率为 8%，则承租人甲目前的权益价值为（　）万元。

A. 6.19　　　　　　　　　　B. 6.42

C. 7.20　　　　　　　　　　D. 9.58

答案：A

解析：采用下列公式计算承租人目前的权益价值：

$$V=\frac{A}{Y}\left[1-\frac{1}{(1+Y)^n}\right]$$

$$A=(600-480)\times 200=24000\text{元}，n=8-5=3\text{年}，$$

$$V=(24000/8\%)\times[1-1/(1+8\%)^3]=61850.33(\text{元})$$

(二) 多项选择题

1. 收益性房地产的价值高低主要取决于(　　)。

A. 已经获得净收益的大小　　B. 未来获得净收益的风险

C. 未来获得净收益的大小　　D. 目前总收益的大小

E. 未来获得净收益期限的长短

答案：BCE

解析：收益性房地产的价值高低与过去和现在的收益均无关。

2. 甲、乙两块土地，其区位及实物状况都基本一样。甲地块土地单价为 506 元/m²，容积率为 1.5，土地使用年限为 50 年。乙地块土地单价为 820 元/m²，容积率为 2.4，土地使用年限为 70 年。在用楼面地价来判断甲、乙两地块的投资价值时，若土地报酬率为 8%，则下列表述中正确的有(　　)。

A. 乙地块比甲地块贵

B. 甲地块的 70 年使用权楼面地价低于 341.67 元/m²

C. 甲地块与乙地块的楼面地价相等

D. 甲地块比乙地块贵

E. 乙地块的 70 年使用权楼面价高于 340 元/m²

答案：DE

解析：甲房地产 $V_{\infty}=V_{50}\times\frac{1}{K_{50}}=506\div 1.5\div[1-1/(1+8\%)^{50}]=344.68(\text{元/m}^2)$

乙房地产 $V_{\infty}=V_{70}\times\frac{1}{K_{70}}=820\div 2.4\div[1-1/(1+8\%)^{70}]=343.24(\text{元/m}^2)$

3. 从估价角度出发，收益性房地产的运营费用不包含(　　)等。

A. 房地产改扩建费用　　B. 抵押贷款还本付息额

C. 房屋设备折旧费　　D. 所得税

E. 房屋装修折旧费

答案：从估价角度出发，收益性房地产的运营费用不包含抵押地块还本付息额、会计上的折旧额、房地产改扩建费用和所得税。其中不包含会计上的折旧额，是指不包含建筑物折旧费、土地摊提费，但包含比整体建筑物寿命短的设备、装饰、装修等的折旧额。

4. 收益法中确定报酬率的基本方法有(　　)。

A. 市场提取法　　B. 累加法

C. 指数调整法　　D. 投资报酬率排序插入法

E. 收益乘数法

答案：ABD

解析：收益乘数是求取收益法中计算估价对象价值的方法。

5. 在$V=A/r[1-1/(1+r)^n]$ 的情况下，采用市场提取法求取报酬率Y要用到(　　)。

A. 试错法　　B. 移动平均法

C. 曲线拟合法　　D. 线性内插法

E. 指数修匀法

答案：AD

解析：移动平均法和指数修匀法是长期趋势法的具体应用。

(三) 判断题

1. 在求取整体房地产的价值时，期末转售收益是指在房地产持有期末转售房地产并扣减抵押贷款余额之后的收益。(　　)

答案：√

解析：这是教材对期末转售收益的定义。

2. 资本化率和报酬率都是将房地产的未来预期收益转换为价值的比率，前者是某种年收益与其价格的比率，后者是用来除一连串的未来各期净收益，以求得未来各期净收益现值的比率。(　　)

答案：√

解析：这是资本化率和报酬率的区别所在。

3. 用收益法估算某大型商场的价值时，其净收益为商场销售收入扣除商品销售成本、经营费用、销售税金及附加、管理费用、财务费用后的余额。(　　)

答案：×

解析：除此之外，还要扣除商业利润。

4. 预计某宗房地产未来第一年的净收益为 38 万元，此后每年的净收益将在上一年的基础上减少 3 万元，则该宗房地产的合理经营期限为 12 年。(　　)

答案：×

解析：则该宗房地产的合理经营期限为：$A-(n-1)\times b=0$，$n=38/3+1=13.67$(年)。

5. 应用收益法评估出租型房地产价格时，净收益的确定必须从租赁收入中扣除维修费、管理费、保险费、房地产税、租赁代理费等。(　　)

答案：×

解析：净收益的确定必须从租赁收入中扣除一定的费用，而应扣除的费用要根据具体情况进行分析后才能确定。

6. 为帮助房地产开发商进行投资决策，应用收益法对拟开发的项目进行投资价值评估时，应采用与该项目风险程度相对应的社会一般收益率作为折现率的选取标准。(　　)

答案：×

7. 某写字楼预计持有两年后出售，持有期的年净收益预测为 216 万元，出售时的价格减去销售税费后的净值预测为 5616 万元，报酬率为 8%，则该写字楼目前的收益价格估计为 5200 万元。(　　)

答案：√

解析：该写字楼目前的收益价格估计为：

$$V=\frac{A}{Y}\left[1-\frac{1}{(1+Y)^{t}}\right]+\frac{V_t}{(1+Y)^{t}},\ V_t=5616(\text{万元}),$$

$$V=216/8\%\times[1-1/(1+8\%)^2]+5616/(1+8\%)^2$$

$$V=5200(\text{万元})$$

8. 甲乙是两块条件相同的相邻地块，甲土地单价为1400元/m^2，容积率为4，土地使用年限为40年；乙土地单价为900元/m^2，容积率为2.5，土地使用年限为50年，则以楼面地价来判断投资甲地块较乙地块更经济(土地报酬率为6%)(　　)

答案：×

解析：甲的楼面地价=土地单价/容积率=1400/4=350(元/m^2)，

$V_{\infty}=V_{40}\times1/K^{40}=350\times(1+6)^{40}/[(1+6)^{40}-1]=387.69$(元/$m^2$)。

乙的楼面地价=土地单价/容积率=900/2.5=360(元/m^2)，

$V_{\infty}=V_{50}\times1/\mathrm{K}^{50}=360\times(1+6)^{50}/[(1+6)^{50}-1]=380.67$(元/$m^2$)。

则投资乙地块比甲地块更经济。

9. 自有资金资本化率通常为未来第一年的税前现金流量与自有资金额的比率，可以由可比实例房地产的税前现金流量除以自有资金金额得到。(　　)

答案：√

(四) 计算题

6年前甲公司提供一宗40年使用权的出让土地与乙公司合作建设一办公楼，总建筑面积3000m^2，于4年前建成并投入使用，办公楼正常使用寿命长于土地使用年限。甲、乙双方当时合同约定，建成投入使用后，其中的1000m^2建筑面积归甲方，2000m^2建筑面积由乙方使用15年，期满后无偿归甲方。现今，乙方欲拥有该办公楼的产权，甲方也愿意将其转让给乙方。试估算乙方现时应出资多少万元购买甲方的权益。据调查得知，现时该类办公楼每平方米建筑面积的月租金平均为80元，出租率为85%，年运营费用约占租赁有效毛收入的35%，报酬率为10%。

解：(1) 计算办公楼现值

① 办公楼整体年净收益=80×3000×85%×(1−35%)×12=159.12万元

② 收益年限=40−6=34年

③ 办公楼现值为：$V=A/Y[1-1/(1+Y)^n]=159.12/10\%\times[1-1/(1+10\%)^{34}]=$ 1528.92万元

(2) 计算乙方的使用权价格

① 乙方使用权年净收益=80×2000×85%×(1−35%)×12=106.08万元

② 乙方使用权剩余收益年限=15−4=11年

③ 乙方使用权剩余收益年限价格为：

$V=A/Y[1-1/(1+Y)^n]=106.08/10\%\times[1-1/(1+10\%)^{11}]=689$万元

(3) 甲方权益价格=办公楼现值−乙方使用权价格=1528.92−689=839.92万元

五、练习题

(一) 单项选择题

1. 收益法的本质是以房地产的(　　)为导向求取估价对象的价值。

A. 市场交易价格　　B. 预期收益能力
C. 开发建设成本　　D. 未来收益大小

2. 报酬资本化法又称作(　　)。

A. 收益乘数法　　B. 现金流量折现法
C. 报酬法　　D. 直接资本化法

3. 收益法的雏形是(　　)。

A. 地租资本化法　　B. 报酬资本化法
C. 早期购买年法　　D. 直接资本化法

4. 运用收益法估价一般分为哪四个步骤(　　)?

A. 搜集并验证与估价对象未来预期收益有关的数据资料，如估价对象及其类似房地产收入、费用的数据资料；预测估价对象的未来收益(如净收益)；求取报酬率或资本化率、收益乘数；选用适宜的收益法公式计算出收益价格

B. 搜集并验证与估价对象过去收益有关的数据资料，如估价对象及其类似房地产收入、费用的数据资料；预测估价对象的未来收益(如净收益)；求取报酬率或资本化率、收益乘数；选用适宜的收益法公式计算出收益价格

C. 搜集并验证与估价对象未来预期收益有关的数据资料，如估价对象及其类似房地产收入、费用的数据资料；求取报酬率或资本化率、收益乘数；选用适宜的收益法公式计算出收益价格

D. 搜集并验证与估价对象过去预期收益有关的数据资料，如估价对象及其类似房地产收入、费用的数据资料；预测估价对象的未来收益(如净收益)；选用适宜的收益法公式计算出收益价格

5. 收益乘数法是将估价对象一年的某种收益，乘以相应的(　　)来求取其价值的方法。

A. 资本化率　　B. 收益率
C. 收益乘数　　D. 利息率

6. 某宗土地 50 年使用权的价格为 1000 万元，现探测其地下有铜矿资源，该铜矿资源的价值为 500 万元。若土地资本化率为 7%，则该宗土地 30 年使用权的价格为(　　)。

A. 899　　B. 1000
C. 1349　　D. 1500

7. 预计某宗房地产未来第一年的净收益为 18 万元，此后各年的净收益会在上一年的基础上增加 1 万元，收益期限可视为无限年，该类房地产的报酬率为 8%，该房地产的收益价值为(　　)万元。

A. 225.00　　B. 237.50
C. 381.25　　D. 395.83

8. 某宗房地产，已知建筑物的重置价格为 1000 元/m^2，成新率为 70%，房地产年净收益为 140 元/m^2，土地资本化率为 6%。建筑物资本化率为 8%，则该房地产的价格为(　　)元/m^2。

A. 1700　　B. 2000
C. 2100　　D. 2400

9. 收益法适用的条件，是房地产的收益和(　　)都易于量化。

A. 成本　　B. 报酬率

C. 运营费用　　D. 风险

10. 某宗房地产的净收益为每年100万元，建筑物价值为1000万元，建筑物的资本化率为8%，土地的资本化率为6%，该宗房地产的价值为(　　)。

A. 1468万元　　B. 1333万元

C. 1500万元　　D. 1287万元

11. 已知某收益性房地产40年土地使用期限的价格为4000元/m^2，对应的报酬率为6%，试求假设其土地使用期限为50年，报酬率为8%下的价格(　　)元/m^2。

A. 3252　　B. 3435

C. 3565　　D. 3343

12. 目前的房地产市场不景气，但预测3年后价格会回升，现有一出租写字楼，该写字楼现行市场租金较低，年出租净收益1000万元，预计未来的3年内仍维持这个水平，但等到3年后市场回升时将其转卖的售价会高达25000万元，销售税费为6%。如果投资者要求该类投资的报酬率为10%，则该写字楼目前的价值为(　　)万元。

A. 21225　　B. 19854

C. 2358　　D. 20143

13. 两宗房地产的净收益相等，当其中一宗房地产获取净收益的风险较大时，则该宗房地产的(　　)。

A. 报酬率应较高，价值较低　　B. 报酬率应较低，价值较高

C. 报酬率应较高，价值较高　　D. 报酬率应较低，价值较低

14. 现有某总建筑面积为15000m^2的在建工程，已知土地使用期限为40年(自开工之日起算)，计划开发期为3年，估计建成还需1.5年建成，投入使用后年净收益为480万元，该类房地产的报酬率为8%，折现率为12%。该项目续建完成后的总价值为(　　)万元。

A. 3939.61　　B. 4433.88

C. 4768.50　　D. 5652.09

15. 某宗房地产的收益年限为40年，预测未来3年的净收益分别为17、18、19万元，从第4年起，每年的净收益将稳定在20万元，如果报酬率为9%，则该房地产的收益价格为(　　)万元。

A. 195　　B. 210

C. 213　　D. 217

16. 某宗收益性房地产，预测未来3年的净收益均为100万元/年，3年后的出售价格会上涨12%，届时转让税费为售价的6%，报酬率为9%。该房地产目前的价值为(　　)万元。

A. 923　　B. 1111

C. 1353　　D. 1872

17. 有效毛收入乘数是估价对象房地产的(　　)除以其有效毛收入所得的倍数。

A. 售价　　B. 租金

C. 潜在毛收入　　D. 净收益

18. 某宗房地产的土地使用期限为40年，至今已有8年，预计该宗房地产正常情况下的年有效毛收入为100万元，运营费用率为40%，该宗房地产的报酬率为8%，该宗房地产的收益价格为(　　)万元。

A. 457.40　　B. 476.98

C. 686.10　　D. 715.48

19. 建筑物净收益=(　　)×建筑物资本化率(净收益每年不变且持续无限年期)。

A. 建筑物重置价　　B. 建筑物现值

C. 土地价格　　D. 房地产价格

20. 评估城市商业区内上面有建筑物的土地的价格，没有可参照的土地交易实例，但存在着大量的房屋出租、商业经营行为，这时宜采用(　　)评估。

A. 市场法估价　　B. 成本法

C. 土地剩余技术　　D. 假设开发法

(二) 多项选择题

1. 收益性房地产估价需要具备的条件是房地产的(　　)都能够较准确的量化。

A. 收益　　B. 经营方式

C. 收益年限　　D. 市场状况

E. 风险

2. 根据将未来预期收益转换为价值的方式的不同，收益法可分为(　　)。

A. 剩余法　　B. 组合法

C. 直接资本化法　　D. 报酬资本化法

E. 还原法

3. 收益性房地产的价值就是其未来净收益的现值之和，该价值高低主要取决于(　　)等因素。

A. 未来净收益的大小　　B. 获得净收益的可靠性

C. 获得净收益期限的长短　　D. 利率的高低

E. 经营者的经营方式

4. 某写字楼的租金为每日每平方米3元，电费、物业管理费由承租人负担，水费、供暖费、房地产税由出租人负担。由该租金减去运营费用求取该写字楼的净收益，应减去的运营费用包括(　　)。

A. 电费　　B. 物业管理费

C. 水费　　D. 供暖费

E. 房地产税

5. 在建筑物剩余经济寿命早于建设用地使用权剩余期限结束的情况下，房地产的价值包含(　　)。

A. 以土地使用权剩余期限为收益期限计算的房地产价值

B. 以土地使用权年限为收益期限计算的房地产价值

C. 以建筑物剩余自然寿命为收益期限计算的房地产价值

D. 以建筑物剩余经济寿命为收益期限计算的房地产价值

E. 建筑物剩余经济寿命结束后的剩余期限建设用地使用权在估价时点的价值

6. 收益性房地产包括(　　)。

A. 餐馆　　B. 旅店

C. 加油站　　D. 农地

E. 未开发的土地

7. 某写字楼因有一著名品牌公司入住，致使其声誉提高，收益有较大增加，由此带来的新增收益属于(　　)。

A. 有形收益　　B. 无形收益

C. 正常收益　　D. 实际收益

E. 广告收益

8. 未来净收益流的类型有(　　)。

A. 每年基本上固定不变

B. 每年基本上按某一个固定的数额递增或递减

C. 每年基本上按某一个固定的比率递增或递减

D. 其他有规则的变形情形

E. 每年根据市场价格变化而变化

(三) 判断题

1. 收益法是预测估价对象的未来收益，以此求取估价对象的客观合理价格或价值的方法。(　　)

2. 直接资本化法是将估价对象未来某一年的某种预期收益除以适当的资本化率或者除以适当的收益乘数转换为价值的方法。(　　)

3. 将未来某一年的某种预期收益乘以适当的收益乘数转换为价值的方法，称为收益乘数法。(　　)

4. 报酬资本化法是房地产的价值等于其未来各期净收益之和，具体是预测估价对象未采各期的净收益(净现金流量)，然后累加，以此求取估价对象的客观合理价格或价值的方法。(　　)

5. 早期购买年法，即：地价＝年地租×购买年。(　　)

6. 地租资本化法，即：地价＝地租×利息率。(　　)

7. 早期购买年法只不过是地租资本化法的另一种表现。(　　)

8. 收益法是以预测原理为基础的。(　　)

9. 决定房地产当前价值的，重要的不是过去的因素而是未来的因素。(　　)

10. 现代收益法是建立在资金具有时间价值的观念上的。(　　)

11. 资金的时间价值又称货币的时间价值，是指现在的资金比将来同样多的资金的价值要低。(　　)

12. 未来净收益越大，房地产的价值就越高，反之就越低。(　　)

13. 获得净收益越可靠，房地产的价值就越高，反之就越低。(　　)

14. 获得净收益期限越长，房地产的价值就越高，反之就越低。(　　)

15. 收益法适用的对象是有收益或有潜在收益的房地产。(　　)

16. 对于政府办公楼、学校、公园等公用、公益性房地产的估价，收益法大多不

适用。（ ）

17. 收益法适用的条件是房地产的收益和风险都能够较准确地量化。（ ）

18. 抵押贷款剩余技术是已知抵押贷款金额或价值求取自有资金的剩余技术。（ ）

19. 如果将抵押贷款金额加上自有资金权益价值，还可得到整个房地产的价值。（ ）

20. 自有资金剩余技术是已知抵押贷款金额求取自有资金权益价值的剩余技术。（ ）

21. 土地剩余技术对于检验建筑物相对于土地是否规模过大或过小很有用处。（ ）

22. 将建筑物的重新购建价格减去运用建筑物剩余技术求取的建筑物价值即为建筑物的折旧。（ ）

23. 收益年限是估价对象自有收益日期开始至未来可获收益的年数。（ ）

24. 一般情况下，估价对象的收益年限为其整个经济寿命。（ ）

25. 投资回报是指所投入的资本的回收，即保本。（ ）

26. 报酬率为投资回报与所投入的资本的比率。（ ）

27. 所谓风险，是指由于不确定性的存在，导致投资收益的实际结果偏离预期结果造成损失的可能性。（ ）

28. 报酬率与投资风险正相关，风险大的投资，其报酬率也高，反之则低。（ ）

29. 对于不同的房地产，有租约限制下的价值、无租约限制下的价值和承租人权益的价值三者之间的关系为：有租约限制下的价值＝无租约限制下的价值－承租人权益的价值。（ ）

30. 营业的房地产是指并非所有者经营的房地产。（ ）

31. 房地产的收益可分为主观收益和客观收益。（ ）

32. 城市中有一块空地，目前未作任何使用，因此这块空地没有价值。（ ）

33. 运营费用仅是指营业所必须支出的费用。（ ）

34. 税前现金流量是从净收益中扣除抵押贷款还本付息额后的数额。（ ）

35. 潜在毛收入是假定房地产在充分利用、无空置(即100%出租)情况下的收入。（ ）

36. 有些房地产既存在大量租赁实例又有营业收入，如商铺、餐馆、农地等，这时最好采用营业收入测算净收益。（ ）

37. 基于租赁收入测算净收益的基本公式为：净收益＝潜在毛收入－运营费用。（ ）

38. 有效毛收入乘数是房地产的价格除以其年有效毛收入所得的倍数。（ ）

39. 净收益乘数是房地产的价格除以其年净收益所得的倍数。（ ）

40. 抵押贷款剩余技术是已知抵押贷款金额求取自有资金权益价值的剩余技术。（ ）

(四) 计算题

1. 某商店的土地使用年限为40年，从2004年10月1日起计。该商店共有两层，每层可出租面积各为200m²。一层于2005年10月1日租出，租赁期限为5年，可出租面积的月租金为240元/m²。且每年不变二层现暂空置。附近类似商场一二层可出租面积的正常月租金分别为 270 元/m^2 和 180 元/m^2，运营费用率为 25%。该类房地产的报酬率为 10%。试测算该商场 2008 年 10 月 1 日带租约出售时的正常价格。

【参考答案】

(一) 单项选择题

1. B 2. B 3. C 4. A 5. C 6. A *7. C *8. C 9. D *10. B *11. A *12. D 13. A *14. C *15. B *16. C 17. A *18. C 19. B 20. C

解析：

7. 该房地产的收益价值=18/8%+1/8%^{2}=381.25 万元

8. 房产净收益=1000×70%×8%=56 万元，土地净收益=140−56=84 万元，土地价格=84/6%=1400 万元，房地产价格=1400+700=2100 万元。

10. 建筑物净收益=1000×8%=80，土地净收益=100−80=20，土地价值=20/6%=333.33，房地价值=1000+333.33=1333.33 万元

11. $V50=4000\times\{6\%(1+6\%)^{40}[(1+8\%)^{50}-1]/8\%(1+8\%)^{50}[(1+6\%)^{40}-1]\}=$ 3252.22 元/m^2

12. $V=1000/10\%[1-1/(1+10\%)^3]+25000\times(1-6\%)/(1+10\%)^3=20142.75$ 万元。

14. $480/8\%[1-(1+8\%)^{40-3}]/(1+12\%)^{1.5}=4768.50$ 万元

15. 该房地产的收益价格$=17/(1+9\%)+18/(1+9\%)^2+19/(1+9\%)^3+20/9\%[1-1/(1+9\%)^{40-3}]/(1+9\%)^3=209.99$ 万元。

16. $V=100/9\%[1-1/(1+9\%)^3]+V\times(1+12\%)(1-6\%)/(1+9\%)^3=1353.31$ 万元

18. 该宗房地产的收益价格$=100\times(1-40\%)/8\%[1-1/(1+8\%)^{40-8}]=686.10$ 万元

(二) 多项选择题

1. AE 2. CD 3. ABC 4. CDE 5. DE 6. ABCD 7. BD 8. ABCD

(三) 判断题

1. × 2. × 3. √ 4. × 5. √ 6. × 7. √ 8. × 9. √ 10. √ 11. × 12. √ 13. √ 14. √ 15. √ 16. √ 17. √ 18. × 19. √ 20. √ 21. × 22. √ 23. × 24. × 25. × 26. √ 27. √ 28. √ 29. × 30. × 31. × 32. × 33. × 34. √ 35. √ 36. × 37. × 38. √ 39. √ 40. ×

(四) 计算题

1. 解：该商场 2008 年 10 月 1 日带租约出售时的正常价格测算如下：

(1) 商店一层价格的测算

租赁期限内年净收益=200×240×(1−25%)×12=43.20 万元

租赁期限外年净收益=200×270×(1−25%)×12=48.60 万元

V=43.20/(1+10%)+43.20/(1+10%)2+48.60/10%(1+10%)2×
[1−1/(1+10%)40−4−2]=460.90 万元

（2）商店二层价格的测算

$$年净收益=200\times180\times(1-25\%)\times12=32.40\ 万元$$

$$V=32.40/10\%\times[1-1/(1+10\%)^{40-4}]=313.52\ 万元$$

（3）该商店在 2008 年 10 月 1 日出售的正常价格的测算

$$460.90+313.52=774.42\ 万元$$

第八章　成本法及其运用

一、重要考点

1. 成本法适用的估价对象

（1）新开发的房地产、旧的房地产、在建工程、计划开发建设的房地产都可以采用成本法估价；

（2）由于很少发生交易而限制了市场法的运用，又没有经济收益或者类似房地产没有收益而限制了收益法运用的房地产以及单纯的建筑物或者其装饰、装修部分，通常也是采用成本法估价；

（3）在房地产保险及其他房地产损害赔偿中，房地产市场不够活跃或者类似房地产交易实例较少的地区，难以采用市场法估价的，通常只好采用成本法估价；

（4）成本法一般适用于评估那些可独立开发建设的整体房地产的价值。

2. 成本法的注意事项

（1）采用客观成本而不是实际成本。

（2）在客观成本的基础上结合选址、规划设计等分析进行调整。

（3）在客观成本的基础上结合市场供求分析进行调整。

3. 房地产价格构成(见表 8-1)

表 8-1

序号	构成项目	包含内容
1	土地取得成本	（1）市场购买：建设用地使用权价格(简称地价款)。主要是采用市场法求取，也可采用基准地价修正法、成本法求取。 （2）征收集体土地：包括土地补偿费、安置补助费、地上附着物和青苗的补偿费、安排被征地农民的社会保障费用 （3）征收国有土地上房屋：包括被征收房屋补偿费、搬迁费、临时安置费、停产停业损失补偿费、补助和奖励
2	建设成本	勘察设计和前期工程费、建筑安装工程费、基础设施建设费、公共配套设施建设费、其他工程费、开发期间税费
3	管理费用	土地取得成本与建设成本的一定比例
4	销售费用	销售费用应区分为销售之前发生的费用和与销售同时发生的费用。广告费、销售资料制作费、样板房或样板间建设费、售楼处建设费用一般是销售之前发生的，销售代理费一般是与销售同时发生的。销售费用通常按照售价乘以一定比率来测算
5	投资利息	土地取得成本、建设成本、管理费用和销售费用均应计算利息，无论它们是来自借贷资金还是自有资金。房地产开发商的自有资金应获得的利息与其应获得的利润分开，不能算作开发利润
6	销售税费	不包含应由买方缴纳的契税等税费，也不包含应由卖方缴纳的土地增值税、企业所得税。一般是按照售价的一定的比率收取，在估价时通常按照售价乘以一定比率来测算

续表

序号	构成项目	包含内容
7	开发利润	(1) 开发利润是土地增值税、企业所得税前的 (2) 开发利润是该类房地产开发项目在正常条件下房地产开发商所能获得的平均利润，而不是个别房地产开发商最终实际获得的利润，也不是个别房地产开发商所期望获得的利润 (3) 开发利润通常按照一定基数乘以相应的利润率来估算，相应的利润率有：①直接成本利润率；②投资利润率；③成本利润率；④销售利润率 (4) 利润率是通过大量调查了解同一市场上类似房地产开发项目的利润率得到的

4. 重新购建价格的概念要点

(1) 重新购建价格是估价时点的重新购建价格。

(2) 重新购建价格是客观的重新购建价格。

(3) 建筑物的重新购建价格是全新状况下的建筑物的重新购建价格，土地的重新购建价格是估价时点状况的土地重新购建价格。

5. 建筑物重新购建价格的求取思路(见表 8-2)

表 8-2

序号	求取方式	含义及区别	适用范围
1	重建价格(重建成本)	是指采用与估价对象建筑物相同的建筑材料、建筑构配件、建筑设备和建筑技术等，在估价时点的国家财税制度和市场价格体系下，重新建造与估价对象建筑物相同的全新建筑物所必需的支出和应获得的利润	有历史或美学价值的建筑物
2	重置价格(重置成本)	采用估价时点时的建筑材料、建筑构配件、建筑设备和建筑技术等，在估价时点的国家财税制度和市场价格体系下，重新建造与估价对象建筑物具有同等效用的全新建筑物所必需的支出和应获得的利润	一般的建筑物因年代久远、已缺乏与旧建筑物相同的建筑材料、建筑构配件和建筑设备，或因建筑技术和建筑标准改变等，“复制”有困难的建筑物

6. 求取建筑物重新购建价格中的建筑安装工程费的方法(见表 8-3)

表 8-3

序号	方法	测算及适用范围
1	单位比较法	(1) 单位面积法：根据当地近期建成的类似建筑物的单位面积造价，对其做适当的修正、调整，然后乘以估价对象建筑物的面积来测算。适用于造价与面积关系较大的房屋
		(2) 单位体积法：根据当地近期建成的类似建筑物的单位体积造价，对其做适当的修正、调整，然后乘以估价对象建筑物的体积来估算建筑物重新购建价格的方法。适用于造价与体积关系较大的建筑物
2	分部分项法	测算每个独立构件或分部分项工程的数量，乘以相应的单位价格或成本后相加，来求取建筑物重新购建价格的方法
3	工料测量法	测算重新建造该建筑物所需的建筑材料、建筑构配件、建筑设备的种类、数量和人工时数，乘以相应的单价和人工费标准后相加，来求取建筑物重新购建价格的方法。优点是详细、准确，缺点是比较费时、费力并需要其他专家的参与，它主要用于求取具有历史价值的建筑物的重新购建价格
4	指数调整法	也称为成本指数趋势法，利用有关成本指数或变动率，将估价对象建筑物的历史成本调整到估价时点的成本来求取建筑物重新购建价格的方法。用于检验其他方法的测算结果

7. 建筑物折旧类型及原因（见表 8-4）

表 8-4

序号	名称	含义	原因
1	物质折旧（有形损耗）	是建筑物在实体上的老化、损耗所造成的建筑物价值损失	自然经过的老化；正常使用的磨损；意外的破坏损毁；延迟维修的损坏残存
2	功能折旧（无形损耗）	是指建筑物在功能上的相对缺乏、落后或过剩所造成的建筑物价值损失	可能是建筑物设计上的缺陷，过去的建筑标准过低，人们的消费观念改变，建筑技术进步，出现了更好的建筑物
3	经济折旧（外部性折旧）	建筑物本身以外的各种不利因素所造成的建筑物价值损失	可能是经济因素（如市场供给过量或需求不足）、区位因素（如环境改变，包括景观被破坏、自然环境恶化、环境污染、交通拥挤、城市规划改变等），也可能是其他因素（如政府政策变化、采取宏观调控措施等）

8. 建筑物寿命、年龄和剩余寿命之间的关系（见表 8-5）

表 8-5

名称	分类	含义	关系	备注
建筑物寿命	自然寿命	是指从建筑物竣工之日开始到建筑物主要结构构件和设备的自然老化或损坏而不能继续保证建筑物安全使用为止的时间	建筑物的经济寿命＜自然寿命；如果建筑物在其寿命期间经过了翻修、改造等，自然寿命和经济寿命都有可能得到延长	利用年限法求取建筑物的折旧时，建筑物的寿命应为经济寿命，年龄应为有效年龄，剩余寿命应为剩余经济寿命。当两幢同时建成的完全相同的建筑物，如果维修养护不同，其市场价值就会不同，但如果采用自然寿命、实际年龄来计算折旧，它们的价值就会相同
	经济寿命	是指从建筑物竣工之日起到建筑物对房地产价值不再有贡献为止的时间		
建筑物年龄	实际年龄	是指建筑物从竣工之日起到估价时点时的日历年数	当建筑物的维修养护为正常的，其有效年龄与实际年龄相当；当建筑物的维修养护比正常维修养护好或者经过更新改造的，其有效年龄＜实际年龄；当建筑物的维修养护比正常维修养护差的，其有效年龄＞实际年龄	
	有效年龄	是指估价时点时的建筑物状况和效用所显示的经过年数		
建筑物的剩余寿命	剩余自然寿命	是其自然寿命减去实际年龄之后的寿命	如果建筑物的有效年龄比实际年龄小，就会延长建筑物的剩余经济寿命；反之，就会缩短建筑物的剩余经济寿命	
	剩余经济寿命	是其经济寿命减去有效年龄之后的寿命		

9. 建筑物折旧的求取方法

（1）年限法

① 利用年限法求取建筑物的折旧时，建筑物的寿命应为经济寿命，年龄应为有效年龄，剩余寿命应为剩余经济寿命。

② 直线法：它假设在建筑物的经济寿命期间每年的折旧额相等。

③ 成新折扣法：以建筑物的重新购建价格乘以该成新率来直接求取建筑物的现值。

成新折扣法比较粗略，主要用于初步估价，或者同时需要对大量建筑物进行估价的场合，尤其是大范围的建筑物现值摸底调查。

（2）市场提取法

（3）分解法

分解法是求取建筑物折旧最复杂、最详细的衡量折旧的方法。

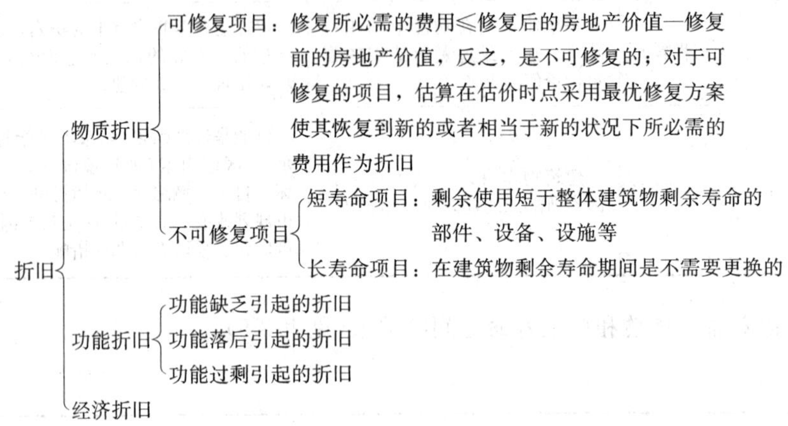

10. 估价上的折旧与会计上折旧的区别（见表 8-6）

表 8-6

序号	估价上的折旧	会计上的折旧
1	注重的是市场价值的真实减损，是“减价调整”	注重的是原始价值的分摊、补偿或回收
2	C为资产的重新购建价格，是估价时点的，估价时点不同，C值可能不同	C为资产的原始价值，是当初购置适时的，不随时间的流逝而变化
3	把资产的重新购建价格与折旧总额的差视为资产的实际价值，它必须与资产的市场价值一致	把资产的原始价值与累计折旧额的差，称为资产的账面价值，它无须与资产的市场价值一致

11. 土地使用年限对建筑物经济寿命的影响

（1）住宅不论其经济寿命是早于还是晚于土地使用期限而结束，均按照其经济寿命计算折旧，因为《物权法》第一百四十九条规定：“住宅建设用地使用权期间届满的，自动续期。”对于上述情况，应按照建筑物经济寿命计算建筑物折旧。

（2）非住宅建筑物经济寿命晚于土地使用期限而结束的，分为两种情况：①出让合同约定建设用地使用权期间届满需要无偿收回建设用地使用权时，根据收回时建筑物的残余价值给予土地使用者相应补偿。②出让合同约定建设用地使用权期间届满需要无偿收回建设用地使用权时，建筑物也无偿收回。对于上述情况，应按照建筑物经济寿命减去其晚于土地使用期限的那部分寿命后的寿命计算建筑物折旧。

二、本章常用公式

（一）开发利润

$$直接成本利润率=\frac{开发利润}{土地取得成本+建设成本}$$

$$投资利润率=\frac{开发利润}{土地取得成本+建设成本+管理费用+销售费用}$$

$$成本利润率=\frac{开发利润}{土地取得成本+建设成本+管理费用+销售费用+投资利息}$$

$$销售利润率=\frac{开发利润}{开发完成后的房地产价值}$$

$$开发利润=\frac{(土地取得成本+建设成本+管理费用+销售费用+投资利息+销售税费)\times 销售利润率}{1-销售利润率}$$

(二) 建筑物折旧的求取

1. 直线法的年折旧额和成新折扣法的计算公式(见表 8-7)

表 8-7

序号	名称		计算公式	备注
1	直线法	年折旧额	$D_i=D\frac{C-S}{N}=\frac{C(1-R)}{N}$	式中：D_i为第 i 年折旧额，在直线法中 D_i为常数 D；C 为重置价格；S 为残值；R 为残值率；$R=(S/C)\times 100\%$；N 为建筑物的经济寿命；t 为有效年龄；E_t 为建筑物的折旧总额；V 为建筑物的现值
		总折旧额	$E_t=D\times t=C(1-R)\frac{t}{N}=C\times d\times t$	
		建筑物现值	$V=C-E_t=C\left[1-(1-R)\frac{t}{N}\right]=C(1-d\times t)$	
2	成新折扣法		$V=C\times q$	式中：V 为建筑物的现值；C 为建筑物的重置价格；q 为建筑物的成新程度；n 为剩余经济寿命，$n=N-t$；$N=1/d$(当 $R=0$)或 $q=1-d\times t$
			$E_t=D\times t=C(1-R)\frac{t}{N}=C\times d\times t$	
			$V=C-E_t=C\left[1-(1-R)\frac{t}{N}\right]=C(1-d\times t)$ (当 $R=0$ 时)	

2. 功能折旧额的求取

对于可修复的功能落后引起的折旧，分为是采用该落后功能的"建筑物重建价格"还是采用具有先进功能的"建筑物重置价格"两种情形，下面分别给出对应的计算公式。

(1) 对于可修复的功能落后引起的折旧，在采用该落后功能的"建筑物重建价格"情形下的计算公式：

可修复的功能落后的折旧额=落后功能的重置价格－落后功能已提折旧－落后功能的净残值(落后功能的残值－拆除费用)+(单独增加先进功能费用－随同增加先进功能费用)

扣除功能落后折旧后的价值=建筑物重建价格－可修复的功能落后的折旧额

(2) 对于可修复的功能落后引起的折旧，在采用具有先进功能的"建筑物重置价格"情形下的计算公式：

可修复的功能落后的折旧额=落后功能的重置价格－落后功能已提折旧－落后功能的净残值(落后功能的残值－拆除费用)+单独增加先进功能费用

扣除功能落后折旧后的价值=建筑物重置价格－可修复的功能落后的折旧额

提示：与可修复的功能缺乏引起的折旧额相比，可修复的功能落后引起的折旧额各增减一项：增加一项，即功能落后尚未折旧的价值(落后功能的重置价格－落后功能已提折旧，即落后功能在估价时点的现值)；减去一项，即落后功能的净残值(落后功能的残值－拆除费用)，即多了落后功能的服务期未满而提前报废的损失。由此可见，与可修复的功能缺乏引起的折旧额计算相比，对于可修复的功能落后引起的折旧计算要复杂一些，但也有相似之处。

(三) 农地征收费用的有关计算

(被征土地需安置人数×补偿倍数)≤15 时：

总安置补助费＝被征土地前三年平均年产值×补偿倍数×被征土地需安置人数

(被征土地需安置人数×补偿倍数)＞15 时：

总安置补助费＝被征土地前三年平均年产值×15

三、典型答疑

1. 某 8 年前建成交付使用的建筑物，建筑面积 120m²，单位建筑面积的重置价格为 800 元/m²，建筑物残值率 6%，年折旧率 2.2%，计算该建筑物的现值。请问为何下列解法不正确?

建筑物现值 $V=C[1-(1-R)\times t/N]$＝120×800×[1－(1－6%)×8×2.2%]＝80118(元)

答：因为只有在假设建筑物的残值率为零的情况下，建筑物的经济寿命才可以通过年平均折旧率的倒数来求取，正确的解法是：

$$d=D/C$$

年折旧额 $D=C\times d$＝120×800×2.2%＝2112(元)

折旧总额 $E_t=D\times t$＝2112×8＝16896(元)

建筑物现值 $V=C-E_t$＝120×800－16896＝79104(元)

2. 某公司于 2005 年 3 月 1 日在某城市水源地附近取得一宗土地使用权，建设休闲度假村。该项目总用地面积 10000m²，土地使用期限 40 年，建筑总面积为 20000m²，并于 2007 年 9 月 1 日完成，该公司申请竣工验收。根据环保政策要求，环保管理部门在竣工验收时要求该公司必须对项目的排污系统进行改造。请根据下列资料采用成本法评估该项目于 2007 年 9 月 1 日的正常市场价格。

(1) 假设在估价时点重新取得该项目建设用地，土地取得费用为 1000 元/m²。新建一个与上述项目相同功能且符合环保要求的项目开发成本为 2500 元/m²，销售费用为 200 万元，管理费用为开发成本的 3%，开发建设期为 2.5 年，开发成本、管理费用、销售费用在第一年投入 30%，第二年投入 50%，最后半年投入 20%，各年内均匀投入，贷款年利率为 7.02%，销售税金及附加为售价的 5.53%，投资利润率为 12%。

(2) 经分析，新建符合环保要求的排污系统设备购置费和安装工程费分别为 400 万元和 60 万元，而已建成项目中排污系统设备购置费和安装工程费分别为 200 万元和 40 万元。对原项目排污系统进行改造，发生拆除费用 30 万元，拆除后的排污系统设备可回收 90 万元。(注：应增加如下已知条件：在度假村当初设计和施工时，安装符合环保要求的排污系统设备购置费和安装工程费分别为 380 万元和 50 万元，以下按此已知条件给出进行计算)

(3) 原项目预计于 2008 年 1 月 1 日正常营业，当年可获得净收益 500 万元。由于排污系统改造，项目营业开始时间将推迟到 2009 年 1 月 1 日，为获得与 2008 年 1 月 1 日开始营业时可获得的相同的年净收益，该公司当年需额外支付运营费用 100 万元，之后将保持预计的盈利水平。

(4) 该类度假村项目的报酬率为 8%。(10 分)

解：

设该项目在 2007 年 9 月 1 日的正常市场价格为 P

(1) 设项目重新购置价格为 V

① 土地取得成本＝1000×10000＝1000(万元)

② 开发成本＝2500×20000＝5000(万元)

③ 管理费用＝5000×3%＝150(万元)

④ 销售费用＝200 万元

⑤ 投资利息＝$1000\times[(1+7.02\%)^{2.5}-1]+(5000+200+150)\times\{30\%\times[(1+7.02\%)^{2}-1]+50\%\times[(1+7.02\%)^{1}-1]+20\%\times[(1+7.02\%)^{0.25}-1]\}=624.19$(万元)

⑥ 开发利润＝(1000＋5000＋200＋150)×12%＝762(万元)

⑦ 销售税费＝5.53%V

$$V=8189.044(\text{万元})$$

(2) 求折旧

① 因排污功能不完善造成的折旧(可修复功能落后引起折旧)＝(200＋40)－0－(90－30)＋(400＋60)＝640(万元)

② 因推迟营业造成的折旧(不可修复功能落后引起折旧)＝$500/(1+8\%)^{1.33}+100/(1+8\%)^{2.33}=534.937$(万元)

③ 折旧合计＝744.937 万元

(3) 设该项目在 2007 年 9 月 1 日的正常市场价格为 P

$$P=V-\text{折旧}=8189.044-1174.937=7014.11(\text{万元})$$

解析：

(1) 在用建筑物重置价格前提下，可修复的功能落后引起的折旧＝落后功能的重置价格(现有项目成本)－落后功能已提折旧－落后功能的净残值(可回收残值－拆除费用)＋单独增加先进功能费用

(2) 销售税费的计取基数应是该项目在 2007 年 9 月 1 日的正常市场价格 V，而不是项目重新购置价格 P。(销售税费应按建筑物重新购建价格为基数计算，是新房状况下销售时发生的税费)

又问：因推迟营业引起的折旧计算中折现期为 1.33 年和 2.33 年，如何计算的?

答：因推迟营业，收益是在 2009.1.1，对于估价时点(2007.9.1)是 1.33 年；对于 100 万元，在 2009 年 1 月 1 日开始营业时并没有支出，而是在这一年的年末，即 2010 年 1 月 1 日。对于估价时点(2007.9.1)是 2.33 年(建议画现金流量图，把估价时点标注出来，把各项收入和支出的时间标注出来)。

四、例题分析

(一) 单项选择题

1. 下列关于估价上的建筑物折旧的说法中，错误的是(　　)。

A. 估价上的折旧与会计上的折旧有本质区别

B. 建筑物的折旧就是建筑物的原始建造价格与账面价值的差额

C. 建筑物的折旧就是各种原因所造成的价值损失

D. 建筑物的折旧就是建筑物在估价时点时的重新购建价格与市场价值之间的差额

答案：B

解析：建筑物折旧不同于会计上的折旧。

2. 有特殊保护价值的建筑物运用成本法估价时，采用(　　)为好。

A. 重建成本　　B. 重置成本

C. 完全成本　　D. 重新购建价格

答案：A

解析：重建价格，是采用与估价对象建筑物相同的建筑材料、建筑构配件、建筑设备和建筑技术等，在估价时点时的国家财税制度和市场价格体系下，重新建造与估价对象建筑物相同的全新建筑物所必需的支出和应获得的利润。所以对有特殊保护价值的建筑物运用成本法估价时，采用重建成本最好。

3. 成本法概念中的“成本”，并不是通常意义上的成本，而是(　　)。

A. 价格　　B. 生产费用

C. 劳动价值　　D. 成本加税费

答案：A

4. 年限法又称为(　　)。

A. 年龄法　　B. 寿命法

C. 直线法　　D. 年龄—寿命法

答案：D

解析：直线法是年限法中的一种。

5. 通过市场提取法求出的估价对象建筑物的年折旧率为5%，则估价对象建筑物的经济寿命是(　　)年。

A. 50　　B. 10

C. 20　　D. 无法确定

答案：D

解析：因为不知建筑物的残值率，因此无法确定。

6. 从买方的角度来看，房地产价格是基于社会上的“生产费用”，类似于(　　)，具体来说，是买方愿意支付的最高价格，不能高于他所预计的重新开发建设该房地产所需花费的代价，如果高于该代价，他还不如自己开发建设。

A. 替代原理　　B. 生产费用价值论

C. 预期收益原理　　D. 价格构成原理

答案：A

解析：从买方的角度来看，房地产的价格是基于社会上的“生产费用”，类似于“替代原理”。

7. 一般来说，重置价格比重建价格(　　)。

A. 低　　B. 高

C. 一样　　D. 难说

答案：A

解析：由于技术进步，使原来的许多设计、工艺、原材料、结构等都已过时落后或成本过高。而采用新材料、新技术等，不仅功能更加完善，成本也会降低，所以，通常重置价格要比重建价格低。

8. 当建筑物的维修养护属于正常的，实际成新率与直线法计算出的成新率相当；当建筑物的维修养护比正常维修养护好或经过更新改造的，实际成新率应(　　)直线法计算出的成新率。

A. 大于　　B. 大于或等于

C. 小于　　D. 小于或等于

答案：A

解析：建筑物的维修养护比正常维修养护好或经过更新改造的，有效经过年数短于实际经过年数，剩余经济寿命相应较长。

9. 在一般情况下，(　　)适用于一般建筑物和因年代久远、已缺乏与旧建筑物相同的建筑材料、建筑构配件建筑和设备，或因建筑技术和建筑标准改变等，使用建筑物复原建造有困难的建筑物的估价。

A. 重建价格　　B. 重置价格

C. 重新购建价格　　D. 积算价格

答案：B

解析：重置价格的出现是技术进步的必然结果，同时也是“替代原理”的体现。

10. 在测算开发利润时要注意(　　)与利润率的匹配。

A. 开发成本　　B. 计算基数

C. 利润　　D. 投资

答案：B

解析：在测算开发利润时要注意计算基数与利润率的匹配，即采用不同的计算基数，应选用相对应的利润率；反过来，选用不同的利润率，应采用相对应的计算基数，不能混淆。

11. 工料测量法的优点是翔实，缺点是费时费力并需要有其他专家的参与，它主要用于(　　)的建筑物的估价。

A. 具有研究价值　　B. 具有保存价值

C. 具有重大经济价值　　D. 具有历史价值

答案：D

解析：工料测量法是先测算建筑物所需各种材料、设备的数量和人工时数，然后逐一乘以以估价时点时相应的单价和人工费标准，再将其相加来求取建筑物重新购建价格的方法，其优点是翔实，缺点是费时费力，主要用于有历史价值的建筑物估价。

12. 某宗土地取得成本为1000万元，建设成本为1500万元，管理费用为75万元，销售费用为35万元，投资利润率为12%，则开发利润为(　　)万元。

A. 180.0　　B. 300.0

C. 309.0　　D. 313.2

答案：C

解析：投资利润率=开发利润/(土地取得成本+建设成本+管理费用)，将上述数(除销售费用外)值代入即为所求。

13. 某房地产的重建价格为2000万元，已知在建造期间中央空调系统因功率大较正常情况多投入150万元，投入使用后每年多耗电费0.8万元。假定该空调系统使用寿命为15年，估价对象房地产的报酬率为12%，则该房地产扣除该项功能折旧后的价值为(　　)万元。

A. 1838.00　　B. 1844.55

C. 1845.87　　D. 1850.00

答案：B

解析：$2000-150-0.8\div12\%\times[1-1\div(1+12\%)^{15}]=1844.55$(万元)。

14. 某建筑物的建筑面积为$2000m^2$，占地面积为$3000m^2$，现在重新获得该土地的价格为800元/m^2，建筑物重置价格为900元/m^2，而市场上该类房地产正常交易价格为1800元/m^2。则该建筑物的成新率为(　　)。

A. 44%　　B. 50%

C. 67%　　D. 86%

答案：C

解析：建筑物的成新率q=建筑物现值(V)/建筑物的重置价格(C)=$(1800\times2000-800\times3000)/(900\times2000)=67\%$。

15. 某建筑物的建筑面积为$200m^2$，有效经过年数为12年，重置价格为800元/m^2，建筑物经济寿命为40年，残值率为2%，则运用直线法计算该建筑物的现值为(　　)。

A. 10.2万元　　B. 11.0万元

C. 11.3万元　　D. 11.5万元

答案：C

解析：建筑物现值$V=C\times[1-(1-R)\times t/N]$×建筑面积$=800\times[1-(1-2\%)\times12/40]\times200=11.29$(万元)。

(二) 多项选择题

1. 成本法特别适用于那些既无收益又很少发生交易的房地产估价，这类房地产主要包括(　　)等。

A. 图书馆　　B. 钢铁厂

C. 空置的写字楼　　D. 单纯的建筑物

E. 加油站

答案：ABD

解析：空置的写字楼和加油站属于收益性房地产，适用于收益法估价。

2. 功能折旧是指建筑物在功能上的相对缺乏、落后或过剩所造成的建筑物价值的损失。造成建筑物功能折旧的主要原因有( )等。

A. 意外破坏的损毁　　B. 市场供给的过量

C. 建筑设计的缺陷　　D. 人们消费观念的改变

E. 周围环境条件恶化

答案：CD

解析："意外破坏的损毁"是造成建筑物物质折旧的原因，"市场供给的过量"和"周围环境条件恶化"是造成建筑物经济折旧的原因。

3. 建筑物重置价格中的建筑安装工程费的求取方法有( )等。

A. 单位比较法　　B. 工料测量法

C. 指数调整法　　D. 分部分项法

E. 成新折扣法

答案：ABCD

解析："成新折扣法"是折旧的求取方法不是建筑物重置价格的求取方法。

4. 房地产价格构成中的建设成本包括( )。

A. 土地使用权出让金　　B. 基础设施建设费

C. 公共配套设施建设费　　D. 勘察设计和前期工程费

E. 管理费

答案：BCD

解析："土地使用权出让金"属于土地取得成本，而"管理费"是房地产价格构成的一项。

5. 成本法中的"开发利润"是指( )。

A. 开发商所期望获得的利润　　B. 开发商所能获得的最终利润

C. 开发商所能获得的平均利润　　D. 开发商所能获得的税后利润

E. 开发商所能获得的税前利润

答案：CE

解析：开发利润是该类房地产开发项目在正常条件下房地产开发商所能获得的平均利润，而不是个别房地产开发商最终实际获得的利润，也不是个别房地产开发商所获得的平均利润。开发利润是所得税前的利润。

6. 在成本法中，直接成本利润率的计算基数包括( )。

A. 土地取得成本　　B. 建设成本

C. 管理费用　　D. 销售费用

E. 销售投资利息

答案：AB

解析：直接成本利润率的计算基数＝土地取得成本＋建设成本

7. 基本完好房的成新度可以是( )。

A. 五成　　B. 六成

C. 七成　　D. 八成

E. 九成

答案：BC

解析：一般损坏房是五、四成，完好房是十、九、八成，基本完好房是七成和六成。

(三) 判断题

1. 年限折旧法包括直线法、分解法和市场提取法。(　　)

答案：×

解析：分解法与市场提取法与年限法是不同的折旧方法。

2. 在建筑物残值率等于零时，建筑物经济寿命是折旧率的倒数。(　　)

答案：×

解析：应该是年折旧率的倒数。

3. 功能过剩不属于功能折旧的范畴。(　　)

答案：×

解析：功能折旧包括功能缺乏、功能落后和功能过剩。

4. 对新开发区土地的分宗估价，成本法是一种有效的方法，因为新开发区在初期，房地产市场一般还未形成，土地收益也还没有。(　　)

答案：√

解析：实际测算时通常分为下列 3 大步骤进行：计算开发区全部土地的平均价格；计算开发区可转让土地的平均价格，用第一步计算出的平均价格除以可转让土地面积的比率即是；计算开发区某宗土地的价格，将第二步计算出的平均价格，根据宗地的规划用途、具体位置、使用年限、容积率等作适当的增减调整即是。

5. 成本法不适宜评估具有开发或再开发潜力的房地产价格。(　　)

答案：√

解析：成本法的理论依据是生产费用价值论——商品的价格是依据其生产所必要的费用而决定。只要是新近开发建设、可以假设重新开发建设或者计划开发建设的房地产，都可以采用成本法估价。

6. 在房地产估价中，对建筑物经济寿命的综合判断与其市场状况、经济收益状况无关。(　　)

答案：×

解析：建筑物的经济寿命是指从建筑物竣工之日起到建筑物对房地产价值不再有贡献为止的时间，从定义可以看出这个说法是错误的。

7. 相同类型的建筑物在不同地区的经济寿命可能不同。(　　)

答案：√

解析：经济寿命不但要考虑建筑物的自身状况，还要考虑建筑物之外的市场状况、环境、经营收益等因素。

8. 成新折扣法比较粗略，主要用于初步估价，或者同时需要大量建筑物进行估价的场合。(　　)

答案：√

解析：成新折扣法计算比较简单，速度快，适用于同时需要大量建筑物进行估价的场合。

9. 房地产成本的增加并不一定能增加其价值。(　　)

答案：√

解析：在现实中，房地产的价格直接取决于其效用，而非花费的成本。

（四）计算题

1. 某宗房地产的土地面积为1000m²，建筑面积为2000m²。土地是10年前通过征收集体土地取得的，当时取得的费用为18万元/亩，现时重新取得该类土地需要的费用为620元/m²；建筑物是8年前建成交付使用的，当时的建筑造价为每平方米建筑面积700元，现时建造类似建筑物的建筑造价为每平方米建筑面积1200元，估计该建筑物有八成新。请选用所给资料测算该宗房地产的现时总价和单价。

解：该题主要是注意重新购建价格应是估价时点的价格。在搞清楚了此问题的基础上，该宗房地产的价值测算如下：

该宗房地产的现时总价：土地重新购建价格＋建筑物重新购建价格×成新率＝620×1000＋1200×2000×80％＝2540000(元)

该宗房地产的现时单价＝该宗房地产的现时总价÷建筑面积＝2540000÷2000＝1270(元/m²)

2. 估价对象是一个专用仓库，位于某城市建成区内，土地面积5000m²，建筑面积8500m²；建筑物建成于1988年8月底，建筑结构为钢筋混凝土结构；土地原为划拨土地使用权，2007年6月15日补办出让手续，补交出让金等费用，取得了50年出让土地使用权。请评估该专用仓库2008年8月30日的价值。

解：由于该估价对象为专用仓库，所在城市尚无该类仓库的买卖实例，该仓库及类似仓库目前也无直接、稳定的经济收益，故选用成本法进行估价。

计算公式为：

旧的房地价值：土地重新购建价格＋建筑物重新购建价格－建筑物折旧

具体计算过程如下：

(1) 求取土地重新购建价格。由于该土地位于城市建成区内，难以直接求取其重新开发成本，政府也未公布基准地价，故拟通过以下两个途径求取该土地的重新购建价格：①采用市场法，利用当地类似土地的出让或转让价格求取土地的重新购置价格；②采用成本法，利用当地征地费加土地使用权出让金和土地开发成本等，再加上地段差价的办法求取土地的重新开发成本。

① 采用市场法，利用当地类似土地的出让或转让价格求取土地的重新购置价格。调查选取了A、B、C三个可比实例并进行有关修正、调整如下：

可比实例A：土地面积4300m²；成交日期2006年9月；成交价格605元/m²。

修正与调整计算如下：

实例土地成交价格	交易情况修正	市场状况调整	土地状况调整

$$605\times\frac{100}{100}\times\frac{107}{100}\times\frac{100}{95}$$

$=681.4$(元/m²)

可比实例B：土地面积5500m²；成交日期2007年1月；成交价格710元/m²。

修正与调整计算如下：

实例土地成交价格 × 交易情况修正 × 市场状况调整 × 土地状况调整

$$710\times\frac{100}{100}\times\frac{103}{100}\times\frac{100}{106}$$

=689.9(元/m^2)

可比实例 C：土地面积 4800m^2；成交日期 2007 年 6 月；成交价格 633 元/m^2。

修正与调整计算如下：

实例土地成交价格 × 交易情况修正 × 市场状况调整 × 土地状况调整

$$633\times\frac{100}{95}\times\frac{101}{100}\times\frac{100}{99}$$

=679.8(元/m^2)

故：估价对象土地的单价=(681.4+689.9+679.8)÷3=684(元/m^2)

② 采用成本法，利用当地征地费加土地使用权出让金和土地开发成本等，再加上地段差价的办法求取土地的重新开发成本。在估价时点(2008 年 8 月 30 日)征收郊区集体土地平均每亩需要支付土地补偿费、安置补助费、地上附着物和青苗的补偿费和安排被征地农民的社保费用等费用共计 10 万元，约合 150 元/m^2；向政府缴纳土地使用权出让金、征地管理费等费用 30 元/m^2；将土地开发成能直接在其上进行房屋建设的土地，需要配套供水、供电等基础设施以及进行场地“五通一平”，为此，每平方米还需要 110 元(含开发土地的必要支出及应得利润)。

以上合计为 290 元/m^2，可视为城市边缘熟地的价格。

该城市土地分为 10 个级别，城市边缘熟地列为最差级，即处于第 10 级土地上，而估价对象房地产处于第 7 级土地上，因此，还需要进行土地级别对地价影响的调整。各级土地之间的地价差异如表 8-8 所示。

某城市各级土地之间的地价差异表　　表 8-8

土地级别	Ⅰ	Ⅱ	Ⅲ	Ⅳ	Ⅴ	Ⅵ	Ⅶ	Ⅷ	Ⅸ	Ⅹ
地价是次级土地的倍数	1.30	1.30	1.30	1.30	1.30	1.30	1.30	1.30	1.30	1.00
地价是最差级土地的倍数	10.60	8.16	6.27	4.83	3.71	2.86	2.20	1.69	1.30	1.00

根据表 8-8：

估价对象土地的单价=290×2.20=638(元/m^2)

通过以上两个途径求得估价对象土地单价分别是 684(元/m^2)和 638(元/m^2)。故：

估价对象土地的总价=680×5000=340.0(万元)

(2) 求取建筑物重新购建价格。现时(在估价时点 2008 年 8 月 30 日)与估价对象建筑物类似的不包括土地价格在内的建筑物的重置价格(含必要支出及应得利润)为 1000 元/(m^2·建筑面积)。

故：估价对象建筑物的重新购建总价=1000×8500=850.0(万元)

(3) 求取建筑物折旧。采用直线法求取折旧额。参照有关规定并根据房地产估价师到实地查勘的判断，该专用仓库建筑物的经济寿命为 60 年，有效年龄为 20 年，残值率为零。由于土地使用权剩余期限近49年，建筑物剩余经济寿命40年，建筑物的经济寿命早于土地使用期限而结束；应按照建筑物的经济寿命60年计算建筑物折旧，故：

估价对象建筑物的折旧总额＝850.0×(20/60)＝283.3(万元)

房地产估价师再次到实地查勘，认为该专用仓库建筑物的折旧程度为三成，即将近七成新，与上述计算结果基本吻合。

(4) 求取积算价格。

旧的房地价值＝土地重新购建价格＋建筑物重新购建价格－建筑物折旧＝340.0＋850.0－283.3×906.7(万元)

估价结果：根据上述计算结果并参考房地产估价师的估价经验，将本估价对象专用仓库2008年8月30日的价值总额评估为906.7万元，折合每平方米建筑面积1067元。

五、练习题

(一) 单项选择题

1. 房地产价格通常由哪几项构成(　　)。

A. 土地取得成本、建设成本、管理费用、投资利息、销售费用、销售税费、开发利润

B. 土地取得成本、建设成本、折旧、管理费用、投资利息、销售费用、销售税费、开发利润

C. 土地取得成本、建设成本、建筑成本、管理费用、投资利息、销售费用、销售税费、开发利润

D. 土地取得成本、建设成本、专业费用、投资利息、销售费用、销售税费、开发利润

2. 以建筑物的各个独立构件或工程的单位价格或成本为基础来求取建筑物重新购建价格的方法称作(　　)。

A. 单位比较法　　B. 分部分项法

C. 工料测量法　　D. 指数调整法

3. 风吹、日晒、雨淋等引起的建筑物腐朽属于(　　)。

A. 经济折旧　　B. 物质折旧

C. 功能折旧　　D. 外部折旧

4. 基本完好房的判定标准是(　　)。

A. 九、八成新　　B. 七、六成新

C. 五、四成新　　D. 五成新

5. 成本法中开发利润是指该类房地产项目在正常条件下开发商所能获得的(　　)利润。

A. 期望　　B. 实际

C. 平均　　D. 主观

6. 砖混结构二等的残值率是(　　)。

A. 2%　　B. 4%

C. 6%　　D. 3%

7. 成本法是求取估价对象( )的重新购建价格，然后扣除折旧，以此估算估价对象的客观合理价格或价值的方法。

A. 在估价时点时　　B. 在交易时

C. 在签订转让协议时　　D. 在建造完成时

8. 成本法这个概念中的“成本”，并不是人们通常所认为的成本，而是( )。

A. 建筑物重新购建价格　　B. 建筑物成本加利润再扣除折旧

C. 土地重新购建价格　　D. 价格

9. 从卖方的角度来看，成本法的理论依据是( )。

A. 销售价格决定论　　B. 市场供给价值论

C. 生产费用价值论　　D. 替代原理

10. 从买方的角度来看，成本法的理论依据是( )，即买方愿意支付的最高价格，不能高于他所预计的重新开发建造该房地产所需花费的代价，如果高于该代价，他还不如自己开发建造。

A. 生产费用价值论　　B. 替代原理

C. 比较原理　　D. 最高最佳利用原则

11. 只要是新近开发建造、计划开发建造或者可以假设重新开发建造的房地产，都可以采用( )估价。

A. 假设开发法　　B. 收益法

C. 市场法　　D. 成本法

12. 在现实中，房地产的价格直接取决于其( )，而非花费的成本，成本的增减一定要对起决定性的方面有所作用才能形成价格。

A. 价值　　B. 社会效益

C. 效用　　D. 经济效益

13. 在完善的市场经济下，土地取得成本一般由购置土地的价款和( )构成。

A. 购置时应由卖方缴纳的税费　　B. 购置时应由买卖双方缴纳的税费

C. 相关税费　　D. 购置时应由买方缴纳的税费

14. 从估价的角度看，开发商自有资金应得的利息，也要与其应获的利润分开，不能算做( )。

A. 利润　　B. 利息

C. 开发所得　　D. 开发成本

15. 销售税费是销售开发完成后的房地产所需的费用及应由( )的税费。

A. 卖方和买方双方缴纳的　　B. 卖方独立承担和缴纳的

C. 买方缴纳的　　D. 买卖双方协议承担和缴纳的

16. 与开发完成后的房地产价值(售价)对应的利润率称为( )。

A. 开发利润率　　B. 投资利润率

C. 土地利润率　　D. 销售利润率

17. 对新开发区土地的分宗评估价格，( )是一种有效的办法。

A. 比较法　　B. 收益法

C. 市场法　　D. 成本法

18. 征地管理费，是由用地单位在(　　)的基础上按一定比例支付的管理费用。

A. 农业人口总数　　B. 农业人均占有耕地数量

C. 农业前三年的生产总额　　D. 征地费总额

19. 每公顷被征收耕地的安置补助费，最高不得超过被征收前 3 年平均年产值的(　　)倍。

A. 10　　B. 12

C. 13　　D. 15

20. 每一个需要安置的农业人口的安置补助费标准，为该耕地被征收前 3 年平均年产值的(　　)

A. 1～2 倍　　B. 2～4 倍

C. 4～6 倍　　D. 6～8 倍

21. 正常使用的磨损主要是由于(　　)引起的，与建筑物的使用性质、使用强度和使用年数相关。

A. 人工使用　　B. 外力作用

C. 自然引起的　　D. 结构的变化

22. 有两座实际经过年数相同的同类建筑，如果维护保养不同，其市场价值也会不同，如果采用实际经过年数计算折旧，则它们的价值会(　　)。

A. 不同　　B. 相同

C. 有小的偏差　　D. 偏差较大

23. 年限法中最主要的方法是(　　)，它是最简单的和迄今应用的最普遍的一种折旧方法，它假设在建筑物的经济寿命期间每年的折旧额相等。

A. 等值法　　B. 余额法

C. 直线法　　D. 曲线法

24. 需要安置的农业人口数，按照被征收的耕地数量除以(　　)。

A. 征收前的耕地养活人口

B. 征收前的耕地农业人口数

C. 征收前的被征收单位平均每人占有耕地的数量

D. 征收前的耕地的土壤补偿费

25. 成新折扣法适用于同时需要对大量建筑物进行估价的场合，尤其是(　　)，但比较粗略。

A. 进行总体折扣计算　　B. 进行建筑物现值调查

C. 判定建筑物的成新率　　D. 直接求取建筑物的现值

26. 当建筑物的保养属于正常的，实际成新率与直线法计算出的成新率相当；当建筑物的维护保养较差时，实际成新率(　　)直线法计算出的成新率。

A. 小于　　B. 大于

C. 相当　　D. 小于或等于

27. 在会计上，资产原值与累计折旧额的差被称(　　)。

A. 资产的账面价值　　B. 资产的剩余价值

C. 资产的现实价值　　D. 资产的市场价值

28. 征收耕地的安置补助费，按照(　　)计算。

A. 农业人口　　B. 需要安置的农业人口

C. 原占用耕地的人口　　D. 原耕地供养的人口

29. 非住宅建筑物经济寿命早于土地使用年限而结束的，应按(　　)计算折旧。

A. 土地使用权年限　　B. 建筑物的实际年龄

C. 建筑物的有效年龄　　D. 建筑物的经济寿命

30. 1984 年 11 月 8 日，原城乡建设环境保护部发布了(　　)，同年 12 月 12 日发布了《经租房屋清产估价原则》。

A.《房屋损坏等级评定标准》　　B.《房屋完损等级评定标准》

C.《房屋自然损坏评定标准》　　D.《房屋维修等级评定标准》

31. 计算折旧必须确定房产的价值、使用年限、残值和(　　)。

A. 利润支出　　B. 年折旧额

C. 清理费用　　D. 结构维修费用

32. 房屋残值是指房屋达到使用年限，不能继续使用，经拆除后的(　　)。

A. 旧料价值　　B. 残余价值

C. 使用价值　　D. 市场价值

33. 房屋完损等级，是用来检查房屋维修保养情况的一个标准，是确定房屋实际新旧和(　　)的重要依据。

A. 估算价格　　B. 测算折旧

C. 检查保养情况　　D. 评定房屋的功能

34. 假设建筑物重置价格为 500 万元，有效经过年数为 10 年，目前剩余经济寿命为 30 年，残值率为 10%，此时建筑物的每年折旧额是(　　)万元。

A. 12.9　　B. 14.3

C. 11.3　　D. 15

(二) 多项选择题

1. 具体估算建筑物重新建造成本的方法中，单位比较法又分为(　　)。

A. 分部分项法　　B. 工料测量法

C. 面积法　　D. 体积法

E. 指数调整法

2. 下列因素中会导致建筑物经济上的折旧的是(　　)。

A. 使用磨损　　B. 现行政策重大改变

C. 城市规划重大改变　　D. 建筑技术进步

E. 交通拥挤

3. 价格等于“成本加平均利润”，是长期内平均来看的，而且还需要具备下述条件：(　　)。

A. 生产成本高于市场平均成本　　B. 生产成本低于市场平均成本

C. 自由竞争　　D. 该种商品本身可以大量重复生产

E. 生产成本等于市场平均成本

4. 下列关于重新购建价格的说法哪些是正确的(　　)。

A. 重新购建价格是估价时点时的

B. 重新购建价格是过去建成时的

C. 重新购建价格是客观的

D. 重新购建价格是土地取得成本、建设成本、税金、开发利润的总和

E. 重新购建价格是主观的

5. 建筑物的重新购建价格是(　　)的价格。

A. 扣除折旧后

B. 估价时点时

C. 客观

D. 建筑物全新状态下

E. 主观

6. 下列(　　)属于功能落后。

A. 建筑式样过时

B. 办公楼没有电梯

C. 住宅没有卫生间

D. 房屋的空间布局欠佳

E. 层高过高

7. 土地的重新购建价格可以分为(　　)。

A. 重置价格

B. 重新购置价格

C. 重新开发成本

D. 重建价格

E. 重新取得价格

8. “两税一费”是指(　　)。

A. 营业税

B. 城市维护建设税

C. 教育费附加

D. 契税

E. 个人所得税

9. 新开发土地包括(　　)。

A. 开垦荒地

B. 开山造地

C. 征收集体土地后进行“三通一平”等开发的土地

D. 征收国有土地上房屋并进行改造的土地

E. 填海造地

10. 生产用房 40 年，受腐蚀的生产用房 30 年，非生产用房 50 年属于哪种结构房屋的耐用年限(　　)。

A. 钢筋混凝土结构

B. 砖混结构一等

C. 砖混结构二等

D. 砖木结构一等

E. 砖木结构二等

11. 勘察设计和前期工程费，包括(　　)等发生的费用。

A. 可行性研究

B. 规划、勘察、设计

C. “三通一平”

D. 建安工程费

E. 开发期间税费

12. 投资利息与会计上的财务费用不同，它包括(　　)的利息，无论它们的来源是借贷资金还是自有资金，都应计算利息。

A. 土地取得成本

B. 建设成本

C. 管理费用
D. 周转资金
E. 销售税费

13. 物质折旧可以归纳为以下几个方面(　　)。

A. 设备、设施陈旧
B. 正常使用的磨损
C. 意外的破坏损毁
D. 延迟维修的损坏残存
E. 建筑设计上的缺陷

14. 功能折旧又称精神磨损、无形损耗，是指由于(　　)等原因导致建筑物在功能方面的相对残缺、落后和不适用所造成的其价值损失。

A. 消费观念改变
B. 建筑设计上的缺陷
C. 建筑技术进步
D. 施工质量缺陷
E. 建筑材料质量缺陷

15. 经济折旧是建筑物本身以外的各种因素所造成的价值损失，它包括以下几个方面，正确的项是(　　)。

A. 建筑式样过时
B. 需求不足
C. 自然环境恶化
D. 城市规划改变
E. 建筑物功能缺乏

16. 求取建筑物折旧的方法，还可以分为(　　)。

A. 综合折旧法
B. 分类折旧加总法
C. 个别折旧加总法
D. 修复项目折旧加总法
E. 直观评定法

17. 无论采用哪种折旧方法求取建筑物现值，估价人员均应亲临估价对象现场，观察、鉴定建筑物的实际新旧程度，根据建筑物的(　　)等，最后确定应扣除的折旧额或成新率。

A. 建成时间
B. 维护、保养、使用情况
C. 地基的稳定性
D. 使用性能和功能
E. 装修设施情况

18. 钢筋混凝土结构：生产用房的耐用年限为(　　)年，受腐蚀的生产用房为(　　)年，非生产用房为(　　)年。

A. 50
B. 35
C. 55
D. 60
E. 70

19. 砖混结构一等：生产用房的耐用年限为(　　)年，受腐蚀的生产用房为(　　)年，非生产用房为(　　)年。

A. 40
B. 30
C. 50
D. 60
E. 70

20. 砖木结构一等：生产用房的耐用年限为(　　)年，受腐蚀的生产用房(　　)年，非生产用房为(　　)年。

A. 30
B. 20

C. 40

D. 50

E. 70

21. 各种结构房屋的残值率一般为(　　)。

A. 钢筋混凝土结构为0

B. 砖混结构一等为2%

C. 砖混结构二等为2%

D. 简易结构为3%

E. 砖木结构一等为2%

22. 房屋结构组成分为(　　)。

A. 地基基础

B. 承重构件

C. 门窗

D. 暖气

E. 管道煤气

23. 房屋新旧程度的判定标准是(　　)。

A. 完好房：十、九、八成

B. 基本完好房：七、六、五成

C. 一般损坏房：五、四、三成

D. 严重损坏与危险房：三成以下

E. 基本完好房：七、六成

24. 下列属于危险房的特点的是(　　)。

A. 承重构件已属危险构件

B. 装修严重变形、破损

C. 随时有可能倒塌

D. 不能确保住用安全

25. 下列属于一般损坏房的特点的是(　　)。

A. 部分构件有损坏或变形

B. 屋面局部漏雨

C. 装修严重变形、破损，油漆老化见底

D. 设备、管道不够通畅

(三) 判断题

1. 成本法的本质是以房地产的生产费用为导向求取估价对象的价值。(　　)

2. 成本法是求取估价对象在估价时点的重新购建价格，以此求取估价对象的客观合理价格或价值的方法。(　　)

3. 建筑物折旧中之所以有经济折旧是出于市场方面考虑的。(　　)

4. 在完善的市场经济下，土地取得成本一般是由购置土地的价款和在购置时应由开发商(作为买方)缴纳的税费(如契税、交易手续费)构成。(　　)

5. 建设成本是指在取得房地产开发用地后进行土地开发和房屋建设所需的直接费用、税金等，在理论上可以将其划分为土地开发成本和建筑物建造成本。(　　)

6. 投资利息的来源无论是借贷资金还是自有资金，都应计算利息，这是基于生产费用的考虑。(　　)

7. 成本法中，"售价"是未知的，是需要求取的，开发利润则是需要事先测算的。(　　)

8. 将建筑物发包给建筑承包商建造，由建筑承包商将直接可使用的建筑物移交给发包人，在这种情况下发包人应支付给建筑承包商的费用，再加上发包人应负担的正常费用、税金和利润，即为建筑物的重新购建价格。(　　)

9. 运用成本法估价时要注意"逼近"，当市场供大于求时，价格应向下调整，当求大

于供时，价格应向上调整。（ ）

10. 在估价时管理费用通常可按土地取得成本与建设成本之和乘以一个比率来估算。（ ）

11. 对新开发土地的分宗估价成本法是一种有效的方法，因为新开发区在初期，房地产市场一般还未形成，土地收益也没有。（ ）

12. 土地的重新购建价格是在估价时点状况下的价格。（ ）

13. 求取房地的重新购建价格，可以采用类似于评估新建房地价格的成本法来求取。（ ）

14. 重新购建的价格不是个别企业或个人的实际耗费，而是社会的一般的公平耗费。（ ）

15. 建筑物的重新购建价格是全新状况下的价格，未扣除折旧；土地的重新购建价格是在估价时点状况下的价格。（ ）

16. 求取土地的重新购建价格，通常是假设土地上的建筑物不存在，再采用比较法、基准地价修正法等估价方法求取其重新取得价格，这特别适用于城市建成区内的土地难以求取其重新开发成本时。（ ）

17. 重置价格又称重置成本，是采用估价时点时的建筑材料，建筑构配件、设备和建筑技术等，按照估价时点时的价格水平，重新建造与估价对象建筑物完全相同的新建筑物的正常价格。（ ）

18. 工业用途的建筑物又可分为有腐蚀性和无腐蚀性的，有腐蚀性的建筑物的磨损要高于无腐蚀性的建筑物的磨损。（ ）

19. 现在的住宅时兴“三大、一小、一多”式住宅，即客厅、卧室、卫生间大，厨房小，壁橱多。（ ）

20. 修复是指使建筑物恢复到新的或相当于新的状况，也就是修理。（ ）

21. 估价上的折旧注重的是市场价值的真实减损，科学的说不是折旧，是“减价修正”。（ ）

22. 每公顷被征收耕地的安置补助费，最低不得低于被征收前 3 年平均年产值的 15 倍。（ ）

23. 地上附着物和青苗的补偿费包括房屋、农田基础设施、树木、青苗等的补偿费，其标准由省、自治区、直辖市规定。（ ）

24. 征地管理费，是由用地单位在征地费总额的基础上按一定比例支付的管理费用。（ ）

25. 住宅小区内的营业性用房和设施的建设费用计入商品住宅的价格。（ ）

26. 对于我国新建的经济适用住房出售价格实行政府指导价，按保本微利原则确定。（ ）

27. 房屋残值是指房屋达到使用经济寿命，不能继续使用，经拆除后的旧料价值。（ ）

28. 清理费用是指拆除房屋和搬运废弃物所发生的费用。（ ）

29. 房屋完损等级，是用来检查房屋维修保养情况的一个标准，是确定房屋实际新旧程度和估算折旧的重要依据。（ ）

30. 基本完好房的特点是：结构基本完好，少量构部件有轻微的损坏，装修基本完好，油漆缺乏保养，设备、管道现状基本良好，能正常使用，经过一般性的维修就能修复的。 （ ）

31. 一般损坏房是指结构一般性的损坏，部分构部件有损坏或变形，屋面局部漏雨，装修局部有破损，油漆老化，设备、管道不够通畅，水卫、电照管线、器具和零件有部分老化、损坏或残缺，需要进行中修或局部大修。 （ ）

【参考答案】

（一）单项选择题

1. A 2. B 3. B 4. B 5. C 6. A 7. A 8. D 9. C 10. B 11. D 12. C 13. D 14. A 15. B 16. D 17. D 18. D 19. D 20. C 21. A 22. B 23. C 24. C 25. B 26. A 27. A 28. B 29. D 30. B 31. C 32. A 33. B 34. C

（二）多项选择题

*1. CD 2. BCE *3. CD *4. AB *5. BCD *6. AD *7. BC 8. ABC 9. BCDE 10. BC 11. ABC 12. ABC 13. BCD 14. ABC 15. BCD 16. ABC 17. ABC 18. ABD 19. ABC 20. ABC 21. ABC 22. AB 23. ADE 24. ACD 25. ABD

解析：

1. 单位比较法是以建筑物为整体，通过调查了解类似建筑物的这种单位价格或成本，并对其做适当的修正、调整来求取建筑物重新购建价格的方法，主要有单位面积法和单位体积法。

3. 自由竞争和商品本身可以大量重复生产是导致价格等于“成本加平均利润”的重要因素。

4. 重新购建价格是假设在估价时点重新取得或者重新开发建设全新状况的估价对象所必要的支出和应获得的利润之和。

5. 建筑物的重新购建价格没有扣除折旧。

6. BC 属于功能缺乏，E 属于功能过剩。

7. AD 属于建筑物的重新购建价格。

（三）判断题

1. × 2. × 3. √ 4. √ 5. √ 6. × 7. √ 8. √ 9. √ 10. √ 11. √ 12. √ 13. √ 14. √ 15. √ 16. √ 17. × 18. √ 19. × 20. × 21. √ 22. √ 23. √ 24. √ 25. × 26. √ 27. √ 28. √ 29. √ 30. √ 31. √

第九章　假设开发法及其运用

一、重要考点

1. 假设开发法也称为剩余法、预期开发法、开发法，是预测估价对象开发完成后的价值和后续开发建设的必要支出及应得利润，然后将开发完成后的价值减去后续开发建设的必要支出及应得利润来求取估价对象价值的方法。

本质与收益法相同，是以房地产的预期未来收益为导向来求取房地产的价值。具体为预测的开发完成后的价值减去预测的后续开发建设的必要支出及应得利润后的余额。

2. 假设开发法的理论依据

理论依据是预期原理和地租原理，其表现形式为评估新开发的房地产价值的成本法的倒算法。

3. 假设开发法与成本法

两者主要区别：成本法中的土地价值为已知，需要求取的是开发完成后的房地产价值。假设开发法中开发完成后的房地产价值已事先通过预测等方法得到，需要求取的是土地价值。

4. 假设开发法适用的估价对象和条件

(1) 假设开发适用的估价对象包括可供开发建设的土地(包括生地、毛地、熟地，典型的房地产用地)、在建工程、可重新装饰装修改造或改变用途旧房地产(包括重新装饰装修、改建、扩建，如果是重建就属于毛地的范畴)。对于应有规划条件但规划条件尚未正式确定的待开发房地产，难以采用假设开发法估价。

(2) 设开发法用于估价与用于投资分析的区别

在选取有关参数、系数和测算有关数值时，估价是站在一个典型的投资者的立场上(公允的、客观的)，而投资分析是站在某一个特定的投资者的立场上。

(3) 假设开发法在投资分析中提供的三种数值

①测算待开发房地产的最高价格；②测算房地产开发项目的预期利润；③测算房地产开发中可能出现的最高费用。

(4) 假设开发适用的条件：在实际估价中，运用假设开发法估价结果的可靠程度关键取决于下列两个预测：①是否根据房地产估价的合法原则和最高最佳利用原则，正确判断了房地产的最佳开发利用方式(包括用途、规模、档次等)。②是否根据当地房地产市场行情或供求状况，正确预测了开发完成后的价值。其中最佳开发利用方式的内容：包括：用途、建筑规模和档次；选取最佳用途要考虑的因素包括地块的位置的可接受性，用途的现实社会需要程度，未来发展趋势。

5. 假设开发法的基本公式

待开发房地产的价值＝开发完成后的价值－后续必要支出及应得利润

6. 现金流量折现法和传统方法

(1) 假设开发法中考虑资金的时间价值两种方式

① 采用折现的方式，称为现金流量折现法，在折现率中予以考虑。不需单独计算利息和利润。

② 单独采取计算投资利息的方式，称为传统方法。

(2) 现金流量折现法与传统方法的区别

表 9-1

序号	区别	现金流量折现法	传统方法
1	对开发完成后的房地产价值等的测算	是模拟房地产开发过程，预测它们未来发生的时间及在发生时的金额。即要进行现金流量预测	主要是根据估价时点(通常为现在)的房地产市场状况作出的，即它们基本上是静止在估价时点的金额
2	各项支出、收入发生的时间	要考虑各项支出、收入发生的不同时间，即首先要将它们折算到同一时点上的价值(最终是折算到估价时点上)，然后再相加减	不考虑各项支出、收入发生的不同时间，即不是将它们折算到同一时间上的价值，而是直接相加减，但要计算投资利息，计息期通常到开发完成时止，即既不考虑预售，也不考虑延迟销售。
3	投资利息和开发利润	这两项都不单独显现出来，而是隐含在折现过程中。折现率包含安全收益(利率)部分和风险收益(利润率)两个部分	两项都单独显现出来

7. 假设开发法测算中各项的求取

(1) 后续开发经营期：起点：取得估价对象的日期(估价时点)。终点：是开发完成后的房地产经营结束的日期。其构成为建设期(前期＋建造期)、经营期(具体化为销售期和运营期)、销售期(销售方式下也就是销售期，经营期，可以和建设期有个时间段重合)、运营期(出租和营业两种情况)。具体如下图所示。

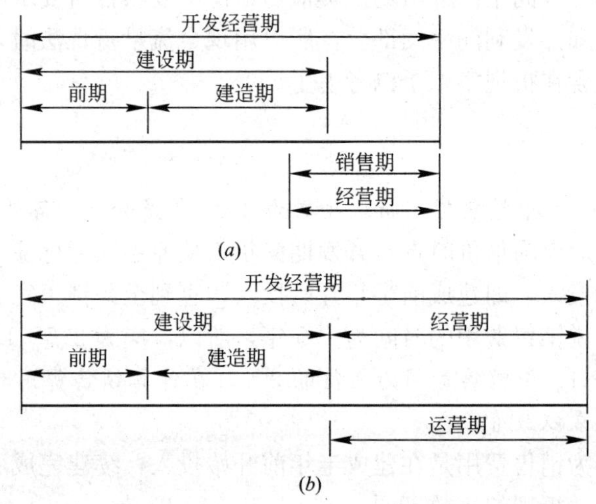

图 9-1 开发经营期及其构成

(a)在销售(含预售)情形下；(b) 在出租或营业情形下

(2) 开发完成后的价值、对应的时间和预测方法

①开发完成后的价值对应的房地产状况，不同的房地产状况对应不同的价值，有时还

包括其他财产(如动产、权利等)的价值。②开发完成的价值对应的时间不一定是开发完成之时。③假设开发法中，开发完成后的价值，可以用市场法，也可以用收益法，但是不能用成本法求取开发完成后的价值。

(3) 后续必要支出及应得利润

后续必要支出项目，估算方法与成本法中相同。与成本法中估算的区别：本质上应是预测的扣除项目在未来发生时的值，而不是在估价时点时的值；它们是在取得待开发房地产之后至把待开发房地产开发完成的必要支出及应得利润，而不包括在取得待开发房地产之前所发生的支出及应得的利润。投资利息和开发利润，只有在传统方法中才需要测算。

投资利息和开发利润只有在传统方法中才需要测算，现金流量折现法中，包含在折现率中考虑了。应计息的项目和不计息的项目(见表 9-2)

表 9-2

序号	名称		注意事项
1	应计息的项目	①未知、需要求取的待开发房地产的价值	(1) 一项费用的计息期的起点是该项费用发生的时点，终点通常是开发期结束的时点，一般不考虑预售和延迟销售的情况。 (2) 值得注意的是未知、需要求取的待开发房地产的价值是假设在估价时点一次性付清，因此，其计息的起点是估价时点。 有些费用不是发生在一个时间点，而是在一段时间(如开发期或建造期)内连续发生，但计息时通常将其假设为在所发生的时间段内均匀发生，具体视为发生在该时间段的期中
		②取得待开发房地产的税费	
		③开发成本、管理费用和销售费用	
2	不计息的项目	销售税费	销售税费一般不包括应由买方缴纳的契税等税费，也不包括应由卖方缴纳的土地增值税、企业所得税

(4) 折现率

是采用现金流量折现法时需要确定的重要参数，与报酬资本化法中的报酬率的性质和求取方法相同。具体应等同于同一市场上类似房地产开发项目所要求的平均报酬率。本质上体现了资金的利率和开发利润率两部分，所以用现金流量折现法时，利息和利润就不需要再另外计算了。包含在折现率中予以考虑了。

二、典型答疑

1. 教材［例题 9-5］中销售费用折现年数为 3.25 年是如何计算的?

答：画一数轴，原点为估价时点，开发期三年，从原点往后标注 3 年，销售费用是在第三年的后半年开始投入，即建成前半年开始投入，直到全部销售完毕，全部销售完是在建成 1 年后。也就是说销售费用的时间为 1.5 年，所以，应为 2.5＋1.5÷2＝3.25(年)。

2. 教材［例题 9-4］中销售费用为售价的 3%，在计算销售费用时，可不可以直接用续建后的房地产价值乘以 3%?

答：不可以，因为销售费用是在建成半年前开始投入，续建完成后的价值是在开发完成时，对于估价时点，折现的年数不同。

注意：假设开发法传统方法的投资利息计算时，是以取得待开发房地产的时点为估价时点(现在)，后续必要支出从该项费用发生时时点开始计息，计息期终点为建设期终点，计算利息的方向是由现在向未来延伸；在成本法计算利息时，各计息项目的起点是该项费用发生的时点，终点是建设期的终点，即估价时点(现在)，计算利息的方向是由过去向现在延伸。关于这一点，有许多同学表面上是搞明白了，其实还糊涂着；平时清楚，一到做题时就晕了，尤其是刚做完成本法计算利息的题，又做传统方法的题，因为这两种方法的估价时点相同，站在估价时点看，一个是向远离估价时点方向计算，一个是向靠拢估价时点方向计算，正是这一点搞的许多人摸不着头脑。

要注意开发完成后价值在传统方法和现金流量折现法中的含义是不同的。在传统方法中，开发完成后价值是在估价时点市场状况下、未来房地产状况下价值；在现金流量折现法中，开发完成后价值是在估价时点以后未来某个时点市场状况下、未来房地产状况下价值。

三、例题分析

（一）单项选择题

1. 运用假设开发法中的现金流量折现法估价时，无须做的是(　　)。

A. 估算后续开发经营期

B. 估算后续开发的各项支出、收入

C. 估算后续开发各项支出、收入在何时发生

D. 估算开发期中的利息和利润

答案：D

解析：投资利息和开发利润只有在传统方法中才需要测算。

2. 某市区有一大型物资储备仓库，现根据城市规划和市场需求，拟改为超级市场。需评估该仓库的公开市场价值，最适宜采用(　　)进行估价。

A. 比较法　　B. 成本法

C. 假设开发法　　D. 长期趋势法

答案：C

解析：假设开发法的适用对象就是具有开发或再开发潜力的房地产。

3. 当较为精确地应用假设开发法时，应考虑(　　)。

A. 通货膨胀影响　　B. 投资利息因素

C. 资金时间价值　　D. 投资风险补偿

答案：D

解析：较为精确地应用假设开发法要使用现金流量折现法，现金流量折现法要求折现率既包含安全收益部分，用包含风险收益部分。

4. 对于出售的房地产，采用假设开发法估算开发完成后的房地产价值时，根据待估宗地的最佳开发利用方式和当地房地产市场现状及未来变化趋势，可以采用(　　)和长期趋势法相结合进行估算。

A. 比较法　　B. 收益法

C. 成本法　　D. 路线价法

答案：A

解析：对于出售的房地产，采用假设开发法估算开发完成后的房地产价值时，根据待估宗地的最佳开发利用方式和当地房地产市场现状及未来变化趋势，可以采用市场法和长期趋势法相结合进行估算。如果开发完成后的房地产用于出租、营业的，则使用收益法来

测算开发完成后的房地产价值。

5. 某在建工程土地使用权年限40年，自取得土地使用权之日起开工，预计建成后的建筑面积为15000m²，年净收益为480万元，自开工到建成的开发期为3年，估计该项目至建成还需1.5年，已知报酬率为8%，折现率为12%，该项目开发完成后的房地产现值为(　　)万元。

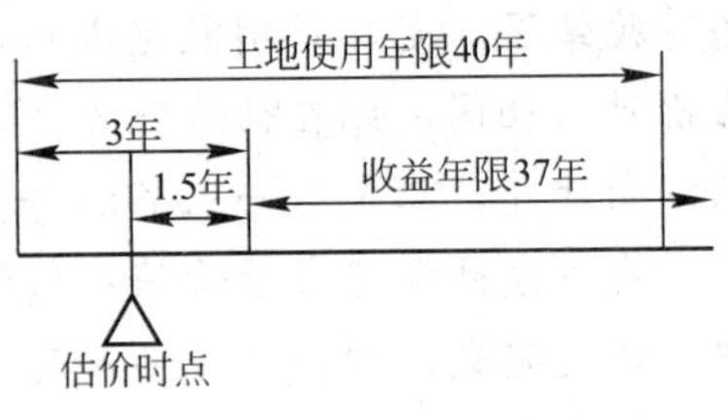

A. 4023.04　　B. 4074.10

C. 4768.50　　D. 5652.09

答案：C

解析：$V=\frac{A}{Y}\left[1-\frac{1}{(1+Y)^n}\right]/(1+r_d)$，

$V=480/8\%\times[1-1/(1+8\%)^{37}]/(1+12\%)^{1.5}=4768.50$(万元)。

6. 在采用假设开发法中的传统方法进行房地产估价时，一般不计息的项目是(　　)。

A. 未知、需要求取的待开发房地产的价值

B. 投资者购买待开发房地产应负担的税费

C. 销售税费

D. 开发成本、管理费用和销售费用

答案：C

7. 运用假设开发法评估某待开发房地产的价值时，若采用现金流量折现法计算，则该待开发房地产开发经营期的起点应是(　　)。

A. 待开发房地产开发建设开始时的具体日期

B. 待开发房地产建设发包日期

C. 取得待开发房地产的日期

D. 房地产开发完成并投入使用的日期

答案：C

8. 下列关于假设开发法的表述中，不正确的是(　　)。

A. 假设开发法在形式上是评估新开发完成的房地产价格的成本法的倒算法

B. 运用假设开发法可测算开发房地产项目的土地最高价格、预期利润和最高费用

C. 假设开发法适用的对象包括待开发的土地、在建工程和不得改变现状的旧房

D. 假设开发通常是一次性的价格剩余

答案：C

解析：假设开发法适用的对象包括待开发的土地、在建工程和可改变用途的旧房

9. 现有某待开发项目建筑面积为3850m²，从当前开始开发期为2年。根据市场调查分析，该项目建成时可出售50%，半年后和一年后分别售出其余的30%和20%，出售的平均单价为2850元/m²。若折现率为15%。则该项目开发完成后的总价值的当前现值为(　　)万元。

A. 766　　B. 791

C. 913　　D. 1046

答案：B

解析：该项目开发完成后的总价值的当前现值$=2850\times3850\times[50\%/(1+15\%)^2+30\%/(1+15\%)^{2.5}+20/(1+15\%)^3]=791.24$(万元)

（二）多项选择题

1. 假设开发法中开发完成后房地产出租或营业、自用的情况下，开发经营期为(　　)。

A. 开发期＋经营期　　B. 开发期＋运营期

C. 开发期＋经营期－前期－建造期　　D. 开发期＋运营期－前期－建造期

E. 前期＋建造期＋经营期

答案：ABE

2. 假设开发法中，按传统方法需要计算利息的项目有(　　)。

A. 待开发房地产的价值　　B. 开发成本和管理费用

C. 销售税费　　D. 投资者购买待开发房地产应负担的税费

E. 开发利润

答案：ABD

解析：这里需要引起特别的注意，只有销售税费不计息，而销售费用要计息的。

3. 在实际估价中，运用假设开发法估价结果的可靠性，关键取决于(　　)。

A. 房地产具有开发或再开发潜力

B. 将预期原理作为理论依据

C. 正确判断了房地产的最佳开发方式

D. 正确量化了已经获得的收益和风险

E. 正确预测了未来开发完成后的房地产价值

答案：CE

解析：在实际估价中，运用假设开发法估价结果的可靠程度，关键取决于下列两个预测：①是否根据房地产估价的合法原则和最高最佳利用原则，正确地判断了房地产的最佳开发利用方式(包括用途、规模、档次等)；②是否根据当地房地产市场行情或售求状况，正确地预测了未来开发完成后的房地产价值。

4. 假设开发法中，选择最佳的开发利用方式最重要的选择最佳用途。而最佳用途的选择要考虑土地位置的(　　)。

A. 可接受性　　B. 保值增值性

C. 现实社会需要程度　　D. 未来发展趋势

E. 固定性

答案：ACD

（三）判断题

1. 对于有城市规划条件要求，但其城市规划设计条件尚未正式明确的地块，通常不适合采用假设开发法估价。(　　)

答案：√

2. 从估价角度看，房地产开发商应获得的利润要与其自有资金应得的利息分开。(　　)

答案：√

3. 在现金流量折现法中，对开发完成后的房地产价值、开发成本、管理费用、销售费用、销售税费等的测算，主要是根据估价时的房地产市场状况来预测的。（　　）

答案：×

解析：对开发完成后的房地产价值、开发成本、管理费用、销售费用、销售税费等的测算，在传统方法中主要是根据估价时点(通常为现在)的房地产市场状况作出的，即它们基本上是静止在估价时点的金额。而在现金流量折现法中，是模拟房地产开发过程，预测它们未来发生的时间及在发生时的金额。即要进行现金流量预测。

这是考生在做大计算题时必须注意的地方，只有找准估价时点和各种收入、支出的时间，才能正确计算出运用假设开发法的估价结果。

4. 假设开发法估价必须考虑资金的时间价值，一般采用计算利息的传统方法和现金流量折现法，由于存在众多未知因素和偶然因素易使预测偏离实际，因此，在实际估价中应尽量采用计算利息的传统方法。（　　）

答案：×

解析：虽然存在众多的未知因素和偶然因素会使预测偏离实际，准确地预测是十分困难的。尽管如此，在实际估价中应尽量采用现金流量折现法。在难以采用现金流量折现法的情况下，可以采用传统方法。

5. 假设开发法用于投资分析与用于估价的不同之处是：在选取有关参数和测算有关数值时，投资分析是站在一般投资者的立场上，而估价是站在某个特定投资者的立场上。（　　）

答案：×

解析：假设开发法用于投资分析与用于估价的不同之处是：在选取有关参数和测算有关数值时，投资分析是站在某个特定投资者的立场上，而估价是站在一般投资者的立场上。

（四）计算题

1. 某在建工程的土地使用权是2004年12月31日通过出让方式获得的，用途为商业，土地使用期限为40年，土地面积为700m²，容积率为1.5，土地取得费用为80万元，已付清。从获得土地使用权至正式动工的时间为1年。该工程正常施工期(不含装修)为2年，建安成本为每平方米建筑面积2300元，管理费用为建安成本的3%；至2007年6月30日已完成主体结构，且已投入总开发成本的55%，剩余费用在施工期内均匀投入，折现率为13%。

该在建工程建成后的最佳用途为餐馆，建成时即投入40万元花一年时间装修(假定装修费用支出发生在该年末)，然后出租营业。预计第一年正常净收益为60万元，此后每年净收益以1.5%的比率增长，为保持这种正常收益增长，需要每隔4年在该年末进行一次大装修，正常大装修费用为40万元，当年净收益未扣除大装修费用。该类餐馆的报酬率为15%。

按当地有关规定，房地产开发项目(包括在建工程)在转让交易过程中，买方按售价的3%缴纳有关税费，同类房地产开发项目的销售费用和销售税费分别为售价的2%和6%。

请利用上述资料用现金流量折现法测算该在建工程2007年6月30日的正常购买总

价。(2007 年试题)

(注：此题建筑物经济寿命未明确说明，在确定收益期限时依据不充分；另销售费用发生时点未明确，也是此题不够严谨之处)

解：设该在建工程在 2007 年 6 月 30 日的正常购买总价为 V

(1) 该在建工程开发完成后的总价值 F

$$F_1=\frac{A}{Y-g}\left[1-\left(\frac{1+g}{1+Y}\right)^n\right]$$

$$F_1=\frac{60\times\left[1-\left[\frac{(1+1.5\%)}{(1+15\%)}\right]^{36}\right]}{(15\%-1.5\%)}\times\frac{1}{(1+13\%)^{1.5}}=365.87(\text{万元})$$

$$F_2=\frac{40}{(1+13\%)^{1.5}}\times\left[1+\frac{1}{(1+15\%)^4}+\frac{1}{(1+15\%)^8}+\cdots+\frac{1}{(1+15\%)^{32}}\right]$$

$$=\frac{40}{(1+13\%)^{1.5}}\times\frac{1-\frac{1}{(1+15\%)^{36}}}{1-\frac{1}{(1+15\%)^4}}=77.25(\text{万元})$$

$$F=F_1-F_2=288.62(\text{万元})$$

(2) 后续必要支出及应得利润

1) 建安成本及管理费

$$\frac{2300\times(1+3\%)\times700\times1.5\times(1-55\%)}{(1+13\%)^{0.5/2}}=108.57(\text{万元})$$

2) 销售费用和销售税费

$$F\times(2\%+6\%)=(365.87-77.25)\times(2\%+6\%)=23.09(\text{万元})$$

(3) 买方应缴纳的税费为 $0.03V$。

(4) 该在建工程在 2007 年 6 月 30 日的正常购买总价

$$V=288.62-108.57-23.09-0.03V$$

则 $V=152.39$(万元)

四、练习题

(一) 单项选择题

1. 假设开发法是一种科学实用的估价方法，其基本理论依据与(　　)相同。

A. 长期趋势法　　B. 收益法

C. 成本法　　D. 市场法

2. 假设开发法更深层的理论依据，类似于(　　)。

A. 适合原理　　B. 地租原理

C. 均衡原理　　D. 预期原理

3. 弄清土地的面积大小、形状、平整程度、基础设施通达程度、地质和水文状况等主要是为(　　)服务。

A. 测算开发成本、费用等

B. 为选择最佳的土地用途服务

C. 为确定最佳的开发利用方式服务

D. 为预测未来开发完成后的房地产价值、租金等服务

4. 弄清城市规划设计条件。包括弄清规定的用途、建筑高度、容积率等主要是为(　　)服务。

A. 测算开发成本、费用等

B. 为选择最佳的土地用途服务

C. 为确定最佳的开发利用方式服务

D. 为预测未来开发完成后的房地产价值、租金等服务

5. 弄清土地的位置，包括土地所在城市的性质、土地所在城市内的区域的性质、具体的坐落状况主要是为(　　)服务。

A. 测算开发成本、费用等

B. 为选择最佳的土地用途服务

C. 为确定最佳的开发利用方式服务

D. 为预测未来开发完成后的房地产价值、租金等服务

6. 弄清将拥有的土地权利，包括弄清权利性质(目前均为使用权)、使用年限、可否续期，以及对转让、出租、抵押等的有关规定等主要是为(　　)服务。

A. 测算开发成本、费用等

B. 为选择最佳的土地用途服务

C. 为确定最佳的开发利用方式服务

D. 为预测未来开发完成后的房地产价值、租金等服务

7. 在选择最佳的开发利用方式中，最重要的是要选择(　　)。

A. 最佳的收益　　B. 最佳的用途

C. 最佳的档次　　D. 最佳的规模

8. 某块土地城市规划规定的用途可为宾馆，可为公寓，可为写字楼，如果对宾馆、写字楼的需求开始趋于饱和，表现为客房入住率、写字楼出租率呈下降趋势，但希望能租到或买到公寓住房的人逐渐增加，而近年能提供的数量又较少时，则可以选择该块土地的用途为(　　)。

A. 兴建公寓　　B. 兴建写字楼

C. 兴建宾馆　　D. 难以确定

9. 假设开发法在形式上是适用于评估新开发房地产价值的(　　)的“倒算法”。

A. 市场法　　B. 成本法

C. 收益法　　D. 长期趋势法

10. (　　)是从动工开发到房屋竣工的这段时间。

A. 建造期　　B. 经营期

C. 开发期　　D. 前期

11. 在有预售的情况下，销售期与(　　)有重合。

A. 经营期　　B. 开发期

C. 开发经营期　　D. 运营期

12. 开发完成后的房地产价值所对应的日期是(　　)。

A. 开发完成时的日期　　B. 购买待开发房地产时的日期

C. 开发期间的某个日期　　　　　　　　　D. 估价时点时的日期

13. 假设开发法用于房地产估价在选取有关参数和测算有关数值时，估价是站在(　　)的投资者的立场上。

A. 特定　　　　　　　　　　　　　　　　B. 典型

C. 特殊　　　　　　　　　　　　　　　　D. 社会

14. 假设开发法用于房地产开发项目分析在选取有关参数和测算有关数值时，投资分析是站在(　　)的投资者的立场上。

A. 特定　　　　　　　　　　　　　　　　B. 典型

C. 特殊　　　　　　　　　　　　　　　　D. 社会

15. 运用假设开发法估价，对于资金的时间价值(　　)。

A. 不必考虑　　　　　　　　　　　　　　B. 必须考虑

C. 根据实际情况而定　　　　　　　　　　D. 无法确定

16. 评估一宗房地产开发用地 2006 年 1 月 1 日的价值，预测该宗土地 2009 年 1 月 1 日开发完成后的房价中属于地价的部分为 2000 万元，折现率为 10%，则该土地的价值为(　　)万元。

A. 1562.89　　　　　　　　　　　　　　B. 1652.89

C. 1502.63　　　　　　　　　　　　　　D. 1520.63

17. 现有某待开发项目建筑面积为 3850m^2，从当前开始建设期为 2 年。根据市场调查分析，该项目建成时可出售 50%，半年后和一年后分别售出其余的 30%和 20%，出售的平均单价为 2850 元/m^2。若折现率为 15%则该项目开发完成后的总价值的当前现值为(　　)万元。

A. 766　　　　　　　　　　　　　　　　B. 791

C. 913　　　　　　　　　　　　　　　　D. 1046

18. 假设开发法中，选择最佳的开发利用方式最重要的是(　　)。

A. 选择最佳用途　　　　　　　　　　　　B. 选择最佳档次

C. 选择最佳规模　　　　　　　　　　　　D. 选择最佳开发商

19. 下列对假设开发法的估价前提说法中，正确的是(　　)。

A. 自己开发前提下评估出的价值，要大于自愿转让前提下评估出的价值

B. 自己开发前提下评估出的价值，要大于或等于自愿转让前提下评估出的价值

C. 自愿转让前提下评估出的价值，要小于或等于被迫转让前提下评估出的价值

D. 自愿转让前提下评估出的价值，要大于或等于被迫转让前提下评估出的价值

(二) 多项选择题

1. 运用假设开发法估价的效果，还要求有一个良好的社会经济环境，包括(　　)。

A. 明朗、稳定及长远的房地产政策

B. 一套统一、严谨及健全的房地产法规

C. 一个全面、连续及开放的房地产信息资料库

D. 一个较多公平交易的房地产信息资料库

E. 一个公平竞争的市场环境

2. 下列哪些适合使用假设开发法评估(　　)。

A. 清真寺　　　　B. 在建工程

C. 可装修改造的旧房　　　　D. 可改变用途的旧房

E. 房改售房评估

3. 在中国现行情况下，政府开展国有土地使用权有偿出让的地块，主要是待开发土地。政府出让土地使用权的方式有(　　)。

A. 拍卖　　　　B. 招标

C. 挂牌　　　　D. 征收

E. 征用

4. 下列关于假设开发法的表述中，正确的是(　　)。

A. 假设开发法在形式上是评估新开发完成的房地产价值的成本法的倒算法

B. 运用假设开发法可测算开发房地产项目的最高价格、预期利润和最高费用

C. 假设开发法适用的对象包括待开发的土地、在建工程和不得改变现状的旧房

D. 假设开发法通常测算的是一次性的价格剩余

E. 假设开发法也称为剩余法

5. 待开发房地产在投资开发前的状况有(　　)。

A. 生地　　　　B. 毛地

C. 耕地　　　　D. 在建工程

E. 熟地

6. 在实际估价中，运用假设开发法估价结果的可靠性，关键取决于(　　)。

A. 房地产具有开发或再开发潜力

B. 将预期原理作为理论依据

C. 正确判断了房地产的最佳开发方式

D. 正确量化了已经获得的收益和风险

E. 正确预测了未来开发完成后的房地产价值

7. 关于开发经营期说法正确的有(　　)。

A. 开发经营期可分为开发期和建设期

B. 开发期的起点与开发经营期的起点相同

C. 销售期是从开始销售已开发完或未来开发完成的房地产，到将其全部销售完毕的时间

D. 在租赁的情况下，运营期通常到开发完成的房地产的经济寿命结束时为止

E. 开发经营期包括建造期、经营期和销售期

8. 确定开发经营期的目的是为了(　　)。

A. 预测开发完成后的价值

B. 计算开发利润

C. 预测后续各项必要支出发生的时间及金额

D. 进行折现

E. 测算投资利息

9. 假设开发法具体可为房地产投资者提供(　　)。

A. 待开发房地产的最高价格　　　　B. 待开发房地产的平均价格

C. 房地产开发项目的预期利润　　　　D. 房地产开发项目的平均利润

E. 房地产开发中可能的低费用

10. 在传统方法中，正确地估算投资利息需要把握(　　)。

A. 应计息的项目　　　　B. 计息的方式

C. 利率的大小，计息周期　　　　D. 折现率

E. 计息的项目

11. 假设开发法中，选择最佳的开发利用方式最重要的选择最佳用途。而最佳用途的选择要考虑土地位置的(　　)。

A. 可接受性　　　　B. 通货膨胀

C. 现实社会需要程度　　　　D. 未来发展趋势

E. 保值增值

12. 运用假设开发法评估待开发房地产的价值，具体方法有(　　)。

A. 传统方法　　　　B. 现金流量折现法

C. 成本法　　　　D. 市场法

E. 收益法

13. 在假设开发中应计息的项目有(　　)。

A. 待开发房地产的价值

B. 取得待开发房地产的税费

C. 后续建设成本、管理费用和销售费用

D. 销售税费

E. 开发利润

14. 房地产的开发经营期可分为(　　)。

A. 前期　　　　B. 建设期

C. 经营期　　　　D. 销售期

E. 预售期

(三) 判断题

1. 假设开发法是将预测的估价对象未来开发完成后的价值，减去未来的正常开发成本、建筑物折旧、税费和利润等，以此求取估价对象的客观合理价格或价值的方法。(　　)

2. 假设开发法在形式上是评估新开发完成的房地产价格的成本法的倒算法。(　　)

3. 假设开发法更深的理论依据，类似于地租原理。(　　)

4. 假设开发法适用于具有收益能力的房地产的估价。(　　)

5. 地租是每年的租金剩余，假设开发法通常测算的是一次性的价格剩余。(　　)

6. 对于有城市规划设计条件要求，但城市规划设计条件尚未明确的待开发房地产，难以采用假设开发法估价。(　　)

7. 对于城市规划设计条件尚未明确的待开发房地产，估价人员可根据所推测的最可能的城市规划设计条件来估价，但必须将其列为估价的假设和限制条件，并在估价报告中作特别的提示，说明它对估价结果的影响，或估价结果对它的依赖性。(　　)

8. 生地价值＝开发完成后的房地产价值－由生地建成房屋的开发成本－管理费用－

投资利息－销售费用－销售税费－开发利润－卖方购买生地应负担的税费。（　　）

9. 适用于在毛地上进行房屋建设的公式：毛地价值＝开发完成后的熟地价值－由毛地开发成熟地的开发成本－管理费用－投资利息－销售费用－销售税费－土地开发利润－买方购买毛地应负担的税费。（　　）

10. 熟地价值＝开发完成后的房地产价值－由熟地建成房屋的开发成本－管理费用－销售费用－销售税费－开发利润－买方购买熟地应负担的税费。（　　）

11. 在建工程价值＝续建完成后的房地产价值－续建成本－管理费用－投资利息－销售费用－销售税费－续建投资利润－卖方出售在建工程应负担的税费。（　　）

12. 旧房价值＝装修改造完成后的房地产价值－装修改造成本－管理费用－投资利息－装修改造投资利润－买方购买旧房应负担的税费。（　　）

13. 现金流入通常表示为现金流量，现金流出通常表示为负现金流量。（　　）

14. 除了销售费用、销售税费以外，对开发完成后的房地产价值、建设成本、管理费用的测算，在传统方法中主要是根据估价时的房地产市场状况作出的，即它们基本上是静止在估价作业期时的数额；而在现金流量折现法中，是模拟开发过程，预测他们在未来发生时所发生的数额，即要进行现金流量预测。（　　）

15. 净现金流量＝现金流入量＋现金流出量。（　　）

16. 假设开发的传统方法，是模拟开发过程，预测他们在未来发生时所发生的数额。（　　）

17. 对开发完成后的房地产价值、开发成本、管理费用、销售费用、销售税费等的测算，在传统方法中主要是根据估价时的房地产市场状况作出的，即它们基本上是静止在估价时点时的数额。（　　）

18. 传统方法不考虑各项支出、收入发生的时间不同，即不是将它们折算到同一时间上的价值，而是直接相加减，但要计算利息，计息期通常到开发完成时止，即既不考虑预售，也不考虑延迟销售。（　　）

19. 现金流量折现法要考虑各项支出、收入发生的时间不同，即首先要将它们折算到同一时间点上的价值(最终是折算到估价时点上)，然后再相加减。（　　）

20. 在传统方法中只有投资利息单独显现出来。（　　）

21. 由于在现金流量折现法投资利润是隐含在折现过程中，所以，现金流量折现法要求折现率既包含安全收益部分(通常的利率)，又包含风险收益部分(利润率)。（　　）

22. 由于存在众多的未知因素和偶然因素会使预测偏离实际，准确地预测是十分困难的。尽管如此，估价中宜采用传统方法，在难以采用传统方法时可采用现金流量折现法。（　　）

23. 开发经营期的起点是取得估价对象(待开发房地产)的日期，即估价作业期。（　　）

24. 开发经营期的终点是预计未来开发完成后的房地产经营结束的日期。（　　）

25. 开发经营期可分为开发期和经营期。（　　）

26. 开发期可称为开发建设期、建设期，其起点与开发经营期的终点相同。（　　）

27. 对于在土地上进行房屋建设的情况来说，开发期又可分为前期和后期。（　　）

28. 前期是从取得待开发土地到动工开发的这段时间。（　　）

29. 建造期是从动工开发到房屋竣工的这段时间。（ ）

30. 在有预售的情况下，运营期与开发期有重合。（ ）

31. 运营期的起点通常是待开发房地产开发完成(竣工)的日期，终点是开发完成后的房地产自然寿命结束的日期。（ ）

32. 确定开发经营期的方法可采用类似于市场法的方法，即根据同一地区、相同类型、同等规模的类似开发项目已有的正常开发经营期来估计。（ ）

33. 开发完成后的房地产价值，是指开发完成时的房地产状况的实际价值。（ ）

34. 开发完成后的房地产价值一般是通过预测来求取。对于销售的房地产，通常是采用市场法，并考虑类似房地产价格的未来变动趋势，或采用市场法与长期趋势法相结合，即根据类似房地产过去和现在的价格及其未来可能的变化趋势来推测，比较的单位通常是总价。（ ）

35. 销售税费是指销售开发完成后的房地产应缴纳的税金及附加。（ ）

36. 销售费用和销售税费通常是按照开发完成后的房地产成本的一定比率来测算。（ ）

37. 选用不同的利率，应选用相对应的计息方式，反过来，选用不同的计息方式，应选用相对应的利率。（ ）

38. 投资者购买待开发房地产应负担的税费，通常是根据当地的规定，按待开发房地产价值的一定比率测算。（ ）

39. 折现率是在采用现金流量折现法时需要确定的一个重要参数，与报酬资本化法中的报酬率的性质和求取方法相同，具体应等同于同一市场上类似房地产开发项目所要求的平均报酬率，它体现了资金的利率和开发利润率两部分。（ ）

(四) 计算题

1. 某在建工程开工于2010年3月1日，用地总面积$2000m^2$，建筑容积率为5.1，用途为公寓。土地使用年限为50年，从2010年3月1日起计。土地取得费用为楼面地价每平方米1000元，该公寓正常建设期为2年，建设费用为每平方米建筑面积2500元，至2010年9月1日已完成主体封顶，已投入了建设费用的45%。估计该公寓可按期建成，建成后即可出租。可出租面积的月租金为每平方米80元，可出租面积为建筑面积的65%，正常出租率为80%，出租期间运营费用率为30%。又知当地购买在建工程应缴纳的税费为购买价格的5%。试利用上述资料采用现金流量折现法估算该在建工程于2010年9月1日的正常购买总价和按建成后的建筑面积折算的单价。假定报酬率为8%，折现率为14%。

【参考答案】

(一) 单项选择题

1. B 2. B 3. A 4. C 5. B 6. D 7. B 8. A 9. B 10. A 11. B 12. A 13. B 14. A 15. B 16. C 17. B 18. A 19. A

(二) 多项选择题

1. ABC 2. BCD 3. ABC 4. ABDE 5. ABDE 6. CE 7. BCD 8. ACDE 9. AC 10. ABCE 11. ACD 12. AB 13. ABC 14. BC

(三) 判断题

1. × 2. √ 3. √ 4. × 5. √ 6. √ 7. √ 8. × 9. × 10. × 11. × 12. × 13. √ 14. × 15. × 16. × 17. √ 18. √ 19. √ 20. × 21. × 22. × 23. × 24. √ 25. √ 26. × 27. × 28. × 29. √ 30. × 31. × 32. √ 33. × 34. × 35. × 36. × 37. √ 38. √ 39. √

(四) 计算题

1. 解：

(1) 设该在建工程的正常购买总价为 V

(2) 该在建工程续建完成后的总价值：

① 总建筑面积＝2000×5.1＝10200(m^2)

② 续建完成后的总价值计算公式：

$$\frac{\alpha}{r}\left[1-\frac{1}{(1+r)^{n}}\right]\times\frac{1}{(1+r_{d})^{t}}$$

③ 续建完成后的总价值：

$$\frac{80\times12\times10200\times65\%\times80\%\times(1-30\%)}{8\%}\left[1-\frac{1}{(1+8\%)^{50-2}}\right]\times\frac{1}{(1+14\%d)^{1.5}}$$

＝3569.34(万元)

(3) 续建总费用$=\frac{2500\times10200\times55\%}{(1+14\%)^{0.75}}=$1271.23(万元)

(4) 购买该在建工程的税费总额＝$V\times5\%=0.05V$

(5) 该在建工程的正常购买总价 $V=3569.34-1271.23-0.05V$

$V=2188.68$(万元)

(6) 按建成后的建筑面积折算的单价＝2188.68/1.0200＝2145.76(元/m^2)。

第十章　长期趋势法及其运用

一、重要考点

1. 长期趋势法的含义

长期趋势法是用预测科学的有关理论和方法，特别是时间序列分析和回归分析，推测、判断房地产的未来方法。

2. 长期趋势法的理论依据

房地产价格通常有波动，在短期内难以看出其变动规律和发展趋势，在长期来看，会显现出一定的变动规律和发展趋势。据此可以作出对该宗(或该类)房地产的价格在估价时点(通常为未来)比较肯定的推测和科学的判断，即评估出了该宗(或该类)房地产的价格。

3. 长期趋势法适用的对象和条件

长期趋势法适用的对象是价格无明显季节波动的房地产，对价格波动特别明显的房地产不宜适用。

长期趋势法适用的条件是拥有估价对象或类似房地产的较长时期的历史价格资料，而且所拥有的历史价格资料要真实。拥有越长时期、越真实的历史价格资料，作出的推测、判断就越准确、可信。

4. 几种常见的长期趋势法

长期趋势法的5种方法：
- 数学曲线拟合法
  - 直线趋势法
  - 指数曲线趋势法
  - 二次抛物线趋势法
- 平均增减量法
- 平均发展速度法
- 移动平均法
- 指数修匀法

5. 长期趋势法的作用

长期趋势法主要用于对房地产未来价格的推测、判断，如用于假设开发法中预测未来开发完成后的房地产价值。此外还有一些其他功用：

长期趋势法的其他功用：
- ① 用于收益法中对未来净收益等的预测
- ② 用于市场法中对可比实例价格进行交易日期调整
- ③ 用来比较、分析两宗(或两类)以上房地产价格的发展趋势或潜力
- ④ 用来填补某些房地产价格历史资料的缺乏等

6. 常用计算公式(见表10-1)

表 10-1

序号	方法		适用条件	计算公式
1	数学曲线拟合法	直线趋势法	1. 运用直线趋势法估价，估价对象或类似房地产的历史价格的时间序列散点图应表现出明显的直线趋势。2. 最简单、最常用	$Y=a+bX$ 式中，Y——各期的房地产价格；X——时间；a、b——未知参数，其值可用最小二乘数确定。 当 $\Sigma X=0$ 时， $a=\frac{\Sigma Y}{N}$，$b=\frac{\Sigma XY}{\Sigma X^2}$ 式中，N 为时间序列
		指数曲线趋势法		
		二次抛物线		
2	平均增减量法		如果房地产价格时间序列的逐期增减量大致相同，也可以用最简便的平均增减量法进行预测	$V_i=p_0+d\times i$，$d=\frac{P_n-P_0}{n}$ 式中，V_i——第 i 期房地产价格的趋势值；i——时间序数，$i=1$，2，…，n；P_0——基期房地产实际值；d——逐期增减量的平均数；P_n——n 期房地产实际价格的实际值 运用平均增减量法进行预测的条件是，房地产价格的变动过程是持续上升或下降的，且各期上升或下降的数额大致接近，否则就不适宜采用这种方法
3	平均发展速度法			$V^i=P_0\times t^i$，$t=\sqrt[n]{\frac{P_n}{P_0}}$ 式中，t——平均速度
4	移动平均法		是对原有价格按照时间序列进行修匀，即采用逐项递移的方法分别计算系列移动的时序价格平均数，形成一个新的派生平均价格的时间序列，借以消除价格短期波动的影响，显现出价格变动的基本发展趋势。一般应按照房地产价格波动变化的周期长度进行移动平均	简单移动平均法和加权移动平均法
5	指数修匀法		是以本期的实际值和本期的预测为根据，经过修匀后得出下一期预测值的一种预测方法	式中，$V_{i+1}=aP_i+(1-a)V_i$ V_{i+1}——第 $i+1$ 期的预测值；V_i——第 i 期的预测值；P_i——第 i 期的实际值

二、典型答疑

1. *长期趋势法为什么没有介绍回归分析法？*

答：长期趋势法中用于对房地产的未来价格作出推测、判断的方法，除了概念中提到的时间序列分析和回归分析法之外，还有其他方法，因教材篇幅所限，未多作介绍。从历届试题来看，有关长期趋势法的试题占的比重很小，所以我们只要掌握考试大纲中所要求的几种典型的方法即可。

2. *在运用长期趋势法时，需要搜集多长时间的历史价格资料，1 年、5 年、10 年…？*

答：房地产价格变动情况在短期内很难找到规律性，所以长期趋势法的理论依据立足于历史资料的长期性，时间越长越好，没有具体的标准。

3. 在运用长期趋势法时，具体应当搜集什么样的资料？

答：一定要搜集与估价对象同类型的房地产价格资料。类似房地产的标准与市场法对可比实例的要求相似，一是应与估价对象处在同一地区或是处于同一供求范围内的类似地区；二是用途应与估价对象的用途相同；三是规模应与估价对象的规模相当；四是档次应与估价对象的档次相当；五是建筑结构应与估价对象的建筑结构相同；六是权利性质应与估价对象的权利性质相同；七是交易类型应与估价目的吻合，如果为一般买卖、拍卖、租赁、土地使用权协议出让等目的估价，则应选取相对应的交易类型的交易实例为可比实例；八是成交价格应是正常成交价格或能够修正为正常成交价格。

4. 平均增减量法的基期是指哪个日期？

答：基期是指用以预测的历史价格列表中(按时间先后顺序排列)的第一个年份，以教材［例 10-2］为例，已知类似房地产 2003～2007 年的价格，那么 2003 年即为基期。

5. 请问直线趋势法公式各个字母的含义什么，是如何运用的？

答：在直线趋势法的公式中，a、b 为未知数，X、Y 为已知，以教材［10-1］为例，在具体计算中，以 $X=0$ 为中间项，之前的为-1，-2，之后的为 1，2，Y 为各年份的房地产价格，N 为项数。根据 ΣX、ΣY、N 可以求出 a、b 的值，可以得出直线趋势模型，然后根据此模型计算趋势值。

6. 教材例［10-1］中 ΣX 不是已经等于 0 了吗，为什么还有 $b=\Sigma XY/\Sigma X^2$？

答：$\Sigma X=0$ 并不是 $X=0$，ΣXY 的意思是 $\Sigma(XY)$，并不是 $\Sigma X \cdot Y$。

7. 教材例［10-3］中的逐年上涨速度 120.5、121.5、120.1、121.8 是怎么计算得来的？

答：是由相邻年份的后一个房地产价格实际值除以前一个房地产价格实际值得到，如 120.5 是由 2001 年的房地产价格实际值 675 除以 2000 年的房地产价格实际值 560 得到，121.5、120.1、121.8 也是如此。

8. 平均发展速度法中的 P_n 代表什么？

答：P_n 代表末期房地产价格的实际值。

9. 教材例［10-3］中的 $t=(1200/560)^{1/4}$，其中的 4 为什么不是 5，年份是 2003—2007 共 5 年，不是 4 年啊？

答：2000 年是基期，不算在内。

10. 在考试中做平均增减量法或移动平均法试题时，不加权可以吗？

答：加不加权计算，题目会提示的，因加权的随意性较大，试题很少有加权计算。

11. 移动平均法适用的条件是什么，教材上没有说明？

答：移动平均法适用于在短期内各期价格时高时低，变动较大的情况。

12. 教材例［10-2］中在计算房地产价格逐年上涨额的平均数时为什么除以 4 而不是 5？

答：5 年当中的第一年 2000 年是基期，逐年上涨额是从第二年开始计算的。

13. 时期序数是什么？

答：时期序数是按时间先后顺序排列的数字。

14. 加权移动平均法为什么不是先移动平均然后再加权？

答：先加权与后加权有本质区别。加权的目的是为了使评估价值更接近或符合实际，如果将移动平均后的值进行加权处理，显然不接近实际。

15. 指数修匀法为什么没有例题，是不是不太重要？

答：指数修匀法的计算过程比较麻烦些，需要反复试算来确定修匀常数，在最近几次考试中这类题很少出现，考生只需理解并记住修匀公式即可。

16. 为什么说房地产价格上涨(下降)趋势的强弱与房地产目前的价格高低无关？

答：拿教材上的长期趋势图来分析，假设目前是 2000 年，从图上可见，2000 年所对应的房地产 A 的价格比房地产 B 的价格低，但是 2007 年以后，房地产 A 的价格高于房地产 B 的价格，由此看来，目前的房地产价格并不能说明今后的房地产价格走势。

17. 直线趋势法为什么要设 $\Sigma X=0$？

答：设 $\Sigma X=0$ 是为了手工计算方便，我们发现，当设 $\Sigma X=0$ 时，求 a、b 的公式会变得简单，可以减少计算量。

18. 移动平均法的按照房地产价格变化的周期长度设定多长时间为最佳？

答：如果序数多，变动周期长，周期长度可以相应设定长一些，反之，可设定短一些。

19. 是不是任何时候都可以使用直线趋势法？

答：使用直线趋势法的前提条件是，估价对象或类似房地产的历史价格的时间序列散点图呈直线趋势。

20. 教材上介绍的几种长期趋势法哪一种计算结果更准确？

答：教材上的几种方法都有各自的适用条件，条件不同所运用的方法也不应相同，所以几种方法没有可比性。

21. 教材上的长期趋势图需要记住吗？

答：只要理解即可。

三、例题分析

(一) 单项选择题

1. 通过市场调研，获得某类房地产 2002 年至 2006 年的价格分别为 3405 元/m^2、3565 元/m^2、3730 元/m^2、3905 元/m^2、4075 元/m^2，则采用平均增减量法预测该类房地产 2008 年的价格为(　　)元/m^2。

A. 4075.0　　　　B. 4242.5

C. 4410.0　　　　D. 4577.5

答案：C

解析：根据平均增减量法进行测算：$d=(160+165+175+170)/4=167.5$(元/m^2)，预测该地区商品住宅 2008 年的价格为：$V6=P0+d\times i=3405+167.5\times6=4410$(元/m^2)。

2. 某类房地产 2001 年初至 2005 年初的价格分别为 2300 万/m^2、2450 元/m^2、2650 元/m^2、2830 元/m^2 和 3000 元/m^2，其增减量的权重分别为 0.1、0.3、0.2 和 0.4，按平均增减量趋势法估计，以 2001 年初为预测基期，则该类房地产于 2006 年初的价格最接近于(　　)元/m^2。

A. 3100　　　　B. 3195

C. 3285　　D. 3300

答案：B

解析：$d=(2450-2300)\times 0.1+(2650-2450)\times 0.3+(2830-2650)\times 0.2+(3000-2830)\times 0.4=179$（元/m²），

$$V_6=P_0+d\times i=2300+179\times 5=3195\text{(元/m}^2\text{)}。$$

3. 某城市 2000 年和 2005 年普通商品房的平均价格分别是 3500 万/m² 和 4800 元/m²，采用平均发展速度法预测 2008 年的价格最接近于（　　）元/m²。

A. 4800　　B. 5124

C. 5800　　D. 7124

答案：C

解析：$t=\sqrt[n]{\frac{P_n}{P_o}}$，$t=\sqrt[5]{\frac{4800}{3500}}$，$=1.065$，

预测 2008 年的价格为：$V_8=3500\times 1.065^8=5801.56$（元/m²）。

4. 房地产价格通常有上下波动。但从长期来看，会显现出一定的（　　）。

A. 变动规律和发展趋势　　B. 变动规律和长期趋势

C. 发展规律和变动趋势　　D. 发展规律和长期趋势

答案：A

解析：房地产价格通常有上下波动。在短期内难以看出其变动规律和发展趋势，但从长期来看，会显现出一定的变动规律和发展趋势。

5. 越接近（　　）的发展速度对估价更为重要。

A. 客观情况　　B. 市场供求

C. 估价时点　　D. 现在

答案：C

解析：与平均增减量法类似，越接近估价时点的发展速度对估价越重要。

6. 数学曲线拟合法中最简单、最常用的为（　　）。

A. 直线趋势法　　B. 指数曲线趋势法

C. 二次抛物线趋势法　　D. 指数修匀法

答案：A

解析：数学曲线拟合法有很多方法，其中最简单、最常用的为直线趋势法。

7. 如果房地产价格时间序列的逐期发展速度（　　），就可以计算其平均发展速度。

A. 较大　　B. 较小

C. 差距较大　　D. 大致接近

答案：D

解析：这是运用平均发展速度法估价的条件。

8. 直线趋势法公式中的常数 a、b 是由（　　）决定的。

A. 房地产的历史价格资料　　B. 房地产的未来历史价格资料

C. 房地产的现时价格资料　　D. 估价人员选取的价格资料

答案：A

解析：常数 a、b 取自于房地产的历史价格资料。

9. 整理搜集到的历史价格资料，将其转化为同一标准，并按照(　　)的先后顺序将它们编排成时间序列，画出时间序列图。

A. 整理　　B. 逻辑

C. 搜集　　D. 时间

答案：D

解析：由于要画出时间序列图，必然要根据时间的先后顺序来进行编排。

(二) 多项选择题

1. 长期趋势法除了用于推测、判断房地产的未来价格外，还可用于(　　)等。

A. 收益法中预测未来的租金

B. 市场法中对可比实例成交价格进行交易情况调整

C. 填补某些房地产历史价格资料的缺乏

D. 比较、分析两宗(或两类)以上房地产价格的潜力

E. 成本法中确定房地产的重新购建价格

答案：ACD

解析："市场法中对可比实例成交价格进行交易情况调整"和"成本法中确定房地产的重新购建价格"不用长期趋势法。

2. 长期趋势法包括(　　)等方法。

A. 数学曲线拟合法　　B. 平均增减量法

C. 平均发展速度法　　D. 年限法

E. 指数修匀法

答案：ABCE

解析：年限法是求取建筑物折旧的方法。

3. 运用长期趋势法估价的一般步骤有(　　)。

A. 搜集估价对象或类似房地产的历史价格资料，并进行检查、鉴别

B. 整理搜集到的历史价格资料，画出时间序列图

C. 观察、分析时间序列，得出一定的模式

D. 以此模式去推测、判断估价对象在估价时点的价格

E. 对未来的价格进行分析和预测

答案：ABCD

(三) 判断题

1. 长期趋势法适用对象是价格有明显季节波动的房地产，适用的条件是拥有估价对象或类似房地产较长时期的历史价格资料，而且所拥有的历史价格资料必须真实。(　　)

答案：×

解析：长期趋势法适用对象是价格没有明显季节波动的房地产，而不是有明显季节波动的房地产。

2. 如果房地产价格时间序列的逐期增减量大致相同，就可以计算其逐期发展速度的平均数，即平均发展速度，据此推算各期的趋势值。(　　)

答案：×

解析：如果房地产价格时间序列的逐期增减量大致相同，应采用平均增减量法而非平

均发展速度法推算趋势值。

3. 如果房地产价格时间序列的逐期增减量大致相同，就可以计算其逐期发展速度的平均数，即平均发展速度，据此推算各期的趋势值。(　　)

答案：√

解析：这是平均发展速度法的适用条件。

4. 移动平均法是对原有价格按照时间序列进行修匀，即采用逐项递移方法分别计算一系列移动的时序价格平均数，形成一个新的派生平均价格的时间序列，借以消除价格短期波动的影响，显现出价格变动的基本发展趋势。(　　)

答案：√

解析：移动平均法其实质就是重新构建新的时间序列。

5. 长期趋势法是运用预测科学的有关理论和方法。(　　)

答案：√

解析：长期趋势法是一种科学的预测。

6. 房地产价格在短期内通常有上下波动，易看出其变动规律和发展趋势。(　　)

答案：×

解析：房地产价格在通常有上下波动，短期内不易看出其变动规律和发展趋势。

7. 运用直线趋势法估价，估价对象或类似房地产的历史价格的时间序列散点图，应表现出明显的直线趋势。(　　)

答案：√

解析：这是直线趋法的突出特点。

8. 如果房地产价格时间序列的逐期增减量大致相同，可以用最简便的平均增减量法进行预测。(　　)

答案：√

解析：平均增减量法的适用条件就是时间序列的逐期增减量大致相同。

9. 运用平均增减量法进行估价的条件是，房地产价格的变动过程是持续上升或下降的，且各期上升或下降的数额大致接近。(　　)

答案：×

解析：运用平均增减量法进行估价的条件应当是：房地产价格的变动过程是稳定变动不大的。

10. 越接近估价时点的增减量对估价更为重要。(　　)

答案：√

解析：越接近估价时点越接近真实。

11. 在运用移动平均法时，一般应按照房地产价格变化的周期长度进行移动平均。(　　)

答案：√

解析：周期长度根据序数的多少和变动周期的长短确定。

12. 在实际运用中，移动平均法有简单移动平均法和加权移动平均法之分。(　　)

答案：√

解析：加权移动平均法的测算结果更准确。

13. 加权移动平均法是将估价时点后每若干时期的房地产价格的实际值经过加权后，再采用类似简单移动平均法进行趋势估计。（　　）

答案：×

解析：加权移动平均法是将估价时点后(非“前”)每若干时期的房地产价格的实际值经过加权后，再采用类似简单移动平均法进行趋势估计。

14. 指数修匀法是以本期的实际值和本期的预测值为根据，经过修匀之后得出下一时期预测值的一种预测方法。（　　）

答案：√

解析：指数修匀法不易操作，尤其是在确定修匀指数上需要进行反复试算。

15. 长期趋势法主要用于对房地产未来价格的推测、判断，如用于假设开发法中预测本来开发完成后的房地产价值。（　　）

答案：√

解析：除了以上用途之外，还可以应用于收益法中的未来净收益的预测。

16. 如果长期趋势线越陡，则表明房地产价格的上涨(或下降)趋势越强；反之，则表明房地产价格的上涨(或下降)趋势越弱。（　　）

答案：√

解析：长期趋势线越陡，价格相对于时间的变化就越明显。

17. 房地产价格上涨(或下降)趋势的强弱，与房地产价格目前的高低无关。（　　）

答案：√

解析：从两宗房地产价格发展趋图的比较中可发现此结论。

18. 长期趋势法多用于比较法中对可比实例价格进行市场状况修正，而不能用来比较、分析两宗(或两类)以上房地产价格的发展趋势或潜力。（　　）

答案：×

解析：长期趋势法既可用于比较法中对可比实例价格进行市场状况修正，也能用来比较、分析两宗(或两类)以上房地产价格的发展趋势或潜力。

19. 指数曲线趋势法与指数修匀法同属于数学曲线拟合法。（　　）

答案：×

解析：指数曲线趋势法属于数学曲线拟合法。

20. 如果逐期上涨额时起时伏、很不均匀，也就是说时间序列变动幅度不大，那么计算出的趋势值偏离实际值也随之增大，这意味着运用这种方法评估出的房地产价格趋于真实。（　　）

答案：×

解析：如果逐期上涨额时起时伏、很不均匀，也就是说时间序列变动幅度不大，那么计算出的趋势值偏离实际值也随之增大，这意味着运用这种方法评估出的房地产价格的正确性随之降低。

四、练习题

(一) 单项选择题

1. 直线趋势法属于哪种计算方法(　　)。

A. 数学曲线拟合法　　B. 平均增减量法

C. 平均发展速度法　　D. 指数修匀法

2. 在指数修匀法中，$V_{i+1}=V_i+a(P_i-V_i)$中的 a 的取值范围应当是（　　）。

A. $a\leqslant 1$　　B. $0\leqslant a\leqslant 1$

C. $a\leqslant 0$　　D. $0\leqslant a<1$

3. 如果房地产价格时间序列的逐期增减量大致相同，最适宜用哪种长期趋势法进行测算趋势值（　　）。

A. 数学曲线拟合法　　B. 平均增减量法

C. 平均发展速度法　　D. 移动平均法

4. 为了画出时间序列图，应当按照什么顺序将历史价格资料编排成时间序列（　　）。

A. 时间先后　　B. 价格高低

C. 时间先后和价格高低　　D. 随意

5. 数学曲线拟合法中最简单、最常用的方法是（　　）。

A. 指数曲线趋势法　　B. 直线趋势法

C. 二次抛物线趋势法　　D. 指数修匀法

6. 画出时间序列图的目的是（　　）。

A. 消除房地产价格的短期上下波动和意外变动等不规则变动

B. 检查、鉴别房地产价格资料的真实性、可靠性

C. 确定用什么方法测算趋势值

D. 找出该宗(或该类)房地产的价格随时间变化而变动的过程、方向、程度和趋势

7. 下面的描述是指哪种长期趋势法：对原有价格按照时间序列进行修匀，即采用逐项递移的方法分别计算一系列移动的时序价格平均数，形成一个新的派生平均价格的时间序列，借以消除价格短期波动的影响，显现出价格变动的基本发展趋势（　　）。

A. 指数修匀法　　B. 平均增减量法

C. 移动平均法　　D. 平均发展速度法

（二）多项选择题

1. 长期趋势法的方法主要有（　　）。

A. 数学曲线拟合法　　B. 平均增减量法和平均发展速度法

C. 时间序列分析法　　D. 移动平均法

E. 指数修匀法

2. 长期趋势法主要用于对房地产未来价格的推测判断，如用于假设开发法中预测未来开完成后的房地产价值，此外还有（　　）。

A. 用于市场法中对未来净收益等的比较

B. 用于比较法中对可比实例价格进行市场状况修正

C. 用来比较、分析两宗(或两类)以上房地产价格的发展趋势或潜力

D. 用来填补某些房地产历史价格资料的缺乏等

E. 用于收益法中预测未来租金

3. 运用长期趋势法估价一般步骤有（　　）。

A. 对将来的价值进行分析

B. 搜集估价对象或类似房地产的历史价格资料并进行检查、鉴别

C. 整理搜集到的历史价格资料，画出时间序列图

D. 观察、分析时间序列，得出一定的模式

E. 依次模式去推测、估价对象在估价实地的价格

4. 下列哪种方法属于数学曲线拟合法(　　)。

A. 直线趋势法　　B. 指数曲线趋势法

C. 加权平均法　　D. 移动平均法

E. 二次抛物线趋势法

(三) 判断题

1. 长期趋势法就是估价人员用来对房地产的未来价格作出推测、判断的方法。(　　)

2. 任何情况下都可以使用长期趋势法进行房地产估价。(　　)

3. 对长期趋势法来说，拥有越长时期、越真实的历史价格资料，作出的推测、判断就越准确、可信。(　　)

4. 长期趋势法是根据房地产价格在长期内形成的规律作出判断，所以对搜集到的历史价格资料可以直接使用。(　　)

5. 只有价格长时期没有变化的房地产方可采用长期趋势法进行估价。(　　)

6. 只要房地产价格的变动过程是持续上升或下降的，就可运用平均增减量法。(　　)

7. 用指数修匀法进行预测的关键在于确定修匀常数 a 的数值，一般认为 a 的数值可以通过试算来确定。例如，对同一个预测对象用 0.3，0.5，0.7，0.9 进行试算，用哪个常数 a 修正的预测值与实际值的绝对误差最大，就以这个常数来修正最合适。(　　)

8. 在运用移动平均法时，一般应按照房地产价格变化的周期长度进行移动平均。(　　)

9. 如果长期趋势线越陡，则表明房地产价格的上涨(或下降)趋势越强；反之，则表明房地产价格的上涨(或下降)趋势越弱。(　　)

10. 指数修匀法是以本期的实际值和对将来的预测值为根据，经过修匀之后得出下一时期预测值的一种预测方法。(　　)

11. 运用直线趋势法估价，估价对象或类似房地产的历史价格的时间序列散点图，应表现出明显的直线趋势。(　　)

12. 直线趋势法公式 $Y=a+bx$ 中，x 代表时间，是因变量。(　　)

13. 加权移动平均法是将估价时点前每若干时期的房地产价格的实际值采用类似简单移动平均法的方法进行趋势估计，再经过加权之后求出趋势值。(　　)

14. 长期趋势法评估出的房地产价值是估价时点在未来某个时间的价值。(　　)

15. 长期趋势法与假设开发法的理论依据都是基于预期原理。(　　)

16. 运用平均发展速度法进行估价的条件是，房地产价格的变动过程是持续上升或下降的，且各期上升或下降的幅度大致接近，否则就不适宜采用这种方法。(　　)

17. 动平均法有简单移动平均法和加权移动平均法之分。(　　)

18. 在平均增减量法中，由于越接近估价时点的增减量对估价更为重要，因此，对过

去各期的增减量如果能用不同的权数予以加权后再计算其平均增减量，则更能使评估价值接近或符合实际。（　）

19. 平均增减量法、平均发展速度法可通过加权的办法来提高所要推算的趋势值的准确性。（　）

20. 长期趋势法适用的条件是拥有估价对象或类似房地产的较长时期的历史价格资料，而且所拥有的历史价格资料要真实。（　）

21. 长期趋势可以消除房地产价格的短期上下波动和意外变动等不规则变动。（　）

22. 房地产价格通常有上下波动，在短期内可以看出其变动规律和发展趋势。（　）

23. 指数修匀法与指数曲线趋势法同属于数学曲线拟合法。（　）

24. 在直线趋势法公式中，a、b 的是根据最小二乘法确定的。（　）

25. 在直线趋势法中，由于 $\Sigma X=0$，所以 $\Sigma XY=0$。（　）

26. 直线趋势法设定 $\Sigma X=0$ 是为了减便计算。（　）

27. 直线趋势法公式中的 Y 代表时间序列的项数。（　）

28. 由于加权的随意性很大，所以在平均增减量法中最好不要使用加权。（　）

29. 在平均增减量法公式中，P_1 代表基期。（　）

30. 在平均增减量法公式中，d 代表逐期增减量。（　）

31. 在平均发展速度法公式中，t 代表发展速度。（　）

32. 平均发展速度法的公式为：$V_i=P_1 \cdot t^i$（　）

33. 类似房地产的历史价格资料时间越长，长期趋势法作出的推测和判断就越准确。（　）

34. 长期趋势法适用于价格无明显波动的房地产。（　）

【参考答案】

（一）单项选择题

1. A　2. B　3. B　4. A　5. B　6. D　7. C

（二）多项选择题

*1. ABDE　2. BCDE　*3. BCDE　4. ABE

解析：

1. 时间序列分析法和回归分析法是各种长期趋势法总的实现方法。

3. 长期趋势法主要是在历史价格资料的分析中找出规律。

（三）判断题

1. ×　2. ×　3. √　4. ×　5. ×　6. ×　7. ×　8. √　9. √　10. ×　11. √　12. ×　13. ×　14. √　15. ×　16. √　17. √　18. √　19. √　20. √　21. √　22. ×　23. ×　24. √　25. ×　26. √　27. ×　28. ×　29. ×　30. ×　31. ×　32. ×　33. ×　34. ×

第十一章　地价评估与地价分摊

一、重要考点

1. 路线价法与一般的市场法的主要区别(见表 11-1)

表 11-1

序号	路线价法	市场法
1	不做“交易情况修正”和“交易日期调整”	要做“交易情况修正”和“交易日期调整”
2	先对多个“可比实例价格”进行综合，然后再进行“房地产状况调整”	先对“可比实例价格”进行有关修正、调整，然后再进行综合
3	利用相同的“可比实例价格”—路线价，同时评估出多个“估价对象”—该街道其他临街土地的价值	仅评估出一个“估价对象”的价格

在路线价法中不做“交易情况修正”和“交易日期调整”的原因是：①求得的路线价—若干标准临街宗地的平均价格已是正常价格；②求得的路线价所对应的日期，与欲求取的其他临街土地价值的日期一致，都是估价时点的。

2. 路线价法适用对象

路线价法主要适用于城镇街道两侧商业用地的估价。具体对象是房地产税收；市地重划(城镇土地整理)；房地产征收补偿；其他需要在大范围内同时对许多宗土地进行估价的情况。前提条件是街道较规整，两侧临街土地的排列较整齐。

3. 划分路线价区段

应将“通达性相当、位置相邻、地价相近”的临街土地划为同一路线价区段。两个路线价区段的分界，原则上是地价有显著差异的地点，一般是从十字路或丁字路中心处划分，两个路口之间的地段为一个路线价区段。较长的繁华街道，两个路口之间可划分为多个路线价区段。某些不繁华的街道，多个路口间的街道可以划分为一个路线价区段。同一条街道两侧的繁华程度、地价水平显著差异时，应以街道中心为分界线，将街道两侧划分为不同的路线价区段。

4. 设定标准临街深度

标准临街深度：是街道对地价影响的转折点；由此接近街道的方向，地价受街道的影响而逐渐升高；由此远离街道的方向，地价基本不变。但在实际估价中，设定的标准深度通常是路线价区段内临街各宗土地的临街深度的众数。

5. 选取标准临街宗地应包括

(1) 一面临街

(2) 土地形状为矩形

(3) 临街深度为标准临街深度

(4) 临街宽度为标准临街宽度(可为同一路线价区段内临街各宗土地的临街宽度的众数)。

(5) 临街宽度与临街深度比例适当

(6) 用途为所在路线价区段具有代表性的用途

(7) 容积率为所在路线价区段具有代表性的容积率

(8) 其他方面如土地使用期限、土地开发程度等也应具有代表性

6. 调查评估路线价

路线价是附设在街道上的若干标准临街宗地的平均价格。求取方法为：可以运用收益法、市场法分别求取各宗的价格，然后采用简单算术平均、加权算术平均、中位数、众数等综合为一个路线价。路线价的表示方法：可以为土地单价，也可以为楼面地价：可以用货币表示，也可以用相对数表示。

7. 制作价格修正率表

价格修正率表有临街深度价格修正率表和其他价格修正率表。深度价格修正率表的制作形式有：单独深度价格修正率(深度价格递减率)、累计深度价格修正率和平均深度价格修正率。最简单且最容易理解的是四三二一法则。

制作临街深度价格修正率表的要领是：设定标准临街深度；将标准临街深度分为若干等份；指定单独深度价格修正率，或将单独深度价格修正率转换为累计深度价格修正率或平均深度价格修正率。另外，计算三角形等形状的土地的价值，还需要制作相应的价格修正率表。

平均深度与累计深度价格修正率的关系：

平均深度价格修正率＝累计深度价格修正率×标准临街深度÷所给临街深度

8. 计算临街土地的价值

估价对象土地的临街宽度与标准临街宗地的临街宽度相同时，以标准临街宗地的总价作为路线价时，应采用累计深度价格修正率；如果临街宽度与标准宽度不相同，则当以单位宽度的标准临街宗地的总价作为路线价时，应采用累计深度价格修正率 V(总价)＝路线价×累计深度价格修正率×临街宽度

$$V(\text{总价})=\text{标准临街宗地总价}\times\text{累计深度价格修正率}\times\frac{\text{临街宽度}}{\text{标准宽度}}$$

$$V(\text{总价})=\text{标准临街宗地总价}\times\Sigma\text{单独深度价格修正率}\times\frac{\text{临街宽度}}{\text{标准宽度}}$$

V(总价)＝路线价×Σ单独深度价格修正率×临街宽度；当以标准临街宗地的单价作为路线价时，应采用平均深度价格修正率，V(单价)＝路线价×平均深度价格修正率，V(总价)＝路线价×平均深度价格修正率×临街宽度×临街深度。

9. 城镇基准地价的含义

是指在城镇一定区域范围内，对现状利用条件下不同级别或不同均质地域的土地，按照商业、办公、居住、工业等用途，分别评估确定的一定使用期限的建设用地使用权在某一时点的平均价格。基准地价具有特定的内涵，即有其对应的估价时点(基准日期)、土地用途、土地使用权性质、土地使用期限、土地开发程度和容积率等

10. 城镇基准地价评估的方法和步骤(见表 11-2)

表 11-2

序号	步骤		方法
1	制定基准地价评估作业方案		确定基准地价评估的区域范围的选择：城镇行政区、城镇总体规划确定的规划区、土地利用总体规划确定的城镇建设用地范围、建成区、市区
2	明确基准地价的内涵、构成、表述方式等	(1) 估价时点	一般应为年度的 1 月 1 日
		(2) 土地用途	一般应分为商业、居住、工业等用途
		(3) 土地权利性质	一般应分别为出让土地使用权
		(4) 土地使用期限	一般应分别为商业、居住、工业等用途的法定最高出让年限
		(5) 容积率	一般应根据各土地级别或地价区段的平均水平确定
		(6) 土地开发程度	一般应根据各土地级别或地价区段的平均水平确定
3	划分土地级别或地价区段	(1) 商业路线价区段	划分地价区段的方法通常是就土地的位置、交通、使用现状、城市规划、房地产价格水平及收益情形等做实地调查研究，将情况相同或相似的相连土地划为同一个地价区段，各地价区段之间的分界线应以道路、沟渠或其他易于辨认的界线为准，但商业路线价区段应以标准深度为分界线
		(2) 住宅片区段	
		(3) 工业片区段	
4	抽样评估若干宗地的价格		在划分出的各地价区段内，选择数宗具有代表性的宗地，再由估价人员调查搜集这些宗地的相关市场交易资料、经营收益资料或开发费用资料等，运用收益法、市场法、成本法、假设开发法等适宜的估价方法评估出这些标准临街宗地在合理市场下可能形成的正常市场价值，通常应求出单价或楼面地价
5	计算各土地级别或地价区段的地价		区段地价是某个特定的土地级别或均质地域的土地单价或楼面地价，它代表或反映着该土地级别或均质地域内土地价格的正常水平。土地级别或均质地域的地价计算，是分别以每个土地级别或均质地域为范围，求取各该土地级别或地域内所抽查评估出的若干宗地单价或楼面地价的平均数、中位数或众数
6	确定基准地价		在确定基准地价时，应先把握各个土地级别或均质地域之间的好坏层次(通常是从好到差排序)，再把握其间的地价高低层次，以避免出现条件较差的土地级别或均质地域的基准地价高于条件较好的区段的基准地价
7	编写基准地价使用说明		包括该基准地价的内涵、作用，将该基准地价调整为宗地价格的方法和系数

11. 基准地价修正法

是一种间接的估价方法，宗地价格＝适用的基准地价×土地市场状况调整系数×区位调整系数×用途调整系数×土地使用期限调整系数×容积率调整系数×土地开发程度调整系数×其他因素调整系数

12. 补地价的测算

需要补地价的情形有 3 种：该变土地用途、容积率等土地使用条件、延长土地使用期限和转让、出租、抵押以划拨方式取得建设用地使用权的房地产。测算方法如下：

对于改变土地用途、容积率等土地使用条件的，公式为：补地价＝新规划条件下的土地市场价格－旧规划条件下的土地市场价格。

对于单纯提高容积率，改变土地用途并提高容积率的补地价的计算公式为：

$$补地价(单价)=新楼面地价\times新容积率-旧楼面地价\times旧容积率$$

如果楼面地价不随容积率的改变而改变，则：

$$\begin{aligned}补地价(单价)&=楼面地价\times(新容积率-旧容积率)\\&=\frac{旧容积率下的土地单价}{旧容积率}\times(新容积率-旧容积率)\\&=\frac{新容积率下的土地单价}{新容积率}\times(新容积率-旧容积率)\end{aligned}$$

13. 高层建筑分摊的意义

通过高层建筑地价分摊可解决：(1)各部分占有的土地份额；(2)各部分享有的土地面积；(3)各部分享有的地价数额。

按照建筑物面积进行分摊：

$$某部分占有土地份额=\frac{该部分的建筑面积}{建筑物总面积}$$

$$某部分分摊的土地面积=土地总面积\times某部分占有的土地份额$$

$$某部分分摊的地价数额=土地总价值\times某部分占有的土地份额$$

$$某部分占有的土地份额=\frac{该部分的房地价值}{房地总价值}$$

$$某部分分摊的土地面积=土地总面积\times某部分占有的土地份额$$

按照房地产价值进行分摊：

$$某部分分摊的地价数额=土地总价值\times某部分占有的土地份额$$

按照土地价值进行分摊：

$$某部分占有的土地份额=\frac{该部分的房地价值-\frac{房地总价值-土地总价值}{总建筑面积}\times该部分的建筑面积}{土地总价值}$$

$$\begin{aligned}某部分分摊的地价数额&=土地总价值\times该部分占有的土地份额=该部分的房地价值\\&\quad-\frac{房地总价值-土地总价值}{总建筑面积}\times该部分的建筑面积\end{aligned}$$

$$某部分占有的土地份额=\frac{该部分房地价值-该部分建筑物价值}{房地总价值-建筑物总价值}$$

二、典型答疑

1. 路线价法可以用来评估建筑物的价值吗？

答：路线价是专门用来评估城市商业街道两侧土地的估价方法，不能直接用来评估建筑物的价值。

2. 路线价法既然是市场法的派生方法，为什么不做交易情况修正和市场状况调整呢？

答：市场法对可比实例进行交易情况修正，是因为可比实例的价格非正常价格，路线价法中的路线价来自于若干标准临街宗地的平均价格，而标准临街宗地是路线价区段内具有代表性的宗地，相当于市场法中的可比实例，所以这时的路线价已经是正常价格，不需要进行交易情况修正；市场法对可比实例进行市场状况调整，是由于可比实例的价格成交日期不在估价时点，而路线价法中的路线价所对应的日期与要求的其他土地价格一致，都是估价时点时的价格，所以也不需要进行市场状况调整。

3. 标准临街宗地一定是矩形地吗?

答：矩形地是选取标准临街宗地的其中一个标准，标准临街宗地一定是矩形地。

4. 路线价是土地单价还是土地总价?

答：路线价通常为土地单价，也可为楼面地价。

5. 计算三角形等形状的土地的价格，为什么还要单独制作价格修正率表?

答：教材上的临街深度价格修正率表是根据矩形地制作的，不适用于其他形状的土地。

6. 在计算中一般用到的是累计深度价格修正率和平均深度价格修正率，为什么还要计算单独深度价格修正率?

答：在制作临街深度价格修正率表时，需要先计算出单独深度价格修正率，然后才能计算出相应的累计深度价格修正率和平均深度价格修正率。

7. 在进行路线价评估时，累计深度价格修正率和平均深度价格修正率都要用到吗?

答：累计深度价格修正率和平均深度价格修正率用途不同，当以标准临街宗地的单价作为路线价时，应采用平均深度价格修正率，当以标准临街宗地的总价作为路线价时，要采用累计深度价格修正率，二者不能混用。

8. 教材上的临街深度价格修正率表只给出了临街深度在 25、50、75、100 等英尺的修正率，如果临街深度是 40 英尺、45 英尺怎么办?

答：如果临街深度是 40 英尺、45 英尺，因为在 25～50 英尺内，应按 50 英尺查表。

9. 什么时候用到加价或减价修正?

答：当要评估的土地不是矩形地，也不是一面临街时，由于其与标准临街宗地有差异，所以要进行加价或减价调整，例如，如果评估的土地是三角形土地，要用三角形土地价格修正率来求土地价值，或者直接进行加价、减价修正。

10. 城镇基准地价与路线价是不是一回事?

答：相似但不是一回事。城镇基准地价包括的范围比较宽，包括商业区的路线价，住宅或工业片的区片价，它是在路线价和区片价的基础上进行适当调整后确定的。而路线价主要是指城市商业街道两侧的土地的路线价。相似之处是，城镇基准地价可以作为评估基准地价区域范围内任何区段的宗地价的基准，然后进行适当调整来评估所求地价，路线价则作为评估城市商业街道两侧地价的基准，通过适当调整来评估所求地价。

11. 用城镇基准地价评估时是否还要进行市场状况调整?

答：需要。因为待估房地产价值的估价时点通常不会正好是基准日期，所以要进行市场状况调整，即通过市场法中市场状况调整的方法将基准地价在其基准日期时的价值调整为估价时点时的价值。

12. 在划分地价区段时，为什么商业路线价区段应以标准深度为分界线?

答：商业路线价区段评估的是路线价，所以要以标准深度为分界线。

13. 在建筑物地价分摊时，理论上最完善的方法是哪种方法?

答：按建筑面积分摊会出现不同部分的价值不同，但却分摊了等量的地价的问题，按房地价值进行分摊的方法会出现各层分摊的建筑物价值不相等，这在理论上很难解释，更为合理的分摊方法就是依据各部分的土地价值进行分摊。

14. 路线价法中的标准深度应该怎么确定？

答：理论上标准深度是街道对地价影响的转折点，实际上是路线价区段内临街各宗土地的临街深度的众数。

15. 一条街道上的路线价是不是可以通用？

答：不可以通用。一个路线价区段一个路线价。

16. 先确定标准深度还是先选取标准临街宗地？

答：选取标准临街宗地应在确定标准深度之后进行。

17. 先评估路线价还是先划分路线价区段？

答：评估路线价应在划分路线价区段之后进行。

三、例题分析

（一）单项选择题

1. 下列关于路线价法的表述中，不正确的是(　　)。

A. 路线价法实质是一种市场法，其理论依据与市场法相同，是房地产价格形成的替代原理

B. 路线价法适用于城镇街道两侧商业用地的估价

C. 运用路线价法的前提条件是街道较规整，两侧临街土地的排列较整齐

D. 路线价法是在特定的街道上设定标准临街宽度，从中选取若干标准临街宗地求其平均价格

答案：D

解析：路线价法是在特定的街道上设定标准临街深度，从中选取若干标准临街宗地求其平均价格。

2. 已知临街矩形地块甲的总价为 36 万元，临街宽度为 20 英尺，临街深度为 75 英尺。现有一相邻矩形地块乙，临街宽度为 30 英尺，临街深度为 125 英尺。运用四三二一法则，地块乙的总地价为(　　)万元。

A. 65.4　　B. 81.8

C. 87.2　　D. 109.0

答案：A

解析：设标准临街宗地总价为 X 万元，

$$36=X\times(40\%+30\%+20\%)$$

$$X=40(\text{万元})$$

临街宽度为 20，临街深度为 125 英尺的地块的总价$=40\times(40\%+30\%+20\%+10\%+9\%)=43.6$(万元)，

$$\text{乙地块的总价}=43.6/20\times30=65.4(\text{万元})。$$

3. 某大厦总建筑面积 10000m^2，房地总价值 6000 万元，其中，土地总价值 2500 万元。某人拥有该大厦的某一部分，该部分的房地价值为 180 万元，建筑面积为 240m^2。如果按照土地价值进行分摊，则该人占有的土地份额为(　　)。

A. 2.4%　　B. 3.0%

C. 3.8%　　D. 7.2%

答案：C

解析：$$\frac{\text{该部分的房地价值}-\dfrac{\text{房地总价值}-\text{土地总价值}}{\text{总建筑面积}}\times\text{该部分的建筑面积}}{\text{土地总价值}}$$

$$=\frac{180-\dfrac{6000-2500}{10000}\times 240}{2500}=3.84\%。$$

4. 城市基准地价是根据用途相似、地块相连、地价相近的原则划分地价区段，调查评估的各地价区段在某一时点的(　　)。

A. 最低价格　　B. 平均价格

C. 出让地价　　D. 标定地价

答案：B

解析：这是基准地价的含义。

5. 当以单位宽度的标准宗地的总价作为路线价时，临街宗地总价＝路线价×(　　)临街宽度。

A. 单独深度价格修正率　　B. 累计深度价格修正率

C. 平均深度价格修正率　　D. 混合深度价格修正率

答案：B

解析：V(总价)＝标准临街宗地总价×Σ单独深度价格修正率

6. 某临街深度30.48m(即100英尺)，临街宽度20m的矩形土地，总价为121.92万元。按四三二一法则，其相邻临街深度15.24m(即50英尺)，临街宽度25m的矩形土地的总价为(　　)万元。

A. 53.34　　B. 85.34

C. 106.68　　D. 213.36

答案：C

解析：临街宽度为20，临街深度为50英尺的地块的总价＝121.92×(40%＋30%)＝85.34(万元)，

乙地块的总价＝85.34/20×25＝106.68(万元)。

7. 基准地价是城市中均质区域内的土地(　　)。

A. 最低价格　　B. 最高价格

C. 平均价格　　D. 成交价格

答案：C

解析：这是基准地价的含义。

8. 按建筑面积分摊方法，计算土地占有份额的公式为(　　)。

A. 某部分占有的土地份额＝该部分建筑面积÷总建筑面积

B. 某部分占有的土地份额＝该部分建筑面积×土地总价÷总建筑面积

C. 某部分占有的土地份额＝土地总价÷该部分享有的地价额

D. 某部分占有的土地份额＝该部分建筑面积÷总建筑面积÷土地总价

答案：A

解析：某部分占有的土地份额$=\dfrac{\text{该部分享有的地价数额}}{\text{土地总价值}}=\dfrac{\text{该部分的建筑面积}}{\text{总建筑面积}}$

9. 标准深度是道路对地价影响的转折点。由此接近道路的方向，地价逐渐升高；由此远离道路的方向，地价(　　)。

A. 逐渐降低　　B. 逐渐升高

C. 可视为基本不变　　D. 为零

答案：C

10. 一前后临街、总深度为 50m 的矩形宗地，其前街路线线价为 5000 元/m^2，后街路线价为 3800 元/m^2，如果按重叠价值估价法，该宗地的前街影响深度为(　　)m。

A. 22　　B. 28

C. 38　　D. 50

答案：B

解析：前街影响深度＝总深度×$\frac{前街路线价}{前街路线价+后街路线价}$＝50×5000÷(5000＋3800)＝28.41(m)。

11. 某块临街深度为 50m、临街宽度为 30m 的矩形土地甲，总价为 40 万元。其相邻的矩形土地乙，临街深度为 150m，临街宽度为 15m，则运用四三二一法则计算土地乙的总地价为(　　)万元。

A. 23.4　　B. 28.6

C. 33.4　　D. 46.8

答案：C

解析：设标准临街宗地总价为 X 万元

40÷2＝X×(40％＋30％)，X＝28.57(万元)，

乙地块的总价＝28.57＋28.57×(9％＋8％)＝33.4(万元)。

12. 某居民楼总建筑面积为 5000m^2，总价值为 1000 万元，其中土地总价值为 500 万元，某人拥有该居民楼的一套单元式住宅，建筑面积为 150m^2。房地总价值为 35 万元。若按照土地价值进行分摊，该人占有的土地份额为(　　)。

A. 3％　　B. 3.5％

C. 7％　　D. 4％

答案：D

解析：

$$某部分占有的土地份额=\frac{该部分的房地价值-\frac{房地总价值-土地总价值}{总建筑面积}\times\begin{array}{c}该部分的\\建筑面积\end{array}}{土地总价值}$$

$$=[35-(1000-500)/5000\times150]/500=4\%。$$

13. 随着临街深度的递增，临街深度价格的修正率递增的是(　　)。

A. 单独深度价格修正率　　B. 累计深度价格修正率

C. 平均深度价格修正率　　D. 加权深度价格修正率

答案：B

(二) 多项选择题

1. 某建筑物共 3 层，总建筑面积为 600m^2，每层建筑面积相等，房地总价值为 600 万元，土地价值 480 万元。其中一层价值是二层的 1.5 倍，二层价值是三层的 1.2 倍，则

关于土地份额的计算，以下正确的有(　　)。

A. 按建筑面积分摊，二层占有的土地份额为 33.3%

B. 按房地价值分摊，二层占有的土地份额为 30.0%

C. 按土地价值分摊，二层占有的土地份额为 35.0%

D. 按房地价值分摊，一层占有的土地份额为 45.0%

E. 按土地价值分摊，一层占有的土地份额为 47.9%

答案：ABDE

解析：(1) 按建筑面积进行分摊，二层占有的土地份额＝该部分的建筑面积/总建筑面积＝200/600＝33.33%

(2) 按房地价值分摊，二层占有的土地份额＝该部分的房地价值/房地总价值＝600/(1＋1.2＋1.2×1.5)×1.2/600＝30%

(3) 按土地价值分摊，二层占有的土地份额＝[该部分的房地价值－(房地总价值－土地价值)/总建筑面积×该部分的建筑面积]/土地总价值＝[600/(1＋1.2＋1.2×1.5)×1.2－(600－480)÷600×200]/480＝29.17%

(4) 按房地价值分摊，一层占有的土地份额＝600/(1＋1.2＋1.2×1.5)×1.2×1.5/600＝45%

(5) 按土地价值分摊，一层占有的土地份额＝[该部分的房地价值－(房地总价值－土地价值)/总建筑面积×该部分的建筑面积]/土地总价值＝[600/(1＋1.2＋1.2×1.5)×1.2×1.5－(600－480)÷600×200]/480＝47.92%

2. 在划分路线价区段时，应符合的条件包括(　　)。

A. 价格相同　　B. 地价相近

C. 面积相同　　D. 位置相邻

E. 通达性相当

答案：ABDE

解析：在划分路线价区段时，应将通达性相当、地价相近、位置相邻的临街土地划为同一个路线价的区段。

3. 确定路线价时，选取标准宗地应符合(　　)的等要求。

A. 一面临街　　B. 两面临街

C. 土地形状为矩形　　D. 土地形状为正方形

E. 容积率为所在区段具有代表性的容积率

答案：ACE

解析：选取标准宗地的具体要求是：一面临街；土地形状为矩形；临街深度为标准临街深度；临街宽度为标准临街宽度；临街宽度与临街深度的比例适当；用途为所在路线价区段具有代表性的用途；容积率为所在路线价区段具有代表性的容积率；其他方面，如土地使用期限、土地开发程度等也具有代表性。

4. 应用路线价法需要进行(　　)等修正。

A. 临街深度　　B. 土地形状

C. 交易日期　　D. 交易情况

E. 临街宽度

答案：ABE

解析：路线价法与一般市场法的不同之处是：一是不做“交易情况修正”和“交易日期调整”。

5. 路线价法估价时需要用路线价再配合(　　)计算出待估宗地的价格。

A. 深度百分率　　B. 资本化率
C. 收益率　　D. 物价指数
E. 其他价格修正率

答案：AE

解析：采用路线价法估价时，可采用临街深度价格修正率(深度百分率、深度指数)和其他价格修正率计算。与资本化率、收益率和物价指数均无关。

6. 在路线价法中，不做交易情况修正和交易日期修正的原因是(　　)。

A. 求得的路线价已是正常价格
B. 在求取路线价时没有搜集非正常交易实例
C. 该路线价所对应的日期与待估宗地价格的日期一致
D. 该路线价与待估宗地的价格都是现在的价格
E. 路线价是标准宗地的平均水平价格

答案：AC

解析：在路线价法中不做“交易情况修正”和“交易日期调整”的原因是：①求得的路线价一若干标准临街宗地的平均价格已是正常价格；②求得的路线价所对应的日期，与欲求取的其他临街土地价值的日期一致，都是估价时点时的。

7. 在实际中计算地租量的方法有(　　)。

A. 从房租中分离出地租
B. 由地价求出地租
C. 采用比较法求出地租
D. 由土地开发成本求出地租
E. 采用类似假设开发法的方法求出地租

答案：ABCE

解析：由土地开发成本难以求出地租。

8. 路线价法特别适用于(　　)或其他需要在短时间内对许多宗土地进行估价的情形。

A. 房屋征收　　B. 区段土地
C. 标准临街宗地　　D. 房地产税收
E. 市地重划

答案：ADE

解析：路线价法特别适用于房地产税收、市地重划(城镇土地整理)、房地产征收或其他需要在短时间内对许多宗土地进行估价的情形。

9. 制作深度价格修正率的要领是(　　)。

A. 选取标准临街宗地
B. 设定标准深度

C. 将标准深度分为若干等份

D. 制定单独深度价格修正率，或将单独深度价格修正率转换为累计或平均深度价格修正率

答案：BCD

10. 路线价法估价时需要用路线价再配合(　　)计算出待估宗地的价格。

A. 深度百分率　　B. 资本化率

C. 其他价格修正率　　D. 物价指数

答案：CD

解析：路线价法是对临接道路且可及性相当的土地设定标准深度，选取若干标准临街宗地求其平均价格，将此平均价格称为路线价，然后再配合临街深度价格修正率表和其他价格修正率表，计算出临接该道路的其他土地价格的一种估价方法。

(三) 判断题

1. 在基准地价修正法中进行交易日期调整，是将基准地价在估价时点时的值调整为其基准日期时的值。(　　)

答案：×

解析：进行交易日期调整，是将其基准地价在基准日期时的值，调整为估价时点时的值。

2. 某城市路线价标准深度为 18m，划分为三个等份，从街道方向算起，各等份单独深度价格修正率分别为 50%、30%、20%。则临街 12m 的矩形土地的平均深度价格修正率为 120%。(　　)

答案：√

解析：$平均深度价格修正率=累计深度价格修正率\times\frac{标准临街深度}{所给临街深度}=(50\%+30\%)\times\frac{18}{12}=120\%$

3. 路线价法中的单独深度价格修正率随着临街深度的递进而增大。(　　)

答案：×

解析：路线价法中的单独深度价格修正率随着临街深度的递进而减小。

4. 高层建筑地价分摊是将高层建筑的造价分摊到所占土地上。(　　)

答案：×

解析：高层建筑地价分摊不但可以解决各部分占有的土地的份额、各部分享有的土地面积还可以解决各部分享有的地价数额。

5. 有一栋四层公寓，每层建筑面积相等，已知第二层的房地价值为第一层的 1.05 倍，第三层的房地价值为第四层的 1.15 倍，第四层的房地价值为第二层的 91%。按房地价值分摊法计算得出第三层占有的土地份额约为 27%。(　　)

答案：√

解析：设一层的房地产价值为 X，则二层为 $1.05X$，三层为 $1.05X\times0.91\times1.15=1.0988X$，四层为 $1.05X\times0.91=0.9555X$，总房地价值为 $4.1043X$，该部分享有的土地份额$=\frac{该部分的房地价值}{房地总价值}=1.0988X/4.1043X=26.8\%$

6. 地价是地租的资本化。（　　）

答案：√

解析：根据传统地价理论，地价是地租的资本化，或者说是资本化的地租，是预买一定年度的地租，用公式表示为：地价＝地租/利息率。

7. 在同一条道路上，不应附设两种不同路线价。（　　）

答案：×

解析：较长的繁华街道，有时需要将两个路口之间的地段划分为两个以上的路线价区段，分别附设不同的路线价。而某些不很繁华的街道，同一个路线价区段可延长至数个路口。另外，在同一条街道上，如果两侧的繁华程度、地价水平有显著差异的，应以街道中心为分界线，将该街道的两侧各自视为一个路线价区段，分别附设不同的路线价。

8. 路线价法主要适用于城市商业街道两侧土地的估价。（　　）

答案：√

解析：城市商业街道较规整，临街各宗土地的排列较整齐，可以充分发挥路线价法快速、相对公平合理，节省人力、财力，可以同时对大量土地进行估价的特点。

9. 地租量的理论计算公式是假设土地是在最佳用途和最佳集约利用下使用的。（　　）

答案：√

解析：土地是在最佳用途下使用可以由竞标地租理论来说明，土地是在最佳集约利用下使用可以用马克思级差地租Ⅱ的原理来说明。

10. 高层建筑地价分摊关键是确定每个建筑物所有者拥有土地权利的份额。（　　）

答案：√

解析：这是高层建筑地价分摊的关键，同时也是它的目的。

11. 临接同一道路的其他土地的价格，是以宗地价格为基准，考虑其临街深度、土地形状、临街状况、临街宽度等，进行适当的修正求得，这些修正实为房地产状况调整。（　　）

答案：×

解析：临接同一道路的其他土地的价格，是以路线价为基准，考虑其临街深度、土地形状(如矩形、三角形、平行四边形、梯形、不规则形)、临街状况(如一面临街、前后两面临街、街角地，以及长方形土地是长的一边临街还是短的一边临街，梯形土地是宽的一边临街还是窄的一边临街，三角形土地是一边临街还是一顶点临街)、临街宽度等，进行适当的修正求得，这些修正实际上为“房地产状况调整”。

四、练习题

(一) 单项选择题

1. 并称古典地租理论之双璧的是(　　)的地租理论。

A. 威廉·配第和亚当·斯密

B. 大卫·李嘉图和约翰．冯·杜能

C. 亚当·斯密和大卫·李嘉图

D. 马尔萨斯和马克思

2. 马克思的地租理论不包括(　　)。

A. 级差地租　　B. 剩余地租

C. 垄断地租　　D. 绝对地租

3. 路线价与市场法的理论依据是(　　)。

A. 替代原理　　B. 预期原理

C. 生产费用价值论　　D. 收益原理

4. 在路线价法中，“标准临街宗地”可视为市场法中的(　　)。

A. “交易实例”　　B. “可比实例”

C. “搜集交易实例”　　D. “建立价格可比基础”

5. 路线价法主要适用于(　　)的估价。

A. 城镇街道两侧商业用地

B. 城镇街道两侧居住用地

C. 城镇街道两侧综合用地

D. 城镇街道两侧各类用地

6. 运用路线价法估价一般分为哪几个顺序步骤进行(　　)。

A. 划分路线价区段→设定标准深度→调查评估路线价→制作价格修正率表→计算临街各宗土地的价格

B. 划分路线价区段→设定标准深度→选取标准临街宗地→调查评估路线价→制作价格修正率表→计算临街各宗土地的价格

C. 调查评估路线价→划分路线价区段→设定标准深度→选取标准临街宗地→制作价格修正率表→计算临街各宗土地的价格

D. 选取标准临街宗地→划分路线价区段→设定标准深度→调查评估路线价→制作价格修正率表→计算临街各宗土地的价格

7. 在同一条街道上，如果两侧的繁华程度、地价水平有显著差异的，应以(　　)为分界线。

A. 街道中心　　B. 十字路口

C. 丁字路口　　D. 道路标志

8. 如果某个路线价区段内临街土地的临街深度大多为18%，最高的为25%，最低的为10%，则标准深度应设定为(　　)。

A. 18%　　B. 25%

C. 10%　　D. 不好说

9. 城镇基准地价评估的步骤顺序是(　　)。

A. 编写基准地价使用说明→划分不同均质地域通常是划分地价区段——明确基准地价的内涵和表达方式→制定基准地价评估作业方案→抽样评估若干宗地的价格→计算各个土地级别或均质地域的地价→综合确定基准地价

B. 制定基准地价评估作业方案→综合确定基准地价→明确基准地价的内涵和表达方式→划分不同均质地域通常是划分地价区段→抽样评估若干宗地的价格→计算各个土地级别或均质地域的地价→编写基准地价使用说明

C. 划分不同均质地域通常是划分地价区段→明确基准地价的内涵和表达方式→制定基准地价评估作业方案→抽样评估若干宗地的价格→计算各个土地级别或均质地域的地价→综合确定基准地价→编写基准地价使用说明

D. 制定基准地价评估作业方案→明确基准地价的内涵和表达方式→划分不同均质地域通常是划分地价区段→抽样评估若干宗地的价格→计算各个土地级别或均质地域的地价→综合确定基准地价→编写基准地价使用说明

10. 优点是简便、可操作性强，它主要适用于各层用途相同且价格差异不大的建筑物，如用途单一的住宅楼、办公楼。这种高层建筑地价分摊方法是(　　)。

A. 按房地价值进行分摊　　B. 按建筑面积进行分摊

C. 按土地价值进行分摊　　D. 按建筑物价值进行分摊

11. 某工业用地的土地面积为10000m^2，规划容积率为1.0，楼面地价为500元/m^2。后经规划调整，用途变更为居住，容积率提高到2.0，楼面地价为1500元/m^2，则因规划调整所需的补地价为(　　)万元。

A. 500　　B. 1000

C. 2500　　D. 3000

12. 计算出的(　　)对于商业路线价区段来说是路线价，对于住宅片区段和工业片区段来说是区片价。

A. 土地价格　　B. 区段地价

C. 土地总价格　　D. 区段地单价

13. 高层建筑地价分摊中，最合理的分摊方法就是(　　)。

A. 依据各部分的房地价值进行分摊

B. 依据建筑面积进行分摊

C. 依据各部分的土地价值进行分摊

D. 依据使用时间进行分摊将基准地价调整为估价对象

14. 如果一个人用不着做更大的努力就可以完成比别人多的工作，他的收入也会超过其他人，这种超额的收入也被视为(　　)。

A. 剩余物现象　　B. 地租现象

C. 高工资现象　　D. 纯粹的剩余物现象

15. 不论狭义的地租还是广义地租，都有一个基本含义，就是(　　)。

A. 超额的工资　　B. 超额的利息报酬

C. 纯粹的剩余物　　D. 特殊利益

16. 关于路线价法说法中正确的有(　　)。

A. 路线价法是对临接道路且可及性相当的土地设定标准深度的方法

B. 路线价法是计算临接道路的其他土地价格的一种估价方法

C. 路线价实质上是一种收益法

D. 路线价是临街土地中“标准临街宗地”的平均水平价格，可视为比较法中的“可比实例”价格

17. 路线价法中，下列不属于房地产状况修正的有(　　)。

A. 成交价格　　B. 土地的临街深度

C. 土地形状　　D. 临街状况

18. 在路线价法中，不做交易情况修正的理由是(　　)。

A. 求得的标准临街宗地的平均水平价格已是正常价格

B. 在计算路线价时交易情况已经修正

C. 该价格还要加价或减价修正

D. 路线价法还需要有妥善合理的临街深度价格修正率表和其他价格修正率表

(二) 多项选择题

1. 在实际中计算地租量的方法有(　　)。

A. 从房租中分离出地租

B. 由地价求出地租

C. 采用市场法求出地租

D. 由土地开发成本求出地租

E. 采用类似假设开发法的方法求出地租

2. 路线价法与一般的市场法的主要不同之处有(　　)。

A. 要做“交易情况修正”

B. 不做“市场状况调整”

C. 先对多个“可比实例价格”进行综合，然后再进行“房地产状况调整”

D. 利用相同的“可比实例价格”即路线价，同时评估出许多“估价对象”

E. 是先对“可比实例价格”进行有关修正、调整，然后再进行综合

3. 在路线价法中，不做交易情况修正和交易日期修正的原因是(　　)。

A. 求得的路线价已是正常价格

B. 在求取路线价时没有搜集非正常交易实例

C. 该路线价所对应的日期与待估宗地价格的日期一致

D. 该路线价与待估宗地的价格都是过去成交时点的价格

E. 路线价是标准临街宗地的平均价格

4. 路线价法特别适用于(　　)。

A. 房地产税收

B. 投资评估

C. 房地产征收

D. 需要在短时间内对许多宗土地进行估价的情形

E. 市地重划

5. 调查评估路线价，通常是在同一路线价区段内选取一定数量的标准临街宗地，运用(　　)等方法分别求取它们的土地单价或楼面地价，然后计算其平均数或中位数、众数，即得该路线价区段的路线价。

A. 市场法　　B. 收益法

C. 成本法　　D. 土地剩余技术

E. 建筑物剩余技术

6. 标准临街宗地的特征有(　　)。

A. 一面临街

B. 土地形状为矩形
C. 临街深度为 10m
D. 容积率为所在区段具有代表性的容积率
E. 土地形状为正方形

7. 临街深度价格修正率表的制作形式包括(　　)。
A. 单独深度价格修正率
B. 累计深度价格修正率
C. 平均深度价格修正率
D. 众数深度价格修正率
E. 单一深度价格修正率

8. 在划分路线价区段时，应将(　　)的临街土地划为同一个路线价区段。
A. 价格相同　　B. 位置相邻
C. 地价相近　　D. 通达性相当
E. 面积相同　　F. 综合片区段

9. 从理论上讲，路线价可用(　　)来表示。
A. 土地单价　　B. 楼面地价
C. 货币　　D. 相对数
E. 指数

10. 应用路线价法制作临街深度价格修正率的要领有(　　)。
A. 设定标准深度
B. 将标准深度分为若干等份
C. 制定容积率修正系数
D. 求取单独深度价格修正率
E. 制定使用年限修正系数

11. 编写基准地价使用说明包括(　　)。
A. 该基准地价的内涵、作用
B. 将基准地价调整为宗地价格的方法和系数
C. 具体用途、土地使用期限、容积率、土地形状等的调整方法
D. 基准地价在全国的不同应用
E. 具体地价的调整系数

12. 调查评估路线价，通常是在同一路线价区段内选取一定数量的标准临街宗地，运用(　　)等方法分别求取它们的土地单价或楼面地价，然后计算其平均数或中位数、众数，即得该路线价区段的路线价。
A. 市场法　　B. 收益法
C. 成本法　　D. 土地剩余技术
E. 建筑物剩余技术

13. 运用基准地价修正法估价应按照(　　)步骤进行。
A. 测量土地
B. 搜集有关基准地价的资料

C. 查找估价对象宗地位置的基准地价

D. 进行土地市场状况调整和土地状况调整

E. 求出估价对象宗地的价格

14. 运用路线价法估价的前提条件是(　　)。

A. 街道较规整　　B. 街道两侧的土地排列整齐

C. 有路线图　　D. 具有城镇基准地价的区域

E. 同为商业区域

15. 下列属于路线价法估价步骤的是(　　)。

A. 划分路线价区段　　B. 设定标准深度

C. 调查评估路线价　　D. 进行市场状况调整

E. 计算临街土地的价值

16. 确定路线价时，选取标准宗地应符合(　　)的要求。

A. 一面临街

B. 两面临街

C. 土地形状为矩形

D. 土地形状为正方形

E. 容积率为所在区段具有代表性的容积率

17. 关于路线价分界线说法正确的有(　　)。

A. 在划分路线价区段，应将“通达性相当、位置相邻、地价相近”的临街土地划为同一个路线价区段

B. 两个路线价区段的分界线，原则上是位置有显著差异的地点，通常是从十字路或丁字路中心处划分，两路口之间的地段划分为两个以上的路线价区段

C. 较长的繁华街道，有时需要将两路口之间的地段划分为两个以上的路线价区段，分别附设不同的路线价

D. 不繁华的街道，同一路线价区段也可延长至数个路口

E. 同一条街道两侧的繁华程度、地价水平有明显差异的，应以街道中心为分界线，将该街道两侧视为不同的路线价区段，分别附设不同的路线价

18. 关于标准深度说法正确的有(　　)。

A. 标准深度是道路对地价影响的转折点，由此接近道路方向，地价受道路的影响而逐渐升高，由此远离道路方向，地价可视为基本不变

B. 在实际估价中，设定的标准深度通常是路线价区段内临街各宗土地深度的众数或平均数

C. 以临街土地深度的中位数为标准深度，可以简化以后各宗土地价格的计算

D. 如果临街深度普遍为25m，则标准深度应定为25m

E. 以临街土地深度的众数作为标准临街深度，可以简化以后各宗土地价值的计算

19. 关于深度价格修正率说法正确的有(　　)。

A. 深度价格修正率又称深度修正指数

B. 深度价格修正率是基于深度价格递减率即临街土地中各部分的价值远离道路

而有递减现象

C. 距离街道深度愈深，可及性愈差，价值也就愈低

D. 如将临街土地划分为许多与道路平行的细条，由于越接近道路的细条利用价值就越大，越远离道路的细条利用价值越小，则越接近道路的细条的价值高于离开道路的细条的价值

E. 深度价格修正率是基于临街深度价格制作出的

（三）判断题

1. 路线价法是在城镇街道上划分路线价区段，设定标准临街深度，选取若干标准临街宗地并求其平均价格，然后利用价格修正率对该平均价格进行调整来求取街道两侧的土地价值的方法。（　）

2. 路线价法是市场法的派生方法。（　）

3. 一块土地的标准临街的价格称为“路线价”可视为市场法中的“可比实例价格”。（　）

4. 当土地形状不是矩形，临街状况不是一面临街而是前后两面临街、街角地等时，采用累计深度价格修正率计算即可。（　）

5. 在路线价法中不做“交易情况修正”和“市场状况调整”的原因一是求得的路线价已是正常价格；二是求得的路线价所对应的日期，与欲求取的其他土地价格的日期一致，都是估价时点时的价格。（　）

6. 路线价法主要适用于城市街道两侧工业土地的估价。（　）

7. 运用路线价法估价的前提条件是街道较规整，街道两侧的土地排列较整齐。（　）

8. 马克思关于地租的计算公式为地租＝产品市场价格产品生产成本－平均利润－资本利息。（　）

9. 一个路线价区段是指具有相同价格的地段。（　）

10. 两个路线价区段的分界线，原则上是地价有显著差异的地点。（　）

11. 较长的繁华街道，同一个路线价区段可延长至数个路口，而某些不很繁华的街道，有时需要将两个路口之间的地段划分为两个以上的路线价区段，分别附设不同的路线价。（　）

12. 在同一条街道上，如果两侧的繁华程度、地价水平有显著差异的，应以街道中心为分界线，将该街道的两侧各自视为一个路线价区段，分别附设不同的路线价。（　）

13. 从理论上讲，标准深度是街道对地价影响的转折点：由此接近街道的方向，地价受街道的影响而逐渐升高；由此远离街道的方向，地价逐渐降低。（　）

14. 实际估价中，设定的标准深度通常是路线价区段内临街各宗土地的临街深度的平均数。（　）

15. 以各宗临街土地的临街深度的众数作为标准深度的可以简化以后各宗土地价格的计算。如果不以临街各宗土地的临街深度的众数为标准深度，也可以简化以后各宗土地价格的计算（　）

16. 标准临街宗地是路线价区段内具有代表性的宗地。（　）

17. 路线价是附设在街道上的所有宗地的平均价格。（　）

18. 路线价通常为土地单价，也可为楼面地价。（ ）

19. 路线价可用货币表示，也可用相对数表示。（ ）

20. 以点数表示的路线价便于测算，可避免由于币值波动而引起的麻烦。（ ）

21. 深度百分率表是基于深度价格递增率制作出来的。（ ）

22. 距街道深度愈深，可及性愈差，价值也就愈低。如将临街土地划分为许多与街道平行的细条，由于越接近街道的细条的利用价值越大，越远离街道的细条的利用价值越小，则接近街道的细条的价值高于远离街道的细条的价值。（ ）

23. 市场法、收益法、成本法和假设开发法主要适用于单宗土地估价，而且需要花费较长的时间。路线价法则被认为是一种相对科学准确、公平合理，能节省人力、财力，可以在短时间内对许多宗土地进行估价的情形。（ ）

24. 狭义的地租是指超额的工资、利息、利润及利用任何生产要素所获得的超额报酬。（ ）

25. 单独深度价格修正率、累计深度价格修正率、平均深度价格修正率之间不能相互转换。（ ）

26. 当以标准临街宗地的总价作为路线价时，应采用累计深度价格修正率。（ ）

27. 当以单位宽度的标准临街宗地(如临街宽度 1 英尺、临街深度 100 英尺)的总价作为路线价时，应采用单独深度价格修正率。（ ）

28. 当以标准临街宗地的单价作为路线价时，应采用累计深度价格修正率。（ ）

29. 确定基准地价评估的区域范围，主要是根据实际需要和可投入评估的人力、财力、物力等情况来定。（ ）

30. 以临街土地深度的众数为标准深度，会增加以后各宗土地价格的计算工作量。（ ）

31. 计算前后两面临街矩形土地的价格，是采用“正旁两街分别轻重”估价法。（ ）

32. 区段地价是某特定地价区段的单价或楼面地价，它代表或反映着该地价区段内土地价格的正常和总的水平。（ ）

33. 城镇基准地价与路线价是一种评估方法。（ ）

34. 不论是狭义的地租，还是广义的地租，都有一个基本含义，就是一种“纯粹的剩余物”。（ ）

35. 两个规模、档次、经营品种、经营水平等相同，而所处位置不同的商场，尽管位置上有差异，但带来销售净收入相同。（ ）

36. 斯密将地租的研究从农地扩充到非农地，认为非农地所生的产值必须高于原先种植的作物所生的地租，才有转用的可能。（ ）

【参考答案】

(一) 单项选择题

1. B 2. B 3. A 4. B 5. A 6. B 7. A 8. A 9. D 10. B 11. C 12. B 13. C 14. B 15. C 16. D 17. A 18. A

(二) 多项选择题

1. ABCE 2. BCD 3. AC 4. ACDE 5. ABD 6. ABD 7. ABC 8. BCD 9. ABCD 10. ABD 11. ABCE 12. ABD 13. BCDE 14. AB 15. ABCE 16. ACE 17. ACDE 18. ABDE 19. BCDE

(三) 判断题

1. √ 2. √ 3. × 4. × 5. √ 6. × 7. √ 8. √ 9. × 10. √ 11. × 12. √ 13. × 14. × 15. × 16. √ 17. × 18. √ 19. √ 20. √ 21. × 22. √ 23. √ 24. × 25. × 26. √ 27. × 28. × 29. √ 30. × 31. × 32. √ 33. × 34. √ 35. × 36. √

第十二章　房地产估价程序

一、重要考点

1. 房地产估价程序

(1) 房地产估价程序；

(2) 获取估价业务；

(3) 受理估价委托；

(4) 制定估价作业方案；

(5) 搜集估价所需资料；

(6) 实地查勘估价对象；

(7) 求取估价对象价值；

(8) 撰写估价报告；

(9) 内部审核估价报告；

(10) 交付估价报告；

(11) 估价资料归档。

2. 房地产估价程序的作用

规范估价行为、保障估价质量、提高估价效率、防范估价风险。

3. 不应承接的估价业务包括

(1)超出了本机构的业务范围；(2)与自己有利害关系或利益冲突；(3)自己的专业能力难以胜任；(4)估价业务有较大的风险。

4. 明确估价基本事项(见表 12-1)

表 12-1

序号	基本事项	具体含义	如何明确
1	明确估价目的	估价目的是龙头，确定了估价目的，才能确定估价时点、估价对象和价值类型	估价目的原则上应由委托人基于估价需要而提出，但委托人可能不具备专业估价知识，无法准确表述。一般应当由估价师用符合估价要求的表述将其表达出来，然后再请委托人确认。估价目的可以通过询问委托人未来完成后的估价报告是作何用途、提供给谁或者由谁认可来明确
2	明确估价时点	估价时点不是由委托人决定的，也不是由估价师决定的，而应由估价师根据估价目的，在征求委托人同意后确定，也就是由估价目的决定	房屋征收的估价时点是房屋征收决定的公告日。 受贿房地产价值的评估时点是受贿日，而不是案发日，也不是委托估价日。 对原估价结果有异议而引起的复核或鉴定估价的，其估价时点为原估价报告所确定的估价时点，除非原估价报告确定的估价时点有误

续表

序号	基本事项	具体含义	如何明确
3	明确估价对象	估价对象应是估价师在委托人指定的基础上，根据估价目的，依据法律、法规和政策，并征求委托人同意后确定	(1)应首先确定估价对象的实物范围、权益范围和空间范围。(2)其次，弄清估价对象的内容包括估价对象的实物状况、权益状况(有现实法定权益和设定权益两类)和区位状况三大类
4	明确价值类型	价值类型与估价时点一样，不是由委托人决定，也不是由估价师决定，而是由估价目的决定。 不同的价值类型，即使运用相同的估价方法，其中的系数、参数等的取值不同	房地产征收估价评估的是市场价值 法院拍卖房地产评估也是市场价值 房地产开发投资评估的是投资价值

5. 制定估价作业方案

(1) 拟采用的估价技术路线和估价方法

不同的估价方法所需要的资料不同，所以必须在搜集资料前先初步确定估价方法。不同估价方法之间，可以同时采用，以相互验证，而不是相互替代；可以相互弥补；可以相互引用。对于同一估价对象，宜选用两种及两种以上的估价方法。有条件选用市场法估价的，应当以市场法为主要的估价方法；收益性房地产估价，应当选用收益法作为其中的一种估价方法；在无市场依据或市场依据不充分而不宜采用市场法、收益法、假设开发法估价的情况下，可以将成本法作为主要的估价方法。上述选用两种及两种以上估价方法，不包括估价方法之间的引用情况。

(2) 拟搜集的估价所需资料及其来源渠道。

(3) 预计需要的时间、人力和经费。

随着估价对象的复杂以及估价精度要求的提高，估价师应当按照估价对象或估价目的进行适当的专业分工。有时还需要聘请其他领域的专家协助，将其专业工作成果作为估价报告的附件，并在“重要专业帮助”中加以说明。

(4) 估价作业步骤和时间进度安排。

采用线条图和网络计划技术。

6. 搜集估价所需资料

(1) 市场法应搜集交易实例资料；收益法主要搜集收益实例资料；成本法和假设开发法，主要搜集开发建设成本实例资料。

(2) 搜集资料的渠道包括：①要求委托人提供；②在实地查勘估价对象时获取；③查阅估价机构自己的资料库；④到有关政府部门和专业机构、单位查阅；⑤询问有关知情人士；⑥查阅有关报刊、网站等媒体。

7. 实地查勘估价对象

(1) 实地查勘的工作内容包括：①感受估价对象的区位优劣；②核对之前搜集的估价对象的坐落、四至、面积、用途等情况；③观察估价对象的内外部状况，如土地形状、建筑结构、设施设备、装饰装修、维修养护等；④拍摄反映估价对象内外部状况及周围环境和景观或临路状况的照片等影像资料；⑤调查估价对象的历史使用状况(例如是否存放过污染物)、周边以及当地同类房地产的市场行情；⑥补充搜集估价所需要的其他资料。

(2) 房屋征收估价应按有关要求，由房屋征收部门、被征收人和实地查勘的注册房地产估价师在实地查勘记录上签字或盖章确认。如果被征收人拒绝在实地查勘记录上签字或盖章的，应有房屋征收部门、房地产估价机构和无利害关系的第三人见证，有关情况应在估价报告中说明。

8. 求取估价对象价值

不同估价方法结果有较大差异的原因包括：①计算过程是否有误；②基础数据是否正确；③参数选取是否合理；④公式选用是否恰当；⑤不同估价方法的估价对象范围是否一致；⑥选用的估价方法是否适用估价对象和估价目的；⑦是否遵循了应遵循的估价原则；⑧房地产市场是否为特殊状况，如房地产价格是否存在泡沫、房地产市场是否不景气。

在房地产价格存在泡沫的情况下，收益法、成本法的测算结果一般会明显低于市场法的测算结果；(在未考虑外部折旧的情况下)而在房地产市场不景气的情况下，市场法的测算结果一般会明显低于成本法的测算结果(在未考虑外部折旧的情况下)。

在房地产价格存在泡沫的情况下，如果是房地产抵押估价，因要遵循谨慎原则，则估价结果不宜采用市场法的测算结果，而应采用收益法或成本法的测算结果，或者收益法和成本法的测算结果综合出的结果；但如果是房屋征收估价，因要保护被征收人的合法权益，则估价结果不宜采用成本法或收益法的测算结果，而应采用市场法的测算结果。相反，在房地产市场不景气的情况下，房地产抵押估价应采用市场法的测算结果，而房屋征收估价应采用成本法的测算结果。

9. 撰写估价报告

估价报告的组成包括八部分：①封面(或者扉页)；②目录；③致估价委托人函；④注册房地产估价师声明；⑤估价假设和限制条件；⑥估价结果报告；⑦估价技术报告；⑧附件。

应注意事项：(1) 估价机构应在致估价委托人函上盖章，估价机构的法定代表人或执行合伙人可在致估价委托人函上盖章或签字，并注明致函日期。该致函日期即为估价报告出具日期。

(2) 所有参加估价项目的注册房地产估价师都应在该声明上签字，但非注册房地产估价师不应在该声明上签字。该声明对签字的注册房地产估价师也是一种警示。

(3) 估价假设和限制条件主要包括以下方面：①对估价所依据的委托人提供的资料的合法性、真实性、准确性和完整性的假定；②对估价对象状况的假定；③对评估的价值前提的说明；④对估价方法使用前提的说明。

(4) 估价报告使用期限原则上不超过一年。

(5) 估价报告应用的有效期与估价报告的有效期是不一样的。前者就是估价报告使用期限，后者是估价责任期限。

(6) 附件包括：①估价委托书复印件；②估价对象位置示意图；③估价对象内外部状况照片；④估价对象周围环境和景观照片；⑤估价对象权属证明复印件；⑥估价机构营业执照复印件；⑦估价机构资质证书复印件；⑧注册房地产估价师注册证书复印件。

10. 审核估价报告

审核估价报告是防范估价风险的最后一道防线。

11. 交付估价报告

一份房地产估价报告必须有至少两名注册房地产估价师签字、房地产估价机构盖章。注册房地产估价师不得以印章代替签字；可以只签字不盖印章，也可以既签字又盖印章。估价机构出具的估价报告一般应一式三份，其中两份交委托人收执，一份由本机构存档。

12. 估价资料归档

估价报告、估价委托书、估价委托合同、实地查勘记录、估价报告内部审核记录是必须归档的。

估价档案保存期限自估价报告出具之日起计算，应不少于10年。估价档案保存已超过10年而估价服务的行为尚未结束的，估价档案应保存至估价服务的行为结束为止。

二、典型答疑

1. 评估对象没有房产证，也没用相关的图纸等可供参考，估价对象为临街的半圆形六层楼房的三层，实际测量面积只能反映套内面积，公摊面积不知多少。即使知道公摊面积，若日后此人办理房产证的面积与计算的面积不相符，在拟出具的报告中如何反映面积数，不至于在将来引起争议？

答：可按房产测量规范进行测算，在估价报告中的假设和限制条件中明确说明此事即可。

2. 估价委托合同的内容一般包括（　　）。

A. 委托人的名称或者姓名和资产状况

B. 估价服务费及其支付方式

C. 解决争议的方法

D. 委托方意向估价结果

E. 委托人的协助义务

答案：BCE。

问：为什么不选A？

答：委托人的名称或者姓名属于估价委托合同的内容，而资产状况不应包含在估价委托合同中。

三、例题分析

（一）单项选择题

1. 防范估价风险的最后一道防线是（　　）。

A. 撰写估价报告　　B. 审核估价报告

C. 出具估价报告　　D. 估价资料归档

答案：B

解析：审核估价报告是防范估价风险的最后一道防线。

2. 下列表述中不正确的是（　　）。

A. 在实际估价中，不同的估价方法将影响估价结果

B. 在实际估价中，不同的估价时点将影响估价结果

C. 在实际估价中，不同的估价目的将影响估价结果

D. 在实际估价中，不同的估价作业期将影响估价结果

答案：D

解析：在实际的估价中，不同的估价作业期不会影响估价结果，因为估价时点一定的情况下，估价作业期对估价结果无影响。

3. 估价报告书中说明的(　　)限定了其用途。

A. 估价原则　　B. 估价方法

C. 估价目的　　D. 估价对象状况

答案：C

解析：估价目的决定了估价报告的用途。

4. 估价报告有效期应从(　　)起计。

A. 估价时点　　B. 估价作业期

C. 出具估价报告之日　　D. 签订估价委托合同之日

答案：C

解析：估价报告应用有效期是指自估价报告出具日期起算，使用估价报告不得超过的时间。

5. 在估价报告中陈述(　　)，既是维护估价人员正当权益的需要，又是提醒委托人和估价报告使用者在使用估价报告时需要注意的事项。

A. 估价师声明　　B. 估价的假设和限制条件

C. 估价方法　　D. 估价对象

答案：B

解析：在估价报告中陈述估价的假设和限制条件，既是维护估价人员正当权益的需要，又是提醒委托人和估价报告使用者在使用估价报告时需要注意的事项。

6. 估价中的不同意见和估价报告定稿之前的重大调整或修改意见(　　)。

A. 应作为估价资料归档

B. 不应作为估价资料归档

C. 由估价机构决定是否归档

D. 依委托人的意见决定是否归档

答案：A

解析：估价中的不同意见和估价报告定稿之前的重大调整或修改意见应作为估价资料归档。

7. 下列关于比准价格、积算价格和收益价格关系的表述中，正确的是(　　)。

A. 在房地产市场比较成熟且处于正常状态时，积算价格低于收益价格

B. 在房地产市场存在泡沫时，收益价格大大高于积算价格

C. 在房地产市场不景气时，积算价格(未扣除经济折旧)大大高于比准价格或收益价格

D. 比准价格倾向于成交价格，积算价格倾向于最低买价，收益价格倾向于最高卖价

答案：C

解析：在房地产市场不景气的情况下，市场法的测算结果低于成本法的测算结果(在未考虑经济折旧的情况下)；在存在泡沫的情况下，收益法的测算结果低于市场法的测算

结果。

8. 房地产估价的技术性原则是为了使不同的估价人员对房地产估价的基本前提具有认识上的一致性，对同一估价对象在( )下的估价结果具有近似性。

A. 同一估价原则、同一估价时点　　B. 同一估价目的、同一估价方法

C. 同一估价目的、同一估价时点　　D. 同一估价原则、同一估价目的

答案：C

9. 确定估价对象及其范围和内容时，应根据( )，依据法律法规：并征求委托人同意后综合确定。

A. 估价原则　　B. 估价目的

C. 估价方法　　D. 估价程序

答案：B

10. 某房地产估价机构向委托人甲出具了估价报告，估价作业期为 2005 年 5 月 20 日至 5 月 30 日。估价报告应用有效期为 1 年。2006 年 5 月 20 日，甲利用该估价报告向银行申请办理了 16 年抵押贷款。则该估价报告的存档期应不少于( )年。

A. 15　　B. 16

C. 17　　D. 20

答案：C

(二) 多项选择题

1. 获取房地产估价业务的措施可以有( )。

A. 突破专业能力限制，接受各种估价要求

B. 提高服务质量

C. 恰当的宣传

D. 低收费

E. 最大限度压缩估价作业期

答案：BC

2. 估价项目完成后，应归档的估价资料包括( )。

A. 实地查勘记录

B. 委托人名片

C. 估价项目来源和接洽情况

D. 估价中的不同意见

E. 估价报告定稿之前的重大调整或修改意见

答案：ACDE

解析：归档的估价资料应全面、完整，一般包括：①估价报告；②估价委托书；③估价委托合同；④估价项目来源和接洽情况记录；⑤实地查勘记录；⑥估价报告内部审核记录；⑦估价中的主要不同意见和估价结果重大修改意见记录；⑧估价报告交接单；⑨估价机构和估价师认为有必要保存的其他资料。其中估价报告、估价委托书、估价委托合同、实地查勘记录、估价报告内部审核记录是必须归档的。

3. 下列关于估价报告的说法中，不正确的有( )。

A. 估价报告是关于估价对象的客观合理价格或价值的研究报告

B. 估价报告可视为估价人员提供给委托人的“产品”

C. 估价报告应重在内在质量，外在质量不是很重要

D. 估价报告应对难以确定的事项予以说明，但不得描述其对估价结果可能产生的影响

E. 估价报告是全面、公正、客观、准确地记述估价过程、反映估价成果的文件

答案：CD

解析：估价报告的外在质量也重要；估价报告应对难以确定的事项予以说明并指出其对估价结果可能产生的影响。

4. 下列关于实地查勘的说法中，正确的有(　　)。

A. 对于面积小、价值低的房地产可不进行实地查勘

B. 实地查勘中应将有关情况和数据认真记录下来，形成实地查勘记录

C. 实地查勘人员和委托人中的陪同人员都应在实地查勘记录上签名

D. 在实地查勘记录上应注明实地查勘日期

E. 实地查勘应到实地对事先收集的有关估价对象的资料进行核实

答案：BCDE

解析：完成实地查勘之后，执行实地查勘的房地产估价师应在“实地查勘记录”上签名，注明实地查勘日期，并尽量要求委托人中协助实地查勘的人员和被查勘房地产的业主在“实地查勘记录”上签字认可。

5. 一个估价项目完成后，应保存的档案资料包括(　　)。

A. 委托估价合同

B. 实地查勘记录

C. 估价人员的作息时间

D. 向委托人出具的估价报告

E. 估价项目来源和接洽情况

答案：ABDE

解析：归档的估价资料在可能的情况下应当全面、完整，一般包括：①向委托人出具的估价报告(包括附件)；②与委托人签订的《估价委托合同》；③《实地查勘记录》；④《估价报告审核表》；⑤《估价报告交接单》；⑥估价项目来源和接洽情况记录；⑦估价过程中的不同意见和估价报告定稿前的重大调整或修改意见记录；⑧估价人员和估价机构认为有必要保存的其他估价资料。其中，估价报告、估价委托合同、实地查勘记录、估价报告审核表是必须归档的。

(三) 判断题

1. 一份完整的估价报告通常由以下几部分组成：封面、目录、致委托人函、估价结果报告、估价技术报告和附件。(　　)

答案：×

解析：房地产估价报告通常由如下8个部分组成：①封面(或者扉页)；②目录；③致估价委托人函；④注册房地产估价师声明；⑤估价假设和限制条件；⑥估价结果报告；⑦估价技术报告；⑧附件。

2. 估价目的是由委托人提出的，估价时点是根据估价目的确定的。(　　)

答案：×

解析：从本质上讲，估价时点不是由委托人决定，也不是由估价师决定，而是由估价目的决定。

3. 估价报告应用有效期是从估价报告出具之日计算，而不是从估价时点开始计算。（ ）

答案：√

4. 估价资料的保管期限是从估价报告出具之日起到估价报告得到使用之日止。（ ）

答案：×

解析：估价资料的保管期限自估价报告出具日期起算，不得少于10年。保管期限届满而估价服务的行为尚未结束的，估价资料应当保管到估价服务的行为结束为止。

5. 在估价报告中，签署估价师声明是为说明估价是以客观公正的方式进行的，同时对委托人也是一种警示。（ ）

答案：×

解析：房地产估价报告中应当有一份由所有参加该估价项目的注册房地产估价师签名的声明，非注册房地产估价师不应在此声明中签名。该声明告知委托人和估价报告使用者，注册房地产估价师是遵循独立、客观、公正的原则进行估价的。同时，该声明也是对签名的注册房地产估价师的一种警示。

6. 如果估价对象适宜采用多种估价方法进行估价，则应同时采用多种估价方法进行估价，不得随意取舍。（ ）

答案：√

7. 在一个估价项目中，估价目的、估价对象、估价时点三者是有着内在联系的，其中估价目的是龙头。（ ）

答案：√

8. 估价对象及其范围和内容，既不能简单地根据委托人的要求确定，也不能根据估价人员的主观愿望确定，而应根据估价目的，依据法律、行政法规并征求委托人认可后综合确定。（ ）

答案：√

9. 估价报告的有效期也是估价的责任期。（ ）

答案：√

10. 对于难以用数学模型度量的房地产价格影响因素，在估价结果中可以不予反映。（ ）

答案：×

解析：在采用数学方法求出一个综合结果的基础上，房地产估价师还应考虑一些不可量化的价格影响因素，同时可听取有关专业人士的意见，对该结果进行适当的调整，或取整，或认定该结果，从而确定出最终估价结果。当有调整时，应在估价报告中明确且充分地阐述调整的理由。

11. 房地产估价时，实地勘察应由估价人员独立完成。（ ）

答案：×

解析：在实地勘察时，一般需要委托人中熟悉情况的人员和被查勘房地产的业主陪同。

12. 接受估价委托后，受托估价机构不得转让、变相转让受托的估价业务，并应明确至少一名合适的估价人员负责该估价项目。（ ）

答案：√

四、练习题

（一）单项选择题

1. 估价报告书中说明的（ ）限定了其用途。

A. 估价原则　　B. 估价方法

C. 估价目的　　D. 估价对象状况

2. 估价报告有效期应从（ ）起计。

A. 估价时点　　B. 估价作业期

C. 出具估价报告之日　　D. 签订估价委托合同之日

3. 估价档案保存期限自估价报告出具之日起计算，应不少于（ ）。

A. 20 年　　B. 10 年

C. 8 年　　D. 15 年

4. 估价中的不同意见和估价报告定稿之前的重大修改意见记录（ ）。

A. 应作为估价资料归档

B. 不应作为估价资料归档

C. 由估价机构决定是否归档

D. 依委托人的意见决定是否归档

5. 在一个估价项目中，估价目的、估价对象、估价时点三者是有着内在联系的，其中（ ）是龙头。

A. 估价目的　　B. 估价对象

C. 估价时点　　D. 估价目的和估价对象

6. 估价业务来源一般不包括的有（ ）。

A. 被动接受　　B. 主动争取

C. 自有自估　　D. 公开竞标

7. 被动接受是（ ）。

A. 坐等需要估价者找上门来征求估价业务

B. 被动接受需要估价者的征求估价业务要求

C. 估价人员走出门力争为他人提供估价服务

D. 自己提出估价要求，并自己进行估价

8. 明确估价时点是要明确所要评估的价值是指（ ）的价值。

A. 一段时间的最高　　B. 一段时间的平均

C. 一段时间的最低　　D. 哪个具体时间

9. 多数估价是对当前的价值进行评估，但在某些情况下需要对（ ）的价值进行评估。

A. 过去或未来　　B. 过去
C. 未来　　D. 现在

10. 估价时点应采用(　　)表示，一般要精确到(　　)。
A. 公历日　　B. 阳历日
C. 公历年　　D. 阳历年

11. 搜集什么样的实例资料，主要取决于拟采用的估价方法，对于比较法而言，主要是(　　)。
A. 成本实例资料　　B. 交易实例资料
C. 收益实例资料　　D. 成交实例资料

12. 实地查勘有利于估价师加深对估价对象的认识，形成(　　)。
A. 一个直观具体的印象　　B. 一个综合全面的印象
C. 一个模糊大概的印象　　D. 一个片面、具体的印象

13. 在确认所有的计算结果无误后，应根据具体情况选用(　　)。
A. 简单算术平均数、加权算术平均数
B. 中位数、众数
C. 简单算术平均数、加权算术平均数等数学方法之一
D. 加权算术平均数

14. 当选用(　　)通常是对最适用的估价对象、占有资料全面准确的估价方法的测算结果赋予所计算出的结果赋予较大的权重；反之，则赋予较小的权重。
A. 简单算术平均数　　B. 加权算术平均数
C. 中位数　　D. 众数

15. 在采用数学方法求出一个综合结果的基础上，估价师还应考虑一些不可量化的价值影响因素，同时可听取有关专家的意见，对该结果进行适当的(　　)从而确定最终的估价结果。
A. 调整
B. 取整
C. 认定该结果，作为最终的估价结果
D. 调整或取整或认定该结果

16. 估价报告的外在质量指(　　)。
A. 估价结果的准确性
B. 估价报告的格式，文字表述水平以及印刷质量
C. 估价对象所在位置
D. 估价对象的品位

17. 估价报告质量的高低取决于(　　)。
A. 估价结果的准确性，估价方法选用的正确性
B. 参数确定的合理性
C. 估价报告的格式，文字表述水平及印刷质量
D. 估价报告的外在质量和内在质量

18. (　　)是估价人员履行对委托人责任的最佳方式。

A. 叙述式报告　　B. 口头报告
C. 书面报告　　D. 表格式报告

19. 对于单套住宅抵押估价报告、住宅房屋征收分户估价报告，可以采用(　　)。

A. 叙述式报告　　B. 口头报告
C. 书面报告　　D. 表格式报告

20. 一份完整的估价报告通常由(　　)组成。

A. 封面、目录、致委托人函、注册房地产估价师声明、估价的假设和限制条件、估价结果报告、估价技术报告、附件
B. 标题、估价项目名称、委托人、估价机构、估价师、估价作业日期、估价报告编号
C. 致函对象、致函正文、致函落款、致函日期
D. 委托人、估价机构、估价对象、估价目的、估价时点、价值定义、估价依据、估价原则、估价方法、估价结果、估价人员、估价作业日期、估价报告的有效期

21. (　　)有助于行政主管部门和行业组织对估价机构和估价师开展有关检查和考核，有助于解决日后可能发生的估价争议，有助于估价机构和估价师展现估价业绩。

A. 交付估价报告　　B. 估价资料归档
C. 确定估价结果　　D. 选定估价方法计算

22. "明确所要评估的价值是指哪个具体时间上的价值"，这是指(　　)。

A. 明确估价时点　　B. 明确估价对象
C. 明确估价目的　　D. 签订估价合同

23. 下面不是估价作业方案内容的是(　　)。

A. 拟采用的估价技术路线和估价方法
B. 拟调查搜集的资料及其来源渠道
C. 载明估价的基本事项
D. 拟定作业步骤和作业进度

24. 下面不是估价所需资料的是(　　)。

A. 对房地产价格有普遍影响的资料
B. 宪法
C. 反映估价对象状况的资料
D. 交易成本，收益实例资料

(二) 多项选择题

1. 房地产估价委托合同包括的内容有(　　)等。

A. 评估价值
B. 估价机构的名称和住所
C. 委托人的协助义务
D. 交付估价报告的类型、交付方式等
E. 解决争议的方法

2. 明确估价对象的内容主要包括(　　)等。

A. 估价对象的范围 B. 权益上的范围
C. 空间上的范围 D. 财产状况
E. 经营范围

3. 如果对某出租的拟选用收益法估价，则需要搜集的内容有(　　)。
A. 租金水平 B. 出租率
C. 空置率 D. 运营费用
E. 开发成本

4. 房屋征收估价中，查勘记录人员包括(　　)。
A. 街道居委会人员 B. 实地查勘的注册房地产估价师
C. 房屋征收部门 D. 被征收人
E. 房屋管理部门的有关人员

5. 在确认估价报告中所有的测算结果无误之后，根据具体情况可以选用(　　)等方法来综合为一个结果。
A. 简单算术平均数 B. 加权算术平均数
C. 随机数 D. 中位数
E. 移动平均数

6. 估价报告内在质量的高低，取决于(　　)等。
A. 估价结果的合理性和准确性 B. 估价报告的文字表述水平
C. 估价报告的文本格式 D. 估价参数的合理性
E. 估价报告的印刷质量

7. 书面报告按照其格式可分为哪几种类型(　　)。
A. 叙述式报告 B. 表格式报告
C. 背书式报告 D. 记叙式报告
E. 分布式报告

8. 下列哪些估价资料必须归档(　　)。
A. 估价委托合同 B. 估价项目来源和接洽情况记录
C. 实地查勘记录 D. 估价委托书
E. 估价报告内部审核记录

9. 下列哪种情况可以采用表格形式的估价报告(　　)。
A. 住宅房屋征收分户估价报告 B. 单套住宅抵押估价报告
C. 为房地产开发商投资价值评估 D. 企业破产评估
E. 企业厂房、办公楼抵押评估

10. 在获取估价业务时，在(　　)的情况下，估价机构和估价师不应承接该项业务。
A. 与估价需求者有利害关系 B. 与估价对象有利益关系
C. 超出了自己的业务范围 D. 受行政主管部门委托
E. 专业能力不能胜任

11. 估价所需资料主要包括如下(　　)。
A. 反映估价对象状况的资料
B. 对房地产价格有普遍影响的资料

C. 对估价对象所在地区的房地产价格有影响的资料

D. 估价对象及类似房地产的交易、收益、开发成本等资料

E. 对房地产价格有典型影响的资料

12. 主动争取是估价人员走出门去力争为他人提供估价服务，这是估价业务的最主要来源，特别是在12. 估价委托合同主要作用有(　　)。

A. 建立受法律保护的委托与受托关系

B. 明确合同双方的权利和义务

C. 载明估价的有关事项

D. 明确估价作业方案

E. 明确评估价值

13. 下列关于估价方法选用的说法中，正确的有(　　)。

A. 有条件选用比较法进行估价的，应以比较法为主要的估价方法

B. 收益性房地产的估价，应选用收益法作为其中的一种估价方法

C. 具有投资开发或再开发潜力的房地产估价，应选用成本法作为其中的一种估价方法

D. 在市场收益性房地产的估价，应选用收益法作为其中的一种估价方法

E. 理论上适用的估价方法，都必须选用

(三) 判断题

1. 估价人员对自家房产进行评估，其估价结果具有法律效力。(　　)

2. 主动争取的估价业务不用签订书面房地产估价委托合同。(　　)

3. 估价目的具体可以通过将要完成的估价报告究竟是提交给谁使用或由谁认可来明确。(　　)

4. 明确估价目的有助于更好地明确估价对象，因为依据有关法律法规，有些房地产不能用于某些估价目的，或者有些估价目的限制了可以作为估价对象的范围和内容。(　　)

5. 明确估价时点是明确所要评估的价值是在哪个具体日期的价值，应根据估价用途来确定。(　　)

6. 对于同一估价对象，宜选用两种以上(含两种)的估价方法进行估价。(　　)

7. 如果估价对象适宜采用多种估价方法进行估价，则应同时采用多种估价方法进行估价，不得随意取舍。(　　)

8. 同时采用多种估价方法进行估价可以相互印证、补充，从而使估价结果更为客观合理。(　　)

9. 在无市场依据或市场依据不充分而不宜采用市场法、收益法、假设开发法进行估价的情况下，可将路线价法作为主要的估价方法。(　　)

10. 在实地查勘时，一般需要委托人中熟悉情况的人员和被查看房地产的业主陪同。(　　)

11. 对于估价对象为已经消失的房地产，不用对估价对象原址进行调查了解。(　　)

12. 对于运用市场法、收益法、成本法估价所选取的可比实例房地产，也应进行实地查看。(　　)

13. 对于成片或成批多宗房地产的同时估价且单宗房地产的价值较低时，估价报告可以采用口述的形式。（ ）

14. 叙述式报告能使估价人员有机会充分论证和解释其分析、意见和结论，使估价结果更具有说服力。（ ）

15. 表格式报告是估价人员履行对委托人责任的最佳方式。（ ）

16. 记述式报告是最普遍、最完整的估价报告形式。（ ）

17. 估价报告应用有效期是指使用估价报告不得超过的时间界限。（ ）

18. 如果估价报告在其有效期内得到使用，则估价责任期应是无限期的。（ ）

19. 如果估价报告超过了其有效期还未得到使用，则估价责任期就是估价报告有效期。（ ）

20. 15 年前出具的为某笔房地产抵押贷款服务的估价报告等估价资料，该笔房地产抵押贷款期限为 20 年，现在这些资料不用再继续保管。（ ）

21. 在估价报告中陈述估价的假设和限制条件，一方面是规避风险、保护估价机构和估价人员，另一方面是告知、保护委托人和估价报告使用者。（ ）

22. 保管期限届满而估价服务的行为尚未了结的估价资料，应当保管到估价服务的行为了结为止。（ ）

【参考答案】

（一）单项选择题

1. C 2. C 3. B 4. A 5. A 6. D 7. A 8. D 9. A 10. A 11. B 12. A 13. C 14. B 15. D 16. B 17. D 18. A 19. D 20. A 21. B 22. A 23. C 24. B

（二）多项选择题

1. BCDE 2. ABC 3. ABCD 4. BCD 5. AB 6. AD 7. AB 8. ACDE 9. AB 10. ABCE 11. ABCD 12. ABC 13. ABDE

（三）判断题

1. × 2. × 3 √ 4. √ 5. × 6. √ 7. √ 8. √ 9. × 10. √ 11. × 12. √ 13. × 14. √ 15. × 16. × 17. √ 18. √ 19. √ 20. × 21. √ 22. √

模拟试题一

一、单项选择题(共35题，每题1分。每题的备选答案中只有一个最符合题意，请在答题卡上涂黑其相应的编号。)

1. 拍卖抵押房地产时，对抵押合同签订后该土地上的新增房屋与抵押财产一起拍卖的，对拍卖新增房屋所得，抵押权人(　　)。

A. 有权优先受偿　　B. 无权优先受偿

C. 对全部房地产优先受偿　　D. 可与拍卖人协商

2. 从科学且具有可操作性上看，能够用于判断一个评估价值的误差大小或者准确性的是(　　)。

A. 估价对象的真实价格　　B. 估价对象的实际成交价格

C. 估价对象的重置价格　　D. 合格估价师的重新估价结果

3. 下列(　　)房地产不是按用途来划分的类型。

A. 综合房地产　　B. 出租房地产

C. 办公房地产　　D. 娱乐房地产

4. 房地产的(　　)特性，是房地产的最重要的特性，也是房地产有别于其他财产的主要之处。

A. 不可移动　　B. 供给有限

C. 价值量大　　D. 用途多样

5. 估价报告书中说明的(　　)限定了其用途。

A. 估价原则　　B. 估价方法

C. 估价目的　　D. 估价对象状况

6. 有一宗房地产，土地面积1000m^2，其价格为1500元/m^2，建筑面积5000m^2，其重置价格为1200元/m^2。该房地产价格为1250元/m^2，则该建筑物的单价为(　　)元/m^2。

A. 950　　B. 1000

C. 1200　　D. 1250

7. 现实中，房地产市场上某种房地产在某一时间的潜在供给量为(　　)。

A. 存量＋新竣工量＋其他种类房地产转换为该种房地产量－转换为其他种类的房地产量－灭失量

B. 存量＋新竣工量＋其他种类房地产转换为该种房地产量＋灭失量

C. 存量＋新竣工量＋空置房量－灭失量

D. 存量＋新竣工量－灭失量

8. 评估房地产投保火灾险时的保险价值，通常包括(　　)。

A. 重置成本＋土地使用权价值

B. 重置成本＋土地使用权价值＋重置期间的经济损失

C. 有可能遭受火灾损毁的建筑物价值＋可能的连带损失

D. 建筑安装工程费＋建造期间的经济损失

9. 相对而言，房地产估价所评估的是房地产的(　　)。

A. 使用价值　　B. 交换价值

C. 广义价值　　D. 狭义价值

10. 房地产投机属于房地产价格影响因素中的(　　)。

A. 经济因素　　B. 行政因素

C. 社会因素　　D. 心理因素

11. 如果某现有房地产价值小于新房地产的价值减去拆除现有建筑物的必要费用及建造新建筑物的必要支出及应得利润之后的余额，则应以(　　)进行估价。

A. 维持现状前提　　B. 更新改造前提

C. 改变用途前提　　D. 重新开发前提

12. 在符合城市规划和建筑结构安全的条件下，住宅所有权人寻找他人出资，合作加盖房屋并进行分成，属于动用(　　)的行为。

A. 宅基地所有权　　B. 空间利用权

C. 地役权　　D. 建筑物相邻关系

13. 房地产估价中，遵循独立、客观、公正原则的核心是估价机构和估价人员应当站在(　　)的立场上，评估出一个对各方当事人来说都是公平合理的价值。

A. 委托人　　B. 估价报告预期使用者

C. 管理部门　　D. 中立

14. 市场法的本质是以(　　)为导向求取估价对象的价值。

A. 成交价格　　B. 市场价格

C. 客观价值　　D. 评估价值

15. 采用百分率法进行交易情况修正的一般公式为(　　)。

A. 可比实例成交价格×交易情况修正系数＝正常价格

B. 可比实例成交价格＋交易情况修正数额＝正常价格

C. 可比实例成交价格－交易情况修正系数＝正常价格

D. 可比实例成交价格÷交易情况修正系数＝正常价格

16. 某宗房地产交易中，买方支付给卖方29万元，买卖中涉及的税费均由卖方负担。据悉，该地区房地产买卖中应由卖方和买方缴纳的税费分别为正常成交价格的5%和3%，则该宗房地产交易的正常成交价格为(　　)万元。

A. 27.6　　B. 28.2

C. 29.0　　D. 29.9

17. 选取的可比实例规模一般应为(　　)。

A. 0.5≤可比实例规模/估价对象规模≤1

B. 0.5<可比实例规模/估价对象规模≤1

C. 0.5≤可比实例规模/估价对象规模≤2

D. 0.5≤可比实例规模/估价对象规模<1

18. 某可比实例的实物状况比估价对象优 9%，则其实物状况修正系数为(　　)。

A. 0.91　　B. 0.92

C. 1.09　　D. 1.10

19. 如果引起房地产价格变动的是单纯的通货膨胀因素，则可选用的是(　　)。

A. 建筑造价指数或变动率　　B. 建筑人工费指数或变动率

C. 一般物价指数或变动率　　D. 房地产价格指数或变动率

20. 收益法的本质是以房地产的(　　)为导向求取估价对象的价值。

A. 市场价格　　B. 预期收益

C. 开发成本　　D. 未来成本

21. 工料测量法的优点是翔实，缺点是费时费力并需要有其他专家的参与，它主要用于(　　)的建筑物的估价。

A. 具有研究价值　　B. 具有保存价值

C. 具有重大经济价值　　D. 具有历史价值

22. 预计某宗房地产未来第一年的净收益为 18 万元，此后各年的净收益会在上一年的基础上增加 1 万元，该类房地产的报酬率为 8%，该房地产的价格为(　　)万元。

A. 225.00　　B. 237.50

C. 381.25　　D. 395.83

23. 成本法这个概念中的"成本"，并不是人们通常所认为的成本，而是(　　)。

A. 价值　　B. 平均成本

C. 真实成本　　D. 价格

24. 从买方的角度来看，成本法的理论依据是(　　)，即买方愿意支付的最高价格，不能高于他所预计的重新开发建造该房地产所需花费的代价，如果高于该代价，他还不如自己开发建造。

A. 对照原理　　B. 替代原理

C. 比较原理　　D. 最高价格原理

25. 某建筑物的建筑面积为 2000m^2，占地面积为 3000m^2，现在重新获得该土地的价格为 800 元/m^2，建筑物重置价格为 900 元/m^2，而市场上该类房地产正常交易价格为 1800 元/m^2。则该建筑物的成新率为(　　)。

A. 44%　　B. 50%

C. 67%　　D. 86%

26. 某抵押房地产的市场价值为 600 万元，已知法定优先受偿款为 50 万元，贷款成数为 0.7，则该房地产的抵押贷款额度为(　　)万元。

A. 370　　B. 385

C. 420　　D. 550

27. 某房地产的土地取得成本为 1000 万元，建设成本为 3000 万元，管理费用为 200 万元，销售费用为 300 万元，开发利润为 500 万元，投资利息为 600 万元，则该房地产的投资利润率为(　　)。

A. 9.8%　　B. 11.1%

C. 11.9%　　D. 12.5%

28. 成新折扣法适用于同时需要对大量建筑物进行估价的场合，尤其是(　　)，但比较粗略。

A. 进行总体折扣计算　　B. 进行建筑物现值调查

C. 判定建筑物的成新率　　D. 直接求取建筑物的现值

29. 当应用假设开发法估价时，必须考虑(　　)。

A. 通货膨胀的影响　　B. 投资利息的因素

C. 资金的时间价值　　D. 投资风险的补偿

30. 评估一宗房地产开发用地2006年1月1日的价值，预测该宗土地2009年1月1日开发完成后的房地产价值中属于地价的部分为2000万元，折现率为10%，则该土地的价值为(　　)万元。

A. 1562.89　　B. 1652.89

C. 1502.63　　D. 1818.18

31. 如果房地产价格时间序列的逐期增减量大致相同，最适宜用哪种长期趋势法进行测算趋势值(　　)。

A. 数学曲线拟合法　　B. 平均增减量法

C. 平均发展速度法　　D. 移动平均法

32. 运用路线价法估价的步骤一般分为(　　)。

A. 划分路线价区段→设定标准深度→调查评估路线价→制作价格修正率表→计算临街各宗土地的价格

B. 划分路线价区段→设定标准深度→选取标准临街宗地→调查评估路线价→制作价格修正率表→计算临街各宗土地的价格

C. 调查评估路线价→划分路线价区段→设定标准深度→选取标准临街宗地→制作价格修正率表→计算临街各宗土地的价格

D. 选取标准临街宗地→划分路线价区段→设定标准深度→调查评估路线价→制作价格修正率表→计算临街各宗土地的价格

33. 某工业用地的土地面积为10000m^2，规划容积率为1.0，楼面地价为500元/m^2。后经规划调整，用途变更为居住，容积率提高到2.0，楼面地价为1500元/m^2，则因规划调整所需的补地价为(　　)万元。

A. 250　　B. 1000

C. 2500　　D. 3000

34. 估价时点实质上是由(　　)决定的。

A. 估价委托人　　B. 估价方法

C. 估价目的　　D. 估价对象

35. 一份完整的估价报告通常由(　　)组成。

A. 封面、目录、致委托人函、注册房地产估价师声明、估价的假设和限制条件、估价结果报告、估价技术报告、附件

B. 标题、估价项目名称、委托人、估价机构、估价师、估价作业日期、估价报告编号

C. 致函对象、致函正文、致函落款、致函日期

D. 委托人、估价机构、估价对象、估价目的、估价时点、价值定义、估价依据、估价原则、估价方法、估价结果、估价人员、估价作业日期、估价报告的有效期

二、多项选择题(共 15 题，每题 2 分。每题的备选答案中，有两个或两个以上符合题意的答案，请在答题卡上涂黑其相应的编号。错选或多选均不得分；少选且选择正确的，每个选项得 0.5 分。)

1. 我国目前与房地产有关的税种共 10 个，其中(　　)是具有普遍调节功能的税种。

A. 营业税　　B. 城市维护建设税
C. 房产税　　D. 契税
E. 企业所得税

2. 房地产的实物通常是指房地产中看得见、摸得着的部分，具体包括(　　)。

A. 有形的实体　　B. 土地的形状
C. 组合完成的功能　　D. 立体空间
E. 实体的质量

3. 下列(　　)是正常成交价格的形成条件。

A. 供求平衡　　B. 交易对象本身具备市场性
C. 买者和卖者都具有完全信息　　D. 适当的期间完成交易
E. 公开市场

4. 下列说法正确的是(　　)。

A. 就使用价值与交换价值相对而言，房地产估价所评估的是房地产的交换价值
B. 就使用价值与交换价值相对而言，房地产估价所评估的是房地产的使用价值
C. 就投资价值与市场价值相对而言，房地产估价所评估的是房地产的市场价值
D. 就投资价值与市场价值相对而言，房地产估价所评估的是房地产的投资价值
E. 市场价值等于投资价值

5. 下列属于影响房地产价格的自身因素的是(　　)。

A. 房地产坐落位置　　B. 土地的肥力
C. 土地面积和形状　　D. 房地产投机
E. 房地产使用管制

6. 假设开发法中，选择最佳开发利用方式中最重要的是选择最佳用途。而最佳用途的选择要考虑土地位置的(　　)。

A. 可接受性　　B. 保值增值性
C. 现实社会需要程度　　D. 未来发展趋势
E. 固定性

7. 建立价格可比基础的内容包括(　　)。

A. 统一付款方式、统一采用单价　　B. 统一币种和货币单位
C. 统一计息方式　　D. 统一面积内涵和面积单位
E. 统一产权性质

8. 市场法可用于(　　)的求取。

A. 经营收入　　B. 空置率
C. 报酬率　　D. 土地用途
E. 入住率

9. 根据将未来预期收益转换为价值的方式的不同，收益法可分为(　　)。
A. 剩余法　　B. 组合法
C. 直接资本化法　　D. 报酬资本化法
E. 还原法

10. 估算建筑安装工程费的方法中，单位比较法又分为(　　)。
A. 分部分项法　　B. 工料测量法
C. 面积法　　D. 体积法
E. 指数调整法

11. 下列因素中会导致建筑物经济折旧的是(　　)。
A. 使用磨损　　B. 现行政策重大改变
C. 城市规划重大改变　　D. 建筑技术进步
E. 交通拥挤

12. 房地产价格构成中的建设成本包括(　　)。
A. 地价款
B. 基础设施建设费
C. 公共配套设施建设费
D. 勘察设计和前期工程费
E. 管理费

13. 运用假设开发法估价的效果，还要求有一个良好的社会经济环境，包括(　　)。
A. 明朗、稳定及长远的房地产政策
B. 一套统一、严谨及健全的房地产法规
C. 一个全面、连续及开放的房地产信息资料库
D. 一个有较多公平交易的房地产信息资料库
E. 成本数据准确可测

14. 路线价法与一般的市场法的主要不同之处有(　　)。
A. 不做“房地产状况调整”
B. 不做“市场状况调整”
C. 先对多个“可比实例价格”进行综合，然后再进行“房地产状况调整”
D. 利用相同的“可比实例价格”即路线价，同时评估出许多“估价对象”
E. 是先对“可比实例价格”进行有关修正、调整，然后再进行综合

15. 房地产估价委托合同包括的内容有(　　)等。
A. 评估价值
B. 估价机构的名称和住所
C. 委托人的协助义务
D. 交付估价报告的类型、交付方式等
E. 解决争议的方法

三、判断题(共15题，每题1分。请根据判断结果，在答题卡上涂黑其相应的符号，用“√”表示正确，用“×”表示错误。不答不得分，判断错误扣1分，本题总分最多扣至零分。)

1. 专业估价人员就是指专门从事房地产估价的人员。（　　）

2. 对于房地产开发用地，土地使用管制的内容包括土地用途、容积率、建筑高度和绿地率等规划条件。（　　）

3. 市场价格和理论价格相比，理论价格是短期均衡价格，市场价格是长期均衡价格。（　　）

4. 交换价值，是该商品同其他商品相交换的量的关系或比例，通常用货币来衡量，即交换价值表现为一定数量的货币或其他商品。一般简称的价值是指交换价值，在房地产估价中所说的价值也就是交换价值。（　　）

5. 不同的房地产价格影响因素，引起房地产价格变动的方向是不尽相同的。（　　）

6. 房地产估价原则是为了使不同的估价人员对房地产估价的基本前提具有认识上的一致性，对同一估价对象在同一估价目的、同一估价作业时间下的估价结果具有相近性。（　　）

7. 市场法是将估价对象与近期交易的类似房地产进行比较，对这些类似房地产的成交价格做适当的修正和调整，以此求取估价对象的客观合理价格或价值的方法。（　　）

8. 因为房地产价格形成中有替代原理的作用，所以在进行房地产估价时，估算对象的未知价格可以将类似房地产的已知市场价格平均以后得到。（　　）

9. 收益法适用的条件是房地产的收益和风险都能够较准确地量化。（　　）

10. 成本法是求取估价对象在估价时点的重新购建价格，以此求取估价对象的客观合理价格或价值的方法。（　　）

11. 成本法不适宜评估建筑物过于老旧的房地产价格。（　　）

12. 假设开发法是将预测的估价对象未来开发完成后的价值，减去未来的正常开发成本、建筑物折旧、税费和利润等，以此求取估价对象的客观合理价格或价值的方法。（　　）

13. 长期趋势法适用的条件是拥有估价对象或类似房地产的较长时期的历史价格资料，而且所拥有的历史价格资料真实可靠。（　　）

14. 路线价法是在城镇街道上划分路线价区段，设定标准临街深度，选取若干标准临街宗地并求其平均价格，然后利用价格修正率对该平均价格进行调整来求取街道两侧的土地价值的方法。（　　）

15. 在无市场依据或市场依据不充分而不宜采用市场法、收益法、假设开发法进行估价的情况下，可将路线价法作为主要的估价方法。（　　）

四、计算题(共2题，每题10分。要求列出算式，计算过程；需按公式计算的，要写出公式；仅有计算结果而无计算过程的，不得分。计算结果保留小数点后两位。)

1. 某商店的土地使用年限为40年，从2004年10月1日起计。该商店共有两层，每层可出租面积各为200m^2。一层于2005年10月1日租出，租赁期限为5年，可出租面积的月租金为240元/m^2。且每年不变二层现暂空置。附近类似商场一二层可出租面积的正常月租金分别为 270 元/m^2 和 180 元/m^2，运营费用率为 25%。该类房地产的报酬率为 10%。试测算该商场 2008 年 10 月 1 日带租约出售时的正常价格。

2. 某在建工程开工于 2010 年 3 月 1 日，用地总面积 2000m^2，建筑容积率为 5.1，用途为公寓。土地使用年限为 50 年，从 2010 年 3 月 1 日起计。土地取得费用为楼面地价每平方米 1000 元，该公寓正常建设期为 2 年，建设费用为每平方米建筑面积 2500 元，至 2010 年 9 月 1 日已完成主体封顶，已投入了建设费用的 45%。估计该公寓可按期建成，建成后即可出租。可出租面积的月租金为每平方米 80 元，可出租面积为建筑面积的 65%，正常出租率为 80%，出租期间运营费用率为 30%。又知当地购买在建工程应缴纳的税费为购买价格的 5%。试利用上述资料采用现金流量折现法估算该在建工程于 2010 年 9 月 1 日的正常购买总价和按建成后的建筑面积折算的单价。假定报酬率为 8%，折现率为 14%。

参考答案

一、单项选择题

1. B 2. D 3. B 4. A 5. C *6. A 7. A *8. C 9. B 10. C 11. D 12. B 13. D 14. B 15. A *16. B 17. C *18. B 19. C 20. B 21. D 22. C 23. D 24. B *25. C *26. B 27. B 28. B 29. C 30. C 31. B 32. B 33. C 34. C 35. A

二、多项选择题

1. ABE 2. ABCE 3. BCDE 4. AC 5. ABCE 6. ACD 7. ABD 8. ABCE 9. CD 10. CD 11. BCE 12. BCD 13. ABC 14. BCD 15. BCDE

三、判断题

1. × 2. √ 3. × 4. √ 5. √ 6. × 7. × 8. × 9. √ 10. × 11. √ 12. × 13. √ 14. √ 15. ×

四、计算题

1. 解：

(1) 商店一层价格的测算

租赁期限内年净收益＝200×240×(1－25%)×12＝43.20 万元

租赁期限外年净收益＝200×270×(1－25%)×12＝48.60 万元

$V = 43.20/(1+10\%) + 43.20/(1+10\%)^2 + 48.60/10\%(1+10\%)^2 \times [1-1/(1+10\%)^{(40-4-2)}]$

＝460.90 万元

(2) 商店二层价格的测算

年净收益＝200×180×(1－25%)×12＝32.40 万元

$V = 32.40/10\% \times [1-1/(1+10\%)^{40}-4] = 313.52$ 万元

(3) 该商店在2008年10月1日出售的正常价格的测算

460.90+313.52=774.42万元

2. 解：

(1) 设该在建工程的正常购买总价为 V

(2) 该在建工程续建完成后的总价值：

① 总建筑面积 $2000\times5.1=10200(m^2)$

② 续建完成后的总价值计算公式：

$$\frac{\alpha}{r}=\left[1-\frac{1}{(1+r)^n}\right]\times\frac{1}{(1+r_d)^t}$$

③ 续建完成后的总价值：

$$\frac{80\times12\times10200\times65\%\times80\%\times(1-30\%)}{8\%}\left[1-\frac{1}{(1+8\%)^{50-2}}\right]\times\frac{1}{(1+14\%_d)^{1.5}}$$

=3569.34(万元)

(3) 续建总费用 $=\frac{2500\times10200\times55\%}{(1+14\%)^{0.75}}=1271.23$(万元)

(4) 购买该在建工程的税费总额 $=V\times5\%=0.05V$

(5) 该在建工程的正常购买总价 $V=3569.34-1271.23-0.05V$ $V=2188.68$(万元)

(6) 按建成后的建筑面积折算的单价=2188.68/1.0200=2145.76(元/m^2)。

答案解析

一、单项选择题

6. (1250×5000－1000×1500)/5000=950元/m^2。

8. 保险价值是将房地产投保时，为确定保险金额提供参考依据而评估的价值。评估保险价值时，估价对象的范围应视所投保的险种而定。如投保火灾险时的保险价值，仅是有可能遭受火灾损毁的建筑物的价值及其可能的连带损失，而不包含不可损毁的土地的价值，通常具体是指建筑物的重建成本(或重置成本)和重建期间的经济损失(如租金损失)。

16. 29/(1+3%)=28.2(万元)。

18. 以估价对象为基准，100/(100+9)=0.92

25. 建筑物的成新率 q=建筑物现值(V)/建筑物的重置价格(C)=(1800×2000－800×3000)/(900×2000)=67%。

26. 抵押价值=未设立法定优先受偿权下的价值－法定优先受偿款=600－50=550(万元)，抵押贷款额度=抵押价值×贷款成数=550×0.7=385(万元)。

模拟试题二

一、单项选择题(共35题，每题1分。每题的备选答案中只有一个最符合题意，请在答题卡上涂黑其相应的编号。)

1. 对有租约的房屋进行征收为目的的估价时，应(　　)。

A. 视为无租约限制的房地产来估价

B. 视为有租约限制的房地产来估价

C. 考虑房屋租赁者的意见

D. 视其租约租金与市场租金的差异大小而定

2. 下列(　　)不是估价委托人的义务。

A. 协助估价师确定估价结果

B. 向估价机构如实提供其知悉的估价所必要的资料

C. 协助估价师搜集估价所必要的资料

D. 对所提供的资料的真实性、合法性和完整性负责

3. 下列关于价值类型的表述中，错误的是(　　)。

A. 在用价值为市场价值

B. 投资价值属于非市场价值

C. 市场价值的前提之一是继续使用

D. 同一估价对象可能有不同类型的价值

4. 在实际估价中，判定在建工程的标准是(　　)。

A. 是否完成竣工验收

B. 是否完成内外装修

C. 是否已完成结构封顶

D. 是否已安装了门窗

5. 基准地价是指在城镇规划区范围内，对现状利用条件下不同级别或不同均质地域的土地，按商业、居住、工业等用途，分别评估确定的某一估价期日法定最高年期土地使用权区域的(　　)。

A. 最低价格　　B. 最高价格

C. 平均价格　　D. 成交价格

6. 甲土地的楼面地价为2000元/m^2，建筑容积率为5，乙土地的楼面地价为1500元/m^2，建筑容积率为7，若两宗地的土地面积等其他条件相同，其总价相比有(　　)。

A. 甲等于乙　　B. 甲大于乙

C. 甲小于乙　　D. 难以判断

7. 在房屋征收中，征收补偿实行房屋产权调换方式且所调换房屋为期房的，在对所

调换房屋进行估价时，估价对象状况如期房区位、用途、面积、建筑结构等，应当以(　　)为准。

A. 征收人与被征收人在征收安置补偿协议中的约定

B. 征收人与被征收人的口头约定

C. 被征收人的要求

D. 征收人的要求

8. 房地产的供给增加，需求不变，其价格会(　　)。

A. 上升　　B. 下降

C. 维持不变　　D. 升降难定

9. 某一房地产的(　　)是该房地产对于某个特定投资者的经济价值，是投资者基于个人需要或意愿，对房地产所估计的价值或作出的评价。

A. 使用价值　　B. 交换价值

C. 市场价值　　D. 投资价值

10. 按立法用语划分的房地产种类不包含(　　)。

A. 土地　　B. 居住房地产

C. 房屋　　D. 其他不动产

11. 行政划拨的土地当做有偿出让的土地来估价，违反了估价原则中的(　　)。

A. 合法原则　　B. 最高最佳利用原则

C. 估价时点原则　　D. 替代原则

12. 某宗房地产，土地面积 $300m^2$，建筑面积 $250m^2$，建筑物的外观及设备均已陈旧过时，有待拆除重建，估计拆除费用每平方米建筑面积 300 元，残值每平方米建筑面积 50 元，则该宗房地产相对于空地的减价额为(　　)。

A. 62500　　B. 62000

C. 61000　　D. 61500

13. 最高最佳利用原则要求评估价格应是在(　　)方式下，各种可能的使用方式中，能够获得最大利益的使用方式的估价结果。

A. 合法利用　　B. 合法产权

C. 合法处分　　D. 合法收益

14. 用距离来评价某宗房地产的交通便捷程度时，一般不宜采用的距离是(　　)。

A. 空间直线距离　　B. 交通路线距离

C. 交通时间距离　　D. 经济距离

15. 市场法的理论依据是(　　)。

A. 预期原理　　B. 替代原理

C. 生产费用价值论　　D. 最高最佳利用原则

16. 房地产规划用途对房地产价值的影响属于房地产价值影响因素中的(　　)。

A. 配套设施建设的限制

B. 房地产使用管制

C. 房地产权利的设立和行使的限制

D. 房地产相邻关系的限制

17. 可比实例的用途应与估算对象的用途相同。用途大致分为大类用途和小类用途，下列为大类用途的是：(　　)。

①居住；②商业；③办公；④旅馆；⑤工业；⑥农业。

A. ①②③④⑤　　B. ①②③④⑤⑥

C. ①②③④⑥　　D. ②③④⑥

18. 如果先按原币种的价格进行市场状况调整，则对进行了市场状况调整后的价格，应采用(　　)时的汇率进行换算。

A. 估价作业日期　　B. 成交日期

C. 估价时点　　D. 市场状况调整后

19. 一套住宅的套内建筑面积为 145m^2，套内使用面积为 132m^2，应分摊的公共部分建筑面积为 9m^2，按套内建筑面积计算的价格为 3500 元/m^2，该套住宅按建筑面积计算的价格为(　　)元/m^2。

A. 3000　　B. 3277

C. 3295　　D. 3599

20. 已知某收益性房地产的收益期限为 50 年，报酬率为 8%的价格为 4000 元/m^2；若该房地产的收益期限为 40 年，报酬率为 6%，则其价格最接近于(　　)元/m^2。

A. 3816　　B. 3899

C. 4087　　D. 4920

21. 某宗房地产的土地使用年限为 40 年，至今已有 8 年，预计该宗房地产正常情况下的年有效毛收入为 100 万元，运营费用率为 40%，该宗房地产的报酬率为 8%，该宗房地产的收益价格为(　　)万元。

A. 457.40　　B. 476.98

C. 686.10　　D. 715.48

22. 成本法中开发利润是指该类房地产项目在正常条件下开发商所能获得的(　　)利润。

A. 期望　　B. 实际

C. 平均　　D. 主观

23. 从卖方的角度来看，成本法的理论依据是(　　)，即房地产的价格是基于其“生产费用”，重在过去的投入。

A. 销售决定价值论　　B. 市场供求价值论

C. 生产费用价值论　　D. 经济成本价值论

24. 下列关于估价上的建筑物折旧的说法中，错误的是(　　)。

A. 估价上的折旧与会计上的折旧有本质区别

B. 建筑物的折旧就是建筑物的原始建造价格与账面价值的差额

C. 建筑物的折旧就是各种原因所造成的价值损失

D. 建筑物的折旧就是建筑物在估价时点时的重新购建价格与市场价值之间的差额

25. 通过市场提取法求出的估价对象建筑物的年折旧率为 5%，则估价对象建筑物的经济寿命是(　　)年。

A. 50　　B. 10

C. 20　　D. 无法确定

26. 每一个需要安置的农业人口的安置补助费标准，为该耕地被征用前 3 年平均年产值的(　　)。

A. 1～2 倍　　B. 2～4 倍

C. 4～6 倍　　D. 6～8 倍

27. 自然经过的老朽主要是由于(　　)引起的，如风吹、日晒、雨淋等引起的建筑物腐朽、生锈、老化、风化、基础沉降等，与建筑物的实际年龄正相关，同时要看建筑物所在地区的气候和环境条件。

A. 外力　　B. 内力

C. 自然力的作用　　D. 内部结构的变化

28. 某建筑物的建筑面积为 $2000m^2$，占地面积为 $3000m^2$，现在重新获得该土地的价格为 800 元/m^2，建筑物重置价格为 900 元/m^2，而市场上该类房地产正常交易价格为 1800 元/m^2。则该建筑物的成新率为(　　)。

A. 44%　　B. 50%

C. 67%　　D. 86%

29. 在测算后续开发利润时，采用投资利润率的后续开发利润的计算基数为(　　)。

A. 后续建设成本＋管理费用＋销售费用

B. 待开发房地产价值及取得税费＋后续建设成本＋管理费用

C. 待开发房地产价值及取得税费＋后续建设成本＋管理费用＋销售费用

D. 待开发房地产价值及取得税费＋后续建设成本＋管理费用＋销售费用＋投资利息

30. 假设开发法用于房地产估价在选取有关参数和测算有关数值时，估价是站在(　　)的投资者的立场上。

A. 特定　　B. 典型

C. 特殊　　D. 社会

31. 直线趋势法属于哪种计算方法(　　)。

A. 数学曲线拟合法　　B. 平均增减量法

C. 平均发展速度法　　D. 指数修匀法

32. 在路线价法中，“标准临街宗地”可视为市场法中的(　　)。

A. “交易实例”　　B. “可比实例”

C. “搜集交易实例”　　D. “建立价格可比基础”

33. 并称古典地租理论之双璧的是(　　)的地租理论。

A. 威廉・配第和亚当・斯密

B. 大卫・李嘉图和约翰．冯・杜能

C. 亚当・斯密和大卫・李嘉图

D. 马尔萨斯和马克思

34. 在一个估价项目中，估价目的、估价对象、估价时点三者是有着内在联系的，其中(　　)是龙头。

A. 估价目的　　　　B. 估价对象

C. 估价时点　　　　D. 估价目的和估价对象

35. 下面不是估价作业方案内容的是(　　)。

A. 拟采用的估价技术路线和估价方法

B. 拟调查搜集的资料及其来源渠道

C. 载明估价的基本事项

D. 拟定作业步骤和作业进度

二、多项选择题(共15题，每题2分。每题的备选答案中，有两个或两个以上符合题意的答案，请在答题卡上涂黑其相应的编号。错选或多选均不得分；少选且选择正确的，每个选项得0.5分。)

1. 下列叙述正确的是(　　)。

A. 估价是科学与艺术的有机结合

B. 理论、方法、经验对估价同等重要

C. 估价就是猜测估计价格

D. 估价不同于定价，是将客观存在的房地产价格表达出来

E. 房地产价值是由市场力量决定的，是客观存在的

2. "五通一平"一般是指某区域或某地块具备了通路、(　　)等设施或条件以及场地平整。

A. 给水　　　　B. 排水

C. 电力　　　　D. 通信

E. 热力

3. 不是房地产评估的价值是(　　)。

A. 账面价值　　　　B. 市场价值

C. 可变现净值　　　　D. 使用价值

E. 谨慎价值

4. 房地产价格的特性主要有下列几个方面(　　)。

A. 房地产价格实质是房地产权益的价格

B. 房地产价格既有交换代价的价格，也有使用代价的租金

C. 房地产价格形成的时间较短

D. 房地产价格容易受交易者的个别因素的影响

E. 房地产价格会受供求因素的影响

5. 法定优先受偿款包括(　　)。

A. 拍卖变卖的费用

B. 已抵押担保的债权数额

C. 拖欠的建设工程价款

D. 增加容积率应补交的出让金

E. 房地产交易税费

6. 遵循合法原则在估价对象权益方面应做到(　　)。

A. 依法判定的权利类型及归属，一般应以不动产登记簿、权属证书及有关合同等为依据

B. 依法判定的使用权利应以土地用途管制、规划条件等使用管制为依据

C. 依法判定的处分权利应以法律、法规、规章、政策或合同等允许的处分方式为依据

D. 依法判定的其他权益应遵守相应的政府定价和政府指导价

E. 在评估一宗土地时，城市规划用途为居住，但从该土地的位置和周围环境来看，适合商用，所以应以商业来估价

7. 房地产状况调整的内容主要包括(　　)。

A. 区位状况的调整　　B. 实物状况的调整

C. 环境状况的调整　　D. 权益状况的调整

E. 景观状况调整

8. 权益状况调整的内容有(　　)。

A. 土地使用年限　　B. 容积率

C. 建筑密度　　D. 地基承载力

E. 地役权设立

9. 价格等于“成本加平均利润”，是长期内平均来看的，而且还需要具备下述条件(　　)。

A. 生产成本高于市场平均成本

B. 生产成本低于市场平均成本

C. 自由竞争

D. 该种商品本身可以大量重复生产

E. 生产成本等于市场平均成本

10. 下列关于重新购建价格的说法中正确的是(　　)。

A. 重新购建价格是估价时点时的

B. 重新购建价格是客观的

C. 重新购建价格是过去建成时的

D. 重新购建价格是土地取得成本、建设成本、税金、开发利润的总和

E. 重新购建价格是主观的

11. 在房地产价格存在泡沫的情况下，如果是房屋征收估价，采用了成本法、市场法和收益法三种方法估价，则(　　)。

A. 不宜采用成本法的测算结果　　B. 不宜采用收益法的测算结果

C. 宜采用市场法的测算结果　　D. 宜采用收益法的测算结果

E. 不宜采用市场法的测算结果

12. 下列关于假设开发法的表述中，正确的是(　　)。

A. 假设开发法在形式上是评估新开发完成的房地产价值的成本法的倒算法

B. 运用假设开发法可测算开发房地产项目的最高价格、预期利润和最高费用

C. 假设开发法适用的对象包括待开发的土地、在建工程和不得改变现状的旧房

D. 假设开发法通常测算的是一次性的价格剩余

E. 假设开发法也称为剩余法

13. 长期趋势法的方法主要有(　　)。

A. 数学曲线拟合法　　B. 平均增减量法

C. 时间序列分析法　　D. 移动平均法

E. 指数修匀法

14. 调查评估路线价，通常是在同一路线价区段内选取一定数量的标准临街宗地，运用(　　)等方法分别求取它们的土地单价或楼面地价，然后计算其平均数或中位数、众数，即得该路线价区段的路线价。

A. 市场法　　B. 假设开发法

C. 成本法　　D. 土地剩余技术

E. 建筑物剩余技术

15. 下列关于估价方法选用的说法中，正确的有(　　)。

A. 有条件选用市场法进行估价的，应以市场法为主要的估价方法

B. 收益性房地产的估价，应选用收益法作为其中的一种估价方法

C. 具有投资开发或再开发潜力的房地产估价，应选用成本法作为其中的一种估价方法

D. 不同估价方法之间可以相互验证、相互弥补和相互引用

E. 理论上适用的估价方法，都必须选用

三、判断题(共15题，每题1分。请根据判断结果，在答题卡上涂黑其相应的符号，用"√"表示正确，用"×"表示错误。不答不得分，判断错误扣1分，本题总分最多扣至零分。)

1. 在评估一宗房地产的价值时，理论上可以同时采用多种估价方法进行估价的，应同时采用多种估价方法进行估价，不得随意排除可以采用的估价方法。(　　)

2. 同一估价机构在同一个城市的各种估价结果，都应当可以拿出来比较，之间不会相互矛盾，能够"自圆其说"。(　　)

3. 房地产价格与房地产的需求负相关，与房地产的供给正相关：供给一定，需求增加，则价格上升，需求减少，则价格下降；需求一定，供给增加，则价格下降，供给减少，则价格上升。(　　)

4. 某一房地产的投资价值，是该房地产对于某个特定投资者(或称购买者)的经济价值。(　　)

5. 房地产价格与风向的关系在城市中比较突出，在上风地区房地产价格一般较低，在下风地区房地产价格一般较高。(　　)

6. 人们在房地产估价的反复实践和理论探索中，逐渐认识了房地产价格形成和运动的客观规律，在此基础上总结出了一些简明扼要的、在估价活动中应当遵循的法则或标准，这些法则或标准就是房地产估价原则。(　　)

7. 买方或卖方对其所买卖的房地产有特别的爱好、感情，特别是该房地产对买方有特殊的意义或价值，从而卖方惜售，或买方执意要购买，此种情况下的成交价格往往偏低。(　　)

8. 实物状况调整的内容，对于土地来说，包括面积大小、形状、基础设施完备程度、土地平整程度、平面布置和建筑密度等。（　　）

9. 收益法是以房地产的现实收益为导向来求取房地产价值的方法。（　　）

10. 成本法主要适用于比较新的建筑物的估价，不大适用于过于老旧的建筑物的估价。（　　）

11. 成本利润率＝开发利润/(土地取得成本＋开发成本＋管理费用＋投资利息＋销售费用)。（　　）

12. 对开发完成后的房地产价值、开发成本、管理费用、销售费用、销售税费等的测算，在传统方法中主要是根据估价时的房地产市场状况作出的，即它们基本上是静止在估价时点时的数额。（　　）

13. 长期趋势法评估出的房地产价值是估价时点在未来某个时间的价值。（　　）

14. 在路线价法中不做“交易情况修正”和“市场状况调整”的原因是：①求得的路线价已是正常价格；②求得的路线价所对应的日期，与欲求取的其他土地价格的日期一致，都是估价时点时的价格。（　　）

15. 对于成片或成批多宗房地产的同时估价且单宗房地产的价值较低时，估价报告可以采用口述的形式。（　　）

四、计算题

1. 评估某套房地产于 2011 年 10 月 15 日的市场价值，在该房地产附近选取了三个与其相似的交易实例为可比实例，有关数据如下：

可比实例成交价格、成交日期及交易情况见下表：

	A	B	C
成交价格(元/m²)	3500	4000	3700
成交日期	2011 年 5 月 15 日	2011 年 8 月 15 日	2011 年 9 月 15 日
交易情况	+2%	0	−2%

该类房地产 2011 年 4 月至 10 月的价格指数见下表，表中的价格指数为定基价格指数：

月份	4	5	6	7	8	9	10
价格指数	100	92.2	98.2	98.4	100.2	108.0	106.8

房地产状况的比较判断结果见下表：

房地产状况	权重	估价对象	A	B	C
实物状况	0.3	100	100	110	105
权益状况	0.2	100	115	100	100
区位状况	0.5	100	105	100	85

请利用上述资料测算该房地产 2011 年 10 月 15 日的市场价值。

2. 某宗房地产2010年10月的年净收益为300万元，预测未来3年的年净收益仍然保持这一水平，2014年10月转售时的价格比2010年10月上涨10%，转售时卖方应缴纳的税费为售价的6%。若该类房地产的投资收益率为9%，试测算该宗房地产2010年10月的价格。(8分)

参考答案

一、单项选择题

1. A 2. A 3. A 4. A 5. C *6. C 7. A 8. B 9. D 10. B 11. A 12. A 13. A 14. A 15. B 16. B 17. B 18. C *19. C *20. D 21. C 22. C 23. C 24. B 25. D 26. C 27. C *28. C 29. C 30. B 31. A 32. B 33. B 34. A 35. C

二、多项选择题

1. ABDE 2. ABCD 3. AC 4. ABD 5. BCD 6. ABCD 7. ABD 8. ABCE 9. CD 10. AB 11. ABC 12. ABDE 13. ABDE 14. AD 15. ABDE

三、判断题

1. √ 2. √ 3. × 4. √ 5. × 6. √ 7. × 8. × 9. × 10. √ 11. × 12. √ 13. √ 14. √ 15. ×

四、计算题

1. 解：该住宅2011年10月15日的市场价值测算如下：

(1) 测算公式：

比准价值＝可比实例成交价格×交易情况修正系数×市场状况调整系数×房地产状况调整系数

(2) 求取交易情况修正系数：

可比实例A的交易情况修正系数＝100/(100＋2)＝100/102

可比实例B的交易情况修正系数＝100/100

可比实例C的交易情况修正系数＝100/(100－2)＝100/98

(3) 求取市场状况调整系数：

可比实例A的市场状况调整系数＝106.8/92.2

可比实例B的市场状况调整系数＝106.8/100.2

可比实例C的市场状况调整系数＝106.8/108.0

(4) 求取房地产状况调整系数：

可比实例A的房地产状况调整系数＝100/(100×0.3＋115×0.2＋105×0.5)＝100/105.5

可比实例B的房地产状况调整系数＝100/(110×0.3＋100×0.2＋100×0.5)＝100/103

可比实例C的房地产状况调整系数＝100/(105×0.3＋100×0.2＋85×0.5)＝100/94

(5) 求取房地产比准价值

$$VA=3500\times100/102\times106.8/92.2\times100/105.5=3785.46\text{ 元}/\text{m}^2$$

$$VB=4000\times100/100\times106.8/100.2\times100/103=4139.29\text{ 元}/\text{m}^2$$

$$VC=3700\times100/98\times106.8/108.0\times100/94=3971.87\text{ 元}/\text{m}^2$$

(6) 将上述三个比准价值的简单算术平均数作为市场法的测算结果，则该房地产 2011 年 10 月 15 日的市场价值为：

估价对象的市场价值(单价)＝(3785.46＋4139.29＋3971.87)÷3＝3965.54 元/m^2

2. 解：该宗房地产 2010 年 10 月的价格为：

$$V=\sum_{i=1}^{i}\frac{A_i}{(1+Y)^i}+\frac{V_t}{(1+Y)^t}$$

$$V_t=V\times(1+10\%)\times(1-6\%)=1.034V$$

$$V=300/9\%\times[1-1/(1+9\%)^3]+1.034V/(1+9\%)^3=3767.51(\text{万元})$$

答案解析

一、单项选择题

6. 甲土地的单价＝2000×5＝10000 元/m^2，乙土地的单价＝1500×7＝10500 元/m^2，若两宗地的土地面积等其他条件相同，则可以判断甲小于乙。

19. 建筑面积＝套内建筑面积＋分摊的公共部分建筑面积＝145＋9＝154(m^2)，建筑面积下的单价＝套内建筑面积下的单价×套内建筑面积/建筑面积＝3500＋145/154＝3295.45(元/m^2)。

20. $V_n=V_N\times\frac{Y_N(1+Y_N)^N[(1+Y_n)^n]}{Y_n(1+Y_n)^n[(1+Y_N)^N-1]}4000\times\{8\%\times(1+8\%)^{50}\times[(1+6\%)^{40}-1]\}/\{6\%\times(1+6\%)^{40}\times[(1+8\%)^{50}-1]\}=4919.71(\text{元}/\text{m}^2)$。

28. 建筑物的成新率 q＝建筑物现值(V)/建筑物的重置价格(C)＝(1800×2000－800×3000)/(900×2000)＝67%。

模拟试题三

一、单项选择题(共35题，每题1分。每题的备选答案中只有一个最符合题意，请在答题卡上涂黑其相应的编号。)

1. 估价对象由(　　)决定。

A. 委托人　　B. 估价目的

C. 委托人和估价目的双重　　D. 估价机构

2. 房地产估价机构的法定代表人或者执行合伙事务的合伙人是注册后从事房地产估价工作(　　)年以上的房地产估价师。

A. 1　　B. 2

C. 3　　D. 4

3. 在英国和其他英联邦国家，法院一般(　　)来判断房地产评估价值的误差范围。

A. 使用估价对象房地产的实际成交价格

B. 使用政府公布的房地产交易指导价格

C. 使用近一年内房地产的平均成交价格

D. 依赖于估价师测算的估价对象房地产的价值

4. 下列选项中，(　　)不是引起房地产价格上升的原因。

A. 经营管理能力　　B. 通货膨胀

C. 外部经济　　D. 需求增加导致稀缺性增加

5. 最能说明土地价格水平高低的价格是(　　)。

A. 土地单价　　B. 基准地价

C. 楼面地价　　D. 标定地价

6. 甲土地的楼面地价2000元/m^2，建筑容积率为5，乙土地的楼面地价1500元/m^2。建筑容积率为7，若两块土地的面积等其他条件相同，其总价相比有(　　)。

A. 甲等于乙　　B. 甲大于乙

C. 甲小于乙　　D. 难以判断

7. 回顾性房地产估价，其估价对象状况和房地产市场状况常见的关系是(　　)。

A. 估价对象状况为过去，房地产市场状况为现在

B. 估价对象状况为现在，房地产市场状况为现在

C. 估价对象状况为过去，房地产市场状况为过去

D. 估价对象状况为现在，房地产市场状况为过去

8. (　　)是随着时间的推移而减少的。

A. 原始价值　　B. 账面价值

C. 市场价值　　D. 投资价值

9. 某宗土地的规划容积率为 3，可兴建 6000m^2 的商住楼，经评估总地价为 180 万元，该宗土地的单价为（　　）元/m^2。

A. 100　　B. 300

C. 600　　D. 900

10. 在影响房地产价格的行政因素中，高价格政策属于（　　）。

A. 有关规划和计划　　B. 金融制度政策

C. 特殊政策　　D. 房地产制度政策

11. 合法原则要求房地产估价应以（　　）为前提进行。

A. 合法的房地产　　B. 估价对象现状

C. 估价对象的合法权益　　D. 估价对象法定状况

12. （　　）是以房地产内部构成要素的组合是否搭配，来判定是否为最高最佳利用。

A. 权益原理　　B. 收益递增递减原理

C. 适合原理　　D. 均衡原理

13. 房地产现房价格为 4000 元，预计从期房达到现房的两年时间内现房出租的租金收入为每年 300 元/m^2（年末收取），出租运营费用为每年 50 元/m^2。假设折现率为 5%，风险补偿为 200 元/m^2，则该房地产的期房价格为（　　）元/m^2。

A. 3300　　B. 3324

C. 3335　　D. 3573

14. 选取的可比实例数量从理论上讲越多越好，一般要求选取（　　）的可比实例即可。

A. 3 个

B. 5 个

C. 3 个以上（含 3 个）8 个以下（含 8 个）

D. 3 个以上（含 3 个）10 个以下（含 10 个）

15. 下列运用市场法进行估价步骤正确的是（　　）。

①搜集交易实例；②选取可比实例；③建立价格可比基础；④进行交易情况修正；⑤进行市场状况修正；⑥进行房地产状况修正；⑦求取比准价格。

A. ③②④⑤⑥⑦　　B. ②③④⑤⑥⑦

C. ①②③④⑤⑥⑦　　D. ①③②④⑤⑥⑦

16. 某地区房地产买卖中应由卖方缴纳的税费为正常成交价的 7%，应由买方缴纳的税费为正常成交价格的 5%。在某宗房地产交易中，买卖双方约定买方付给卖方 2500 元/m^2，买卖中涉及的税费均由卖方负担。但之后双方又重新约定买卖中涉及的全部税费改由买方支付，并在原价格基础上相应调整买方付给卖方的价格，则调整后买方应付给卖方（　　）元/m^2。

A. 2020.80　　B. 2214.28

C. 2336.45　　D. 2447.37

17. 假设可比实例的成交价格比其正常市场价格高的百分率为 S%，则可比实例的成交价格与正常价格的关系为：可比实例的成交价格×（　　）＝正常价格。

A. 1/(1－S%)　　B. S%

C. 1/(1＋S%)　　D. 1－S%

18. 下列房地产市场调控政策等措施中，会导致房地产市场价格上升的是(　　)。

A. 降低房地产开发贷款利率　　B. 增加土地有效供给

C. 降低契税　　D. 提高购房贷款利率

19. 评估某宗房地产 2011 年 10 月 13 日的价格，选取了可比实例甲，其成交价格为 3000 元/m^2，成交日期为 2010 年 11 月 13 日。经调查获知 2010 年 6 月至 2011 年 10 月该类房地产的价格平均每月比上月上涨 1%，对可比实例甲进行市场状况修正后的价格为(　　)元/m^2。

A. 3214　　B. 3347

C. 3367　　D. 3458

20. 某宗土地 50 年使用权的价格为 1000 万元，现探测其地下有铜矿资源，该铜矿资源的价值为 5000 万元。若土地报酬率为 7%，则该宗土地 30 年使用权的价格为(　　)万元。

A. 899　　B. 5899

C. 1349　　D. 1500

21. 某宗房地产的收益年限为 40 年，预测未来 3 年的净收益分别为 17、18、19 万元，从第 4 年起，每年的净收益将稳定在 20 万元左右，如果报酬率为 9%，则该房地产的收益价格为(　　)万元。

A. 195　　B. 210

C. 213　　D. 217

22. 成本法是求取(　　)的重新购建价格，然后扣除折旧，以此估算估价对象的客观合理价格或价值的方法。

A. 估价对象在估价时点时　　B. 估价对象在交易时

C. 估价对象在竣工时　　D. 估价对象在开工时

23. 采用成本法估价，要求在运用成本法时注意“逼近”，其中有要(　　)。

A. 区分实际成本和客观成本

B. 正确估计正常花费和实际花费

C. 同时考虑升值与贬值因素

D. 考虑功能折旧

24. 直接成本利润率＝(　　)/(土地取得成本＋建设成本)。

A. 销售收入　　B. 投资收益

C. 土地利润　　D. 开发利润

25. 某建筑物的建筑面积为 200m^2，有效年龄为 12 年，重置价格为 800 元/m^2，建筑物经济寿命为 40 年，残值率为 2%，则运用直线法计算该建筑物的现值为(　　)。

A. 10.2 万元　　B. 11.0 万元

C. 11.3 万元　　D. 11.5 万元

26. 以房地产抵押贷款为目的的估价，其估价时点一般为(　　)。

A. 签订估价委托合同之日　　B. 发放抵押贷款之日

C. 完成估价对象实地查勘之日　　D. 未来处置抵押房地产之日

27. 下列房地产估价原则中适用于房地产抵押估价，不适用于征收补偿估价的是(　　)。

A. 最高最佳利用原则　　B. 合法原则

C. 替代原则　　D. 谨慎原则

28. 年限法是把建筑物的折旧建立在建筑物的预期经济寿命、有效年龄或(　　)之间关系的基础上的。

A. 建筑物的历史价值　　B. 建筑物的文化价值

C. 建筑的预期剩余经济寿命　　D. 建筑物的功能是否时兴

29. 假设开发法在形式上是适用于评估新开发房地产价值的(　　)的"倒算法"。

A. 市场法　　B. 成本法

C. 收益法　　D. 长期趋势法

30. 现有某待开发项目建筑面积为 $3850m^2$，从当前开始建设期为 2 年。根据市场调查分析，该项目建成时可出售 50%，半年后和一年后分别售出其余的 30%和 20%，出售的平均单价为 2850 元/m^2。若折现率为 15%，则该项目开发完成后总价值的当前现值为(　　)万元。

A. 766　　B. 791

C. 913　　D. 1046

31. 下面的描述是指哪种长期趋势法：对原有价格按照时间序列进行修匀，即采用逐项递移的方法分别计算一系列移动的时序价格平均数，形成一个新的派生平均价格的时间序列，借以消除价格短期波动的影响，显现出价格变动的基本发展趋势(　　)。

A. 指数修匀法　　B. 平均增减量法

C. 移动平均法　　D. 平均发展速度法

32. 关于路线价或路线价法说法中正确的是(　　)。

A. 路线价法是对临街道路且可及性相当的土地设定标准深度的方法

B. 路线价法是计算临街道路的其他土地价格的一种估价方法

C. 路线价实质上是一种收益法

D. 路线价是临街土地中"标准临街宗地"的平均水平价格，可视为比较法中的"可比实例"价格

33. 高层建筑地价分摊方法中，(　　)具有简便、可操作性强的优点，主要适用于各层用途相同且价格差异不大的建筑物，如用途单一的住宅楼、办公楼。

A. 按房地价值进行分摊　　B. 按建筑面积进行分摊

C. 按土地价值进行分摊　　D. 按建筑物价值进行分摊

34. 估价报告质量的高低取决于(　　)。

A. 估价结果的准确性，估价方法选用的正确性

B. 参数确定的合理性

C. 估价报告的格式，文字表述水平及印刷质量

D. 估价报告的外在质量和内在质量

35. 估价中的不同意见和估价报告定稿之前的重大修改意见记录(　　)。

A. 应作为估价资料归档　　B. 可以不归档

C. 由估价机构决定是否归档　　D. 依委托人的意见决定是否归档

二、多项选择题(共 15 题，每题 2 分。每题的备选答案中，有两个或两个以上符合题意的答案，请在答题卡上涂黑其相应的编号。错选或多选均不得分；少选且选择正确的，每个选项得 0.5 分。)

1. 下列(　　)属于房地产估价师职业道德范畴。

A. 具备专业胜任能力　　B. 公平竞争

C. 社会责任　　D. 诚实守信

E. 知难而进

2. 下列叙述正确的是(　　)。

A. 权益是房地产中无形的、不可触摸的部分，是指房地产的权利

B. 房地产的区位是指房地产的空间位置

C. 地役权是最典型的通行权

D. 实物、权益、区位三者对房地产价值影响都很大

E. 中国土地所有权只有国家和集体所有权两种

3. 成交价格简称成交价，是交易双方实际达成交易的价格。它是一个已完成的事实，这种价格通常随着(　　)的不同而不同。

A. 交易者的收入　　B. 交易者的偏好

C. 交易者对市场了解程度　　D. 讨价还价能力

E. 交易双方之间的关系

4. 账面价值是指一项资产的历史成本减去已计提折旧后的余额，它又可称为(　　)。

A. 历史成本　　B. 账面净值

C. 折余价值　　D. 实际价值

E. 原始购置成本

5. 房地产投机对房地产价格的影响包括(　　)。

A. 引起房地产价格上涨

B. 引起房地产价格下跌

C. 起着稳定房地产价格的作用

D. 难以判断

E. 只有干扰和破坏的负面影响

6. 在具体估价作业中应该遵循最高最佳利用原则的情形是评估(　　)。

A. 谨慎价值　　B. 在用价值

C. 市场价值　　D. 抵押价值

E. 残余价值

7. 选取可比实例的基本要求包括(　　)。

A. 可比实例与估价对象所处的地区必须相同

B. 可比实例的成交日期应与估价时点接近

C. 可比实例的交易类型应与估价目的吻合

D. 可比实例的成交价格应尽量为正常价格

E. 可比实例应与估价对象的档次相当

8. 建立价格可比基础的内容包括(　　)。

A. 统一付款方式　　　　B. 统一价格单位

C. 统一计息方式　　　　D. 统一房地产范围

E. 统一产权性质

9. 未来净收益流的类型有(　　)。

A. 每年基本上固定不变

B. 每年基本上按某一个固定的数额递增或递减

C. 每年基本上按某一个固定的比率递增或递减

D. 其他有规则的变形情形

E. 每年根据市场价格变化而变化

10. 土地的重新购建价格可以分为(　　)。

A. 重置价格　　　　B. 重新购置价格

C. 重新开发成本　　　　D. 重建价格

E. 重新取得价格

11. 新开发土地包括(　　)。

A. 新放宅基地

B. 开山造地

C. 征收集体土地后进行“三通一平”等开发的土地

D. 征收国有土地上房屋并进行改造的土地

E. 填海造地

12. 成本法特别适用于那些既无收益又很少发生交易的房地产估价，这类房地产主要包括(　　)等。

A. 图书馆　　　　B. 公园

C. 空置的写字楼　　　　D. 行政办公楼

E. 加油站

13. 运用假设开发法评估开发完成后的房地产价值，具体方法有(　　)。

A. 市场法　　　　B. 收益法

C. 成本法　　　　D. 传统方法

E. 现金流量折现法

14. 下列属于路线价法估价步骤的是(　　)。

A. 划分路线价区段

B. 设定标准深度，选取标准临街宗地

C. 调查评估路线价，制作临街深度价格修正率表

D. 进行市场状况调整

E. 计算临街土地的价值

15. 书面报告按照其格式可分为(　　)。

A. 叙述式报告　　　　　　　　B. 表格式报告
C. 背书式报告　　　　　　　　D. 记叙式报告
E. 分布式报告

三、判断题(共 15 题，每题 1 分。请根据判断结果，在答题卡上涂黑其相应的符号，用“√”表示正确，用“×”表示错误。不答不得分，判断错误扣 1 分，本题总分最多扣至零分。)

1. 房地产交易双方当事人必须按照估价报告上提供的价格成交。（　）

2. 比较两宗权益状况相同的房地产价值大小，取决于这两宗房地产实物状况的好坏。（　）

3. 基准地价、标定地价和房屋重置价格都是一种评估价值。（　）

4. 房地产之所以有价格，前提条件有：房地产的有用性、房地产的稀缺性、房地产的需要。（　）

5. 所谓低价格政策，一般是指政府对房地产价格放任不管，或者有意通过某些措施来抑制房地产价格。（　）

6. 在最高最佳利用估价原则中，经济可行性检验的一般做法是：针对每一种使用方式，首先预测其未来的收入和支出流量，然后将未来的收入和支出流量用现值表示，再将这两者进行比较。只有收入现值小于支出现值的使用方式才具有经济可行性，否则应被淘汰。（　）

7. 在统一采用单价方面，通常为单位面积上的价格。例如，建筑物通常为单位建筑面积、单位套内建筑面积或者单位使用面积上的价格；土地除了单位土地面积上的价格外，还可为楼面地价。（　）

8. 将可比实例在其成交日期时的价格调整为在估价时点的价格，如此才能将其作为估价对象的价格，这种对可比实例成交价格进行的调整，称为市场状况调整。（　）

9. 将建筑物的重新购建价格减去运用建筑物剩余技术求取的建筑物价值即为建筑物的折旧。（　）

10. 成本法不适用估价市场不完善或狭小市场上无法运用市场法估价的房地产。（　）

11. 对新开发土地的分宗估价，成本法是一种有效的方法，因为新开发区在初期，房地产市场一般还未形成，土地收益也没有。（　）

12. 对于城市规划设计条件尚未明确的待开发房地产，估价人员可根据所推测的最可能的城市规划设计条件来估价，但必须该其列为估价的假设和限制条件，并在估价报告中作特别的提示，说明它对估价结果的影响，或估价结果对它的依赖性。（　）

13. 长期趋势法就是估价人员用来对房地产的未来价格作出推测、判断的方法。（　）

14. 运用路线价法估价的前提条件是街道较规整，临街各宗土地的排列较整齐。（　）

15. 如果估价对象适宜采用多种估价方法进行估价，则应同时采用多种估价方法进行估价，不得随意取舍。（　）

四、计算题

1. 某出租的写字楼，使用面积为 $3000m^2$，收益期限为 45 年，空置率为 20%，未来 3 年每平方米使用面积的租金(含物业服务费用)分别为 360 元、400 元、330 元，同档次写字楼的年物业服务费用为每平方米使用面积 36 元，除物业服务费用之外的其他运营费用为租金(不含物业服务费用)的 25%。假设该写字楼未来每年的净收益基本上固定不变，报酬率为 9%。请利用"未来数据资本化公式法"求取该写字楼的净收益并计算其收益价格。

2. 某建筑物为钢筋混凝土结构，经济寿命为 50 年，有效经过年数为 8 年。经调查测算，现在重新建造全新状态的该建筑物的建造成本为 800 万元(建设期为 2 年，假定第一年投入建造成本的 60%，第二年投入 40%，均为均匀投入)，管理费用为建造成本的 3%，年利息率为 6%，销售税费为 50 万元，开发利润为 120 万元。又知其中该建筑物的墙、地面等损坏的修复费用为 18 万元；装修的重置价格为 200 万元，平均寿命为 5 年，已使用 2 年；设备的重置价格为 110 万元，平均寿命为 10 年，已使用 8 年。假设残值率均为零，试计算该建筑物的折旧总额。

参考答案

一、单项选择题

1. C　2. C　3. D　4. A　*5. C　*6. C　7. C　8. B　9. D　10. D　11. C　12. D　*13. C　14. D　15. C　*16. B　17. C　18. C　*19. B　*20. A　21. B　22. A　23. A　24. D　*25. C　26. C　27. D　28. C　29. B　30. B　31. C　32. D　33. B　34. D　35. A

二、多项选择题

1. ABCD　2. BDE　3. BCDE　4. BC　5. ABC　6. ACDE　7. BCDE　8. ABD　9. ABCD　10. BC　11. BCDE　12. ABD　13. AB　14. ABCE　15. AB

三、判断题

1. ×　2. ×　3. √　4. ×　5. ×　6. ×　7. √　8. ×　9. √　10. ×　11. √　12. √　13. ×　14. √　15. √

四、计算题

1. 解：(1) 未来 3 年的净收益

①未来第一年的净收益(360－36)×(1－20%)×(1－25%)×3000＝58.32(万元)

② 未来第二年的净收益(400－36)×(1－20%)×(1－25%)×3000 ＝65.52(万元)

③ 未来第三年的净收益(330－36)×(1－20%)×(1－25%)×3000＝52.92(万元)

(2) $A=\frac{Y(1+Y)^t}{(1+Y)^t-1}\sum_{i=1}^{t}\frac{A_i}{(1+Y)^t}$,

$A=9\%\times(1+9\%)^3/[(1+9\%)^3-1]\times[58.32/(1+9\%)+65.52/(1+9\%)^2$

$+52.92/(1+9\%)^3]=59.07$(万元)

(3) 计算收益价格

$$V=\frac{A}{Y}\left[1-\frac{1}{(1+Y)^n}\right]=\frac{59.07}{9\%}\left[1-\frac{1}{(1+9\%)^{45}}\right]=642.75(\text{万元})$$

2. 解：

(1) 建筑物的重置价格：

① 建造成本＝800(万元)

② 管理费用＝800×3%＝24(万元)

③ 投资利息＝$(800+24)\times60\%\times[(1+6\%)^{1.5}-1]+(800+24)\times40\%\times[(1+6\%)^{0.5}-1]=54.90$(万元)

④ 建筑物的重置价格＝800＋24＋54.90＋50＋120＝1048.90(万元)

(2) 计算建筑物的折旧额：

① 墙、地面等损坏的修复费用＝18(万元)

② 装修的折旧费＝200×2/5＝80(万元)

③ 设备的折旧费＝110×8/10＝88(万元)

④ 长寿命项目的折旧费＝(1048.90－18－200－110)×8/50＝115.34(万元)

⑤ 该建筑物的折旧总额＝18＋80＋88＋115.34＝301.34(万元)

答案解析

一、单项选择题

5. 楼面地价是一种特殊的土地单价，是按照建筑面积均摊的土地价格，相对于其他三种价格而言最能反映土地价格水平高低。

6. 根据楼面地价＝土地单价/容积率，分别求出甲、乙土地的单价，进行比较即可。

13. 该房地产的期房价格＝$4000-(300-50)/(1+5\%)-(300-50)/(1+5\%)^2-200=3335$(元/$m^2$)。

16. 正常成交价格＝买方实付金额－应由买方缴纳的税费＝2500－正常成交价格×5%

正常成交价格＝2500/(1＋5%)＝2380.95(元/m^2)

卖方实得金额＝正常成交价格－应由卖方缴纳的税费＝2380.95－正常成交价格×7%
＝2214.28(元/m^2)

19. $3000\times(1+1\%)^{11}=3347$(元/$m^2$)。

20. 该宗土地 30 年使用权的价格为：

$$V_n=V_N\times\frac{(1+Y)^{N-n}[(1+Y)^n-1]}{[(1+Y)^N-1]}$$
$$=1000\times\{(1+7\%)^{50-30}\times[(1+7\%)^{30}-1]\}/[(1+7\%)^{50}-1]$$
$$=899.16(\text{万元})$$

25. 建筑物现值 $V=C\times[1-(1-R)\times t/N]$×建筑面积＝$800\times[1-(1-2\%)\times12/40]\times200=11.29$(万元)。